三島由紀夫とスポーツ

三島由紀夫研究 ⑰

〔責任編集〕
松本　徹
佐藤秀明
井上隆史
山中剛史

鼎書房

目次

特集　三島由紀夫とスポーツ

山中湖文学の森　三島由紀夫文学館第12回レイクサロン講演

「三島由紀夫とスポーツ」

■講師　玉利　齋・山内由紀人
■司会　佐藤秀明・山中剛史
■平成28年10月22日（土）
■於・山中湖村　清渓

＊山内由紀人氏の講演は論文として寄稿していただきましたので、本号特集ページに掲載。

日本ボディビル・フィットネス連盟の会長をやっております玉利でございます。今日は三島さんの記念すべき文学館の主催でお招き頂いて、たいへん光栄に思っております。三島さんと私の出会いからお話ししたいと思います。

昭和三〇年の夏の初め頃だったと思います。私は当時早稲田の学生で、早稲田バーベルクラブという、要するにバーベルで体を鍛えるクラブのキャプテンをしておりました。日本で初めてのボディビルという運動が珍しいので、いろんなマスコミやメディアが取材に来ました。その中の一つで「週刊読売」、そこの塩田丸男さんという記者が来ていろいろと取材をした。その記事の広告が新聞に大きく出たんですね。そ

■プロフィール

玉利　齋（たまり　ひとし）JBBF会長

一九三三年生まれ。一九五五年早稲田大学政治経済学部在学中に、日本ボディビル連盟（現・公益社団法人日本ボディビル・フィットネス連盟）を設立し常務理事に就任。健康増進としてのスポーツ拡充に努め、一九七五年公益財団法人日本健康スポーツ連盟を設立、理事長に就任。現在、現職の他に、公益財団法人日本プロスポーツ協会専務理事、NPO法人ワールドゲームズ協会副会長、公益社団法人日本ボディビル・フィットネス連盟会長、公益財団法人日本オリンピック委員会協議員、公益財団法人三菱養和会評議員、公益財団法人日本ユニセフ協会評議員等を務める。

左・玉利　齋氏，右・山内由紀人氏

うしたら、その塩田さんがまた早稲田にみえまして「玉利さん、ある作家がボディビルをやりたいと言っているのだけれども、どうしたらいいだろうか」という相談を受けた。今でこそフィットネスクラブとかボディビルのジムとかがたくさんあります。当時は一つもありません。「どなたなんですか」と聞いたら「実は三島由紀夫さんなんです」と。

　私がその時思ったのは、三島さんて、当時から天才作家と言われておりました。三〇歳で、私は学生で二一歳でした。私は『仮面の告白』読んでいないんです。けれども、どうもその印象がある。いわゆる男色。ゲイの心理を書いたような小説と言われていましたし、何かこう不健康な、青白い、そういった方を想像したわけですね。だけど、待てよと、こういう方がもしボディビルを本気でやって体が変化して、それからの生活のスタイルが変わってきたら、これはやっぱりボディビルの普及に大変プラスになるのではないかと思いました。「いいですよ、相談にのりましょう」と塩田さんに言った。自宅の電話番号を教えたら、もう次の日に電話が鳴って母が出て、電話ですよと言うので出たら「三島です」と、その声が私のイメージしてた三島由紀夫という作家と全然違った、明るくて大きな声で、朗々とした声で三島ですと言ってくるんです。「お聞きかと思いますけども、私ボディビルをやりたいんですが、どうしたらいいですか」と非常に明快に単刀直入に言ってくるんです。それでともかくお会いしましょうということになり、日活ホテルで会うということになりました。

ここで、三島さんと私とを縁づけたボディビルについて、ボディビルをなぜ私が始めたか、ボディビルとは何を目的としているかをちょっとご説明したいと思います。ボディビルというと皆さんまず筋骨ビューティフル論で体をたくましく鍛えて、それを競う競技、それを自己顕示し合うような運動というふうに捉えている。これも一面の真理です。ですけど、私がボディビルをやった動機というのは、まず、敗戦後、日本の今までのものは全部壊されてしまった。政治も経済もそれから日本人が今まで大事にしてきた価値観も全部敗戦とともにですね、ゼロになってしまった。そこにどっと流れてきたのがアメリカ文化なんです。私、疎開しておりまして帰ってきて来て東京駅で降りた。そうすると、雲をつくような大男の進駐軍がいっぱいいる。姿勢がよくてたくましくて、明るい。なるほどと。こういう連中と日本は戦ってきたんだということを痛感した。今でこそメタボリックシンドロームとか栄養取りすぎて肥満になって成人病、いわゆる生活習慣病があると思いますけども、当時はそんなのありません。栄養失調で亡くなる方がいっぱいいた。日本人はみんな姿勢も悪い、青白い、痩せている。そこに入ってきた進駐軍が胸張って颯爽と歩いている。その頃さかんに言われたのが、日本は新しい文化国家・平和国家としてこれからやっていかなきゃいけないんだということでした。平和国家も民主国家もそのもとはやっぱり人間で、それがひ弱で、食うや食わず痩せこけていたんでは、日本が新しく平和国家を築こうなど、とても出来るものではないということは子ども心にも感じました。当時私は小学校六年生ですけれども、そういうことが根底にあった。それから自分自身も決して体格の良い方じゃなかった。どちらかといえばひ弱い方の部類に入る子どもでした。自分も強くなりたい、たくましくなりたい意識があったと思います。

私の父が剣道をずっとやっておりまして、私も剣道をやりたいと思っていたんです。けれども、マッカーサー司令軍の指令で、武道は軍国主義に通じると一時期禁止されたんです。特に剣道は物騒な軍国主義のシンボルで、柔道は比較的早くスポーツとして評価されて解禁されたんですけど、剣道の方は、正式に選手権大会が行われたのは昭二七年ぐらいからだったと思います。それで剣道が出来ないものですから、私は柔道をやっていた。柔道を高校生時代やっていて、早稲田に入って柔道部に入ったんです。柔道の基本的理念は、柔よく剛を制す、弱い者でも大きい人を倒せるというところにあります。ところが実際の競技で、極端なことといえば五〇キロの者でも一〇〇キロの者でも、今でこそウエイト制ですが、当時の日本は無差別です。どうしたって体力、筋力が強く作用します。そこでやはり格闘競技である以上、基本的に体力を鍛えなくてはということを自分ながらに悟ったわけですね。

　隣がレスリング部で、ご承知のようにレスリングは裸でやります。裸でやるということは体が見えますね。レスリング部には体を鍛えるために鉄アレイ、錆びついたような古ぼけた鉄アレイがいくつかあって、それを使って見よう見真似で鍛えた。その時に、レスリング部のOBでもう四〇歳くらいの方が、今でこそ生涯スポーツが当たり前になりましたが、当時は四〇過ぎの人がスポーツをするということは余程のことがないとできない。その方が来て、レスリングをやると事実強いんですね。その方がスパーリングが終わって、鏡の前で鉄アレイをいろんな上げ方をしてやっている。そこへ行って「これは重量挙げですか」と聞いた。「重量挙げじゃない。重量挙げというのはいかにして重いものを上に持ち上げるかという競技。これはボディービルディングといって、今ヨーロッパやアメリカで、新しくスポーツとして発展しつつあるものだ」と言うのです。「体をいろいろな角度から鍛え、身体を隈なく発達させる。要するに、体を作るためのスポーツなんだよ」と。「私のような痩せっぽっちでもできますか」と言ったところ「できるよ、君みたいな人こそやる意味がある」と言うので、私も取り組んだんです。

　そうすると、僅か三カ月くらいの間に、若いせいもあったんですけど、みるみる体が変化していった。体重がどんどん増えて力も強くなって、なるほどと思ってますます打ち込んだ。そうすると細かった私の体が変化する訳ですから、いろんな運動部の連中が体育館に来て、僕にもやらせろ俺にもやらせろと、私を中心に一つのサークルが出来た。それがどんどん増えていくものですから、これはひとつクラブ組織にしなければと思って作ったのが、早稲田バーベルクラブ。

　早稲田バーベルクラブを作ったときに、私は三つの目標を掲げたんです。一つは、日本にまだ発達してないスポーツとして、ボディビルを競技として普及する。競技としてのボディビル。これは皆さんがイメージしている筋骨ビューティフル論。極限まで鍛えた体を競い合う競技です。もう一つは、いろいろなスポーツの競技力向上のためのボディビル。これを二つ目としました。いろんな運動部の基礎体力・基礎筋力のトレーニングとしてのボディビル、これが大事だと。三つ目は、スポーツをやらない人でも、体がいらない人はいない。体が元手です。体が弱くて病弱でしょっちゅう病気ばっかりしていると、自分の人生の可能性というものが追及できない。ですから一般人の方の健康作りのためのボディビル。これが大事だ。三番目には健康作りとしてのボディビルを掲げた。

　そのころ日本でもスポーツは盛んになって、昭和二七年には、ヘルシンキでのオリンピックに復帰できた。戦争中はもちろんオリンピックはない。戦後、ロンドンオリンピックが昭和二三年にあったけれど、日本は敗戦国ですからオリンピックに出られない。ヘルシンキのオリンピックがあって、スポーツは勝つため記録のため、どうしてもこっちに重点がいっちゃうけど、ボディビルはまず基礎から作ろう、何をやるにも根底は肉体だというところに力点を置いた。

よく体だけ鍛えて頭を鍛えなければだめじゃないのか言われる。私はその連中に反論しに行ったんです。頭は肉体のうちではないのか。もちろん、知識とかそういうものは、別に吸収して勉強しないと入らないけれど、頭の生理的能力は全身の健康のもとに働くはずだ。だから体を鍛えるというのは、全ての人間の活動の基本だという捉え方を我々はしたんですね。それでその運動を進めて、いろんな運動部の連中が入ってくる。同時に一般の学生がどんどん入ってきた。当時、早稲田で一番大きい部活が野球部で、二百何十人という部員がいたのですが、それを越すほど二百何十人あっという間に増えちまった。それで、体を鍛えるということを組織だってやったものですから、メディアがどんどん取材にきた。週刊誌、日刊紙、テレビが出来たばっかりのことでテレビもぼつぼつ来始めた。

話が元に戻るのですけど、三島さんとお会いしたときに、三島さんがまず私に言ったことは、自分は子どものころから体が弱かった。はっきり言って学校時代、体育の時間もみんなと一緒に暴れることができなくて見学することが多かった。小学生のころ朝礼でちょっと長く立っていると、すぐ脳貧血を起こして医務室に運ばれる羽目になった。ですから自分にはもう、とてもとてもスポーツをすることはできないものだと諦めていた。だけど、私も男だからやはり健康なたくましい体になって、みんなと同じように運動してみたいと思っていた。そこに日本でもいよいよボディビルのクラブが出来たと聞いて、ぜひやりたいと思ったと、こういうことを言われたんです。三島さんは「アメリカを旅行した時に、駅の売店でボディビルの雑誌があるのを見ていたけれど、自分とは全く無縁の世界だと思っていた。本当に玉利さんみたいになりますか」と。

それで私は聞いたんです。「あなたは何か大病なさったり、病気の後遺症、何かそういうのをお持ちですか。それはないけれども不眠症だ」と。それは不眠症でしょう。あの方は、夜八時から書き出し、朝の五時まで書くんです。それから寝て、一一時頃に起きる。だから生活リズムが狂うわけですよね。それから胃が弱い。「三島さん、本気でおやりになるのなら、一度健康診断をしてください。それで医者が運動に耐えられると言えば、及ばずながらご協力しましょう」ということになりまして、それから電話がかかってきて「医者に行ったけどなんでもない、大丈夫だ」と嬉しそうな声で話してました。

当時、三島さんは、東横線の都立大学で降りて、ずーっと行ったところに住んでおられた。私が三島さんに言ったことは「三島さん、本気でやってくださいよ。それから続けてくださいよ。無茶苦茶な練習をしないで、ちゃんと指導通りに合理的なトレーニングをして下さい。この三つを守れば、ある程度の活動力ある健康な体になることはお約束しますよ」と言ったんです。それで確か週二回お伺いしました。

私が一二時に伺ったら、小さな芝生の庭があって、道具を、今のようにバーベルも売ってないです。頼んで鉄工所で作らせて運び込ませてあった。それからベンチプレスをするベンチは、三島さんのお父さんがね、元農林省のお役人で局長までやった方ですけども、弱かった倅が体を鍛える、これはいいことだというんで大変喜んでくれて、大工を呼んで、玉利さんベンチの幅は何センチにしたらいいか、高さはどうしたらいいかといろいろ聞いて作った記憶があります。私が初日の練習に行ったら、もう海水パンツ一つで、まあ夏だったせいもありますけど、張り切って待っているんです。

それでその時の裸を見て、なるほど、こりゃあひどいわと。湯たんぽとか洗濯板のように胸のあばらが見える。湯たんぽはまだ厚いから、洗濯板です。背はあるのに頭でっかちで、眼だけは異様にキラキラ輝いている。体は全くもう幼稚そのもの感じです。大丈夫かいなと、ちょっと心配になったけれども。まあボディビルの特徴というのは、あくまでその人の体力、健康、年齢に応じた重さから徐々にやっていくものなので。体は使わなければ衰えていく。適度に使えば発達する。無理な使い方をすると、逆に体が委縮しちゃう。

この前リオのオリンピックがありました。勝つためのスポーツはそんな甘いことを言っちゃだめだ。ある時には無理に無理を重ねてチャレンジしていかないと。しかし体の弱い人や中高年、あるいは年取ってから健康維持のためにやるスポーツというのは、あくまでその人の年齢、体力、健康に合った適切なやり方をしなければならない。ボディビルというのは非常にそれがやりやすいんです。なぜなら重さを調節できる。

三島さんに初めて持ってもらったバーベルは、シャフトが七・五キロ、それに一番小さいバーベルのこんな小さいやつが二・五キロ。そうすると一二・五キロです。一二・五キロのものから始めたんです。ボディビルは、いかに体に刺激を与えるかです。その刺激に反発して、抵抗する力で筋肉が発達する。ですけど、筋肉と大雑把に言っても、鍛えるところはいっぱいある。厳密にいうと二百いくつ。それをだいたい胸の筋肉・背中の筋肉・足腰の筋肉・腕の筋肉に分けてですね、初心者の場合五、六種目中心に鍛えていく。それがあの市ヶ谷で亡くなる頃にはですね、一〇〇キロのバーベルを持てるようになっていました。言うならば肉体的劣等生の極みのような人がですね、一五年間、昭和三〇年から始めて、亡くなったのが昭和四五年ですね。一〇〇キロのバーベルを持てるまで体は変化していきました。

その頃よく私と話をしました。練習の後に、銀座行って飯食おうやという感じでした。そういう時話したのは「日本の作家というのは青白きインテリの典型で、芥川龍之介しかり太宰治しかりで、ああいうのじゃなきゃ作家になれないと思っているところがある。本人たちも肉体の弱さというのものには目を瞑って、俺は能力があるとすり替えている。そうじゃない。肉体も能力のうちだ。僕はああいうふうにはなりたくない」と。昔の小説家のなかには、不眠症で睡眠薬を飲み、起きてからは活力を付けるために興奮剤のヒロポンを使ったりする人がいました。それで精神のバランスが崩れ、今度は酒に安定を求める。バーに通えばそういった色を売る女性がいる。「それでにっちもさっちも動けなくなって死んだら太宰じゃないか」というようなことを言われたのを覚えています。自分はああなりたくないと。

三島さんがその前アメリカ、ヨーロッパに行ったのは、昭和二六、七年、向こうの一流の作家と知り合うと、彼らの私生活は健康的だ。小説でどんなに不健康な退廃的なものを書いても、本人たちはテニスをしたり泳いだり、生活は楽しんでいる。生活は健全だ。日本の作家は鋭いことを書こうとすると、自分まで不健康になっちゃう。それはおかしい。日本の作家はだから自殺が多いんだと言います。

ピカソの話をしたのはいつのことだったか「玉利さん、ニュース映像を見たら、ピカソが絵を描いていた」。この頃のピカソは八〇過ぎ。「裸で絵を描いてた。裸で八〇過ぎで、いい体してたんだ。俺も八〇過ぎても、ああいう風にやりたいんだ」ということを言ってられた。それからバーナード・ショー。イギリスの辛口の評論家で、彼が船の上でインタビューを受けてて、煙にまくようなことをさんざん喋った挙句に「俺は今八〇過ぎだけどこの通り元気だぞ」ってぴょんぴょん飛んで見せたと。ああいうのはいいねって。ヘミングウェイのことも言っていた。フロリダのキーウェストに住んでで、魚釣りやったりウォーターボートに乗ったり、ヨットやったりしていたと思います。ヘミングウェイは若い時、プロのボクサーと打ち合うほど強かった。彼は第一次世界大戦で従軍して、戦争の体験もしてきた。だから「老人と海」のような小説も書けたのだと。それから、フランスのアンドレ・マルロー。あの人はドゴールと一緒にナチに対しての抵抗運動をやった。若い時はアジアの方まで行って、カンボジアの遺跡のアンコールワットに行ったりして、カンボジア警察に捕まった。「ああいうことが出来るのも、行動力があるからだ。ひょろひょろの青瓢箪じゃとてもあんなことできない。僕もボディビルで体が強健になったら、自分の行動半径をうんと広げて、スケールの大きい小説を書いてみたい」と。「これからボディビルをやるけれども、どう小説が変わるか、それが自分でも楽しみだ」。こういうことを言われたのを覚えています。

実際トレーニングは、本当にばか真面目というか、くそ真面目というかもう本当に一生懸命やられた。始めたときの体重は五〇キロない。確か四七・八キロだったと思います。天才作家の三島由紀夫がボディビルを始めたということで、メディアがみんな茶化しにくるんですよ。冷やかされても平然として、全然動じなかった。三か月目ぐらいから、その洗濯板だった体に変化が出た。写真を撮ってくれというので撮って、始める前と比較して、ああ、これだけ変化したんだと喜んでおられた。

私自身もその頃二一、二ですし、三島さんが三〇で、三島さんもボディビルによって肉体が変化し、作風にも生活にも大きな影響を与えた。私もボディビルだけに閉じこもった固まった人間にならないように、三島さんからいろいろなことを教えられた。私も今日あるのは三島さんの影響が大きいと思います。当時、文春クラブというのが銀座にあった。そこによく寄ったんです。有名な作家達がタムロしているわけです。亀井勝一郎とか堀田善衛とか、いろんな作家がいたのを覚えています。三島さんが入っていくと、三島さんの前にバッと寄ってくる。それで三島さん、そういう連中たちと談笑するんですね。けれど、ある時間が来るとすっと私のところへ来て「玉利さん出よう」すっと出ちゃった。好き嫌いがはっきりしていた。

鉢の木会というのに三島さん加わっていた。大岡昇平とか福田恆存、それから吉田健一、こういった方たちと非常に仲良かったんです。ある時、福田恆存にボディビルの成果を自慢したんですね。そうしたら「三島君がやったってマグロにはならないよ、干物には干物の味があるんだ」と福田さんに言われたと。「自分が干物だからだ」と言ってたのを覚えています。

それから銀座に行って本屋に入る。「これ玉利さん知っているかい。ジャン・ジュネというフランス人の作家で、泥棒なんだよ。泥棒貴族。泥棒に行って、泥棒の体験を小説にしている」。そんな話をしていた。ある日、雨で練習できなかったとき、ギリシャ芸術の写真集を持ってきて「この均整美、これからギリシャ文化が生まれてきたんだ」と。古代ギリシャの彫刻がいっぱいあるわけですよ。三島さんはこういうことを言われた。「今は肉体は肉体だけに、肉体の能力だけにこもっちゃっている。しかし、古代ギリシャはこの肉体から羽ばたいてギリシャ文化を作った。それがヨーロッパ文化の源流になるんだ」ということを、非常に輝いた眼をして喋ってくれた。ボディビルというのは見せるだけのスポーツ、筋肉のたくましさだけを保持するためだけの運動と思われがちですけど、そうじゃない。肉体というのは行動するためにあるんですね。人間としての活動、その原点が肉体だという意味で、三島さんは肉体を捉えていた。

肉体はいくら鍛えても衰えていく、自然の摂理には逆らえません。年を取れば誰でも必ず体が弱っていく。それが怖くて死んだんじゃないかと言う人もいる。私はそうは思いません。文武両道を三島さんは言います。文というのは造花だ。武は散る花だ。つまり生きている花。肉体は生きている。肉体は必ず死ぬんだ。一度しかない人生だから、その人生の可能性をとことん追求する、こういった思想が根底にあったような気がしますね。あの方が絶えず、座右の書というくらい読んでいたのが、思想家で言えばニーチェ。あの人の書いた本で『小説家の休暇』があります。『小説家の休暇』という本の中に、ニーチェの詩を自分で訳したのがある。あの方にとっては、ニーチェから非常に積極的にニヒリズムを受け取って、一度しかない人生だから可能性の限りを尽くすというふうに捉えていたと思います。

私の手を離れていったのは、私がコーチを始めたのは夏からで、年が明けて冬になってから。「玉利さん、大体これでボディビルの基本はわかった。今度は一つ動くスポーツをやりたい。ボディビルは動く基本をつくるから、動くスポーツをやりたい」と言った。僕は何がいいんだろうかと考えました。三島さんの体力、年齢からみて、年を取ってもできる、それに精神的な要素も大きい剣道がいいだろうと思い、剣道を勧めた。そしたら首を傾げて、「剣道はあまりにも日本的だ。外来のスポーツをやりたい」。じゃあ何を三島さんあなたはやりたい。「ボクシングをやりたい」。ボクシング。それは三島さん、ちょっと過激すぎるんじゃないか。止めたんです。そしたら、その時は不服そうな顔してましたけど、結局やっちゃいましたよ。ジムに行って。ある程度までやって三、四か月やってスパーリングが出来るところまでやったら、ぱたっと限界が自分でわかったんでしょう。辞められた。それで剣道に入った。

結局、剣道にいったわけですね。それから、あの楯の会をつくられた。あの頃はもうしょっちゅうお会いしてない。死ぬ三年ぐらい前に、あの方とある雑誌で対談をしたんですけれど、ちょっと意見が違うなと思ったのですが、もうそのときは自信満々です。今までは、小説の中でしか自分の可能性を表現してこなかったけれど、実人生で、行動でもって実社会に対して働きかける。楯の会についてのお話はしないんですけれども、ボディビルについてはいろいろ話します。私は「ボディビルというのは、体だけに捉われないで、自分の体をもとに、それが社会の活力とか社会全体の発展とかに目を向けていかなければいけない、自分の体の中だけに閉じこもってはいけない」と言いました。それは前に三島さんがギリシャ文化というのは、このたくましい体美しい体から羽ばたいている、と言われたのと同じことを私は言っているつもりだったんです。しかし、三島さんは「自分はそうは思わない」と言うのです。「現代社会のためになると言うが、現代社会とは何なのかと。現代の価値観は地位、金、名誉そういうものが唯一の至上価値であり、特に金じゃないか。そんな腐敗した時代に何も媚びることはないんだ。肉体は肉体の誇り、哲学に毅然としていればいいんだ」と言うんです。あまりにも抽象的ですね。

じゃあ三島さんはどういうものが、現代の価値観に必要だと思いますかと聞いたんです。そしたら「武士道だ」ということを言われた。私も武士道ということは、父が剣道家で私なりに子どものときから触れてきたんです。三島さんは武士道という徳目をどう捉えているんですかと聞くと「潔いこと、恥を知ること、勇気だ」と、そういう抽象的なことを言われたんです。それはもちろん大事なことだと思います。それを現代社会に具体的にどう活かすんですか。だいたい現代人はそういうものをみていない。金が至上価値のようなものになっている。そういうものに反発する。「でも三島さん、人間ってのは、どんなに抗ってもその時代その社会にしか生きられないでしょう。その時代その社会なりに、より建設的に調和的にやらなければいけないんじゃないか」って言ったら、「いや、そうは思わない」と毅然として言い放つんです。そのとき私は、あれ、この人はやっぱりいわゆる頭だけの文化人の方に行っちゃってる人かなと一瞬思いました。

それがですね、それから三年後ですけど、あの事件が起きた。起きてから、ああ、これはやっぱり俺が間違っていた。三島さんは本気で思っていた人だ。つまり、肉体をかけて生命をかけてそれを思った人なんですね。観念の勇気じゃない。そのとき初めて私なりに思い、理解しました。あの人は常に現実を無視しない。現実の中に触れながら、現実を動かしている本質的なものと、つまり肉体と精神、力と美、その間を行ったり来たりしながら両方巻き込んだ文と武を、常に根底的なものとして考えていた。理想と現実、こういうものの間を絶えず揺れ動きながら、その直面する現実の中で、行動しようとしていた方じゃないかなと思っております。

先程三島さんが私にくれた、『小説家の休暇』の中のニーチェの三島さんの訳の詩を、これを最後にご紹介してみたいと思います。これは今でも暗唱できます。

「友よ」コロムブスは語つた。「身を委ねるな、
もうどんな新しい逸楽にも」
彼はつねに彼蒼《かのさう》へ身をそびやかす——
最《い》と遠いものは彼を誘つてやまぬ！

「地の果ての果てのものこそ私の大事。
ジェノア……その市《まち》は沈んだ。消えた。
無情であれ、心よ！　手よ、放すな舵を！
わが前には大洋《おほうみ》。——陸地は？——陸地は？——　——
——
われらは足を踏んばつて立つ。
引返すことは叶はぬ！

見よ、かなたよりわれらに会釈する

一つの死、一つの誉れ、一つの幸！」

これを読むたびに、今でも三島さんの心情、あの人の心に流れていた奥深いものを、私は感じています。まあ、こんなことを私は三島さんとお付き合いしたなかで、感じ取ってきて、それを今日はお話ししました。どうもありがとうございました。

質疑応答

山中　これから質疑応答と、私たち佐藤と山中がディスカッサントとして加わり、玉利さん、山内さんと対話をして話を深めていきたいと思います。まずは、先ほど皆さんにご提出して頂いた質問用紙から、いくつか選びながら質問していきます。

こちらの方は「一九六〇年代のアメリカでは、ボディビルにステロイド使用が公認されていましたが、こうした風潮について、三島やJBBFではどのように反応されたのか、そのところを教えてください」ということです。また、三島が麻薬やヒロポンなどを服用している事はお聞きになりませんでしたか？　ということですが……。

玉利　薬物ドーピングの絡みの話ですね。これはですね、まずスポーツはアンチドーピング、ドーピングした者は全部その競技の記録は失格。日本ボディビルフィットネス連盟はもちろん、国際ボディビルもアンチドーピングとなっております。ボディビルは、将来はオリンピック種目になろうという方向を目指しております。厳しくアンチドーピングには徹しております。

世界のボディビルが、アンチドーピングのルールを作ったのは一九八六年です。一九六〇年代は、まだオリンピックでもドーピング禁止じゃないと思いますから、六〇年代はおそらくフリーでしょう。

山中　薬物とそれから栄養剤、いわゆる薬物ではないような物もあるとは思うんですが、三島由紀夫が「週刊新潮」の掲示板欄で、最近はアメリカのボディビルダーが、色々な良い薬、健康剤のような物を使っていて、どうやったら日本で入手出来るか教えてくれないかということを書いています。

玉利　それいつごろですか？

山中　昭和四〇年前後だと思うのですが……はい。

玉利　これ、よくみなさん勘違いなさるんですけれども、栄養剤これは一般的にはサプリメントと言われるやつです。栄養補助食品です。それからドーピングに引っかかるのは禁止薬物。要するに体内では造成できない物。アンチドーピングの対象となる薬品は二百種類くらいあるんですけれども、この二つは違うものです。禁止薬物は、ホルモン剤系統のものと、興奮剤系統のもの、逆の鎮静剤系統のものもここに含めますが要するに抗精神薬、それと検査をごまかすための利尿剤の三系統があります。ですから、サプリメントはまったくそれとは別のものです。

山中　はい。

玉利　人間の人体に必要な、日常の生活をするのに必要な栄養素は違反にはなりません。余談ですけれど、日本のボディビル選手は国際大会で、一人も陽性者は出したことはありません。だから私は、その意味じゃ鼻高くてですね、玉利は神秘的だの、どうして日本からは出ないんだと言われるので、それは武士道があるからだと胸張ってます。（会場から笑い）

山中　ありがとうございます。続きまして、今度は山内さんへの質問なんですが、「昭和三〇年代と四〇年代とでは、三島の「我ら」が示す範囲が異なるように感じました。双方の時代に何か相違があるのでしょうか?」という質問です。

山内　初めて集団で神輿を担いだ時に、肉体的コンプレックスから来る隔絶感が払拭されたという感覚の「われら」だったと思うんですね。つまり、巷の若者と一緒になれたという実感だと思うんです。ところがその一〇年後、四一年頃になってくると、もう肉体は完璧なほど死にふさわしい美を備えてきたわけですよね。そうすると「われら」という言葉の意味が、十代の戦争の時代に戻って、夭折とか戦争に行けなかったという思い出と結びついた、その時の「われら」になってしまったんだと思うんですね。

佐藤　次も山内さんにお願いしたいのですが、「昭和二九年から三一年の傑作を生んだのはスポーツだけでなく、豊田貞子の存在はどうだったのか」という質問です。この人の存在ってまだあまり知られていないので、ちょっと説明をして頂いて、今日スポーツの問題に関わってくるかどうか分からないですけども、三島への影響についてのお考えを。

山内　ここ数年にわかに脚光を浴びてきた女性なんですけれども、岩下尚史さんの『見出された恋』という本に詳しく書かれています。昭和二九年頃に歌舞伎座の中村歌右衛門の楽屋で初めて会って、急速に接近して、一緒に旅行したりもしてます。それで僕がさっき申し上げたのは、やはりその彼女の存在があって、男性としての肉体的健康を持ちたい、もっと逞しくなりたいと考えたんだと思います。ボディビルで肉体コンプレックスを克服したこと、それと女性との恋、それが小説制作に大きくプラスになっていったんじゃないかということですね。

佐藤　おそらくこの貞子さんという人と、三島は初めて性的な関係を持ったと思うんですよね。それとボディビルの時期とが重なるんです。これは偶然だと思うのですけども、玉利さんはその豊田貞子という女性の存在をご存知でしたか?

玉利　いや、全然知りません。それからですね、よく言われたんですけど、三島さんはゲイの傾向があるんじゃないかと。私ともそうじゃないかと言う奴もいたんですけど、この私に関する限り、そんな気配は一切ありませんでした。

佐藤　玉利さんの方がなかったということではなくて、三島さんの方が……。

玉利　三島さんからそういう誘いも、そういう素振りもございません。それから、ちょっと付け加えておきますが、私がうことは三島さんに指導しようと言ったときに、「玉利さん、こういうことはハッキリしといた方がいいな」と、「謝礼はどうしたらいいか?」という話がでました。だけど私は、いやそれは要りませんよと言った。私はボディビルを商売にする気はなかったですから。日本にボディビルを正しく普及したいという、一つのムーヴメントのリーダーという気持ちがありましたから。ただ、何かっていうと一緒に出たときなんか、私にネクタイをプレゼントしてくれたり、カシミヤのセーターとか、たいへん高価で学生の分際でとても買える物じゃない、そういうものを頂いた。あれ取っときゃよかったんだけどね、どっかいっちゃったんですね（笑）。

佐藤　はい、松本（徹）さんが話してくれるということで、お願いします。

松本　この問題はね、僕が調べた範囲で、少し皆さんにお話ししておいた方がよいと思いますが、はっきり言いますと、三島さんはですね豊田貞子と関係を結ぶまでは、インポテンツでした。同性愛とかいう問題以前に彼はインポテンツだったんですね。三島さんの同性愛をどう考えるかということですが、そのあたりのことは、私の『三島由紀夫 エロスの劇』という本に書いておいたんですが、とにかく三島さんは男女の関係というものを持てない状態で成人して、三〇歳頃に、赤坂の料亭の娘さん、まだ一九歳だったんですね。ものすごく派手な女性だったようですね。中村歌右衛門が上演するお芝居の演目に合わせて着物を染めさせて仕立てて来るという、そういうとんでもないお小遣いをたっぷりと持っている奔放な女性だったようです。彼女と三島は初めて男女の関係を持った。そのとき三島は大変嬉しくて、三島は文芸評論家の奥野健男さんに喜んで電話かけてきてくれてね、出来たぞーって叫んだんですよね。まあ、そういうふうにしてインポテンツという状況から脱出した。そのとき書いてたのは、『沈める滝』で、『金閣寺』の前です。そういうときの男の充実感というものが、『金閣寺』の中にあるんです。あの小説は別の言い方をすれば、まさしくインポテンツからの脱却論、そういう側面をもっている。『金閣寺』もいろいろな読み方できる小説で、そういう角度からも読めます。

質問者1　松本さん、質問なんですけども、その『沈める滝』に出てくる女性って不感症ですよね？　豊田貞子も不感症だったということなんでしょうか?

松本　それはね、僕はわかりません（笑）。あれ自分のことをね、インポテンツをそういう設定にしてあの小説書いているんであろうと僕は解釈しています。

質問者1　不感症であれば三島さんのインポも治らないですもんね。昭和三〇年代になって初めて彼女の不感症を治したことによって、彼のインポテンツから脱したんじゃないかなっていうふうに……。

松本　そんな論理が成り立つんですかね。僕は成り立たないと思うけど。

佐藤　あの私からひとこと言わせて頂きたいんですけれども、別の側面から見ると三島は、男性同性愛の傾向があったのは確かであって、それは『仮面の告白』に書いてある通りだと思うんです。ただ『仮面の告白』が最大の間違いを犯しているというか、誤解を起こしてしまったのは、男性同性愛と自分の体の不健康を結びつけてしまったことです。そして健康になることと女性と、つまり異性愛を持つことを今度は結びつけたことが、三島にとって最大の間違いではないかというふうに私は思っています。男性同性愛者で健康であってもいいわけなんですが、身体の不健康と男性同性愛を結びつけて、それを克服することと女性とセックスを可能にすることとを目指してしまったところに三島の大きな誤解があるんではないかと考えています。

山中　時代がそう言う時代でもありましたし、三島は自分をある種の病理化をおこなったような見方をしていたのだろうなと思います。まだ、他にも実は質問がございますので、そちらの方を進めて行きたいと思います。

「三島の肉体改造は他者より強くなりたいという願望があったからとは考えられますか？」という質問です。重ねてこれは私の質問でもあるんですが、山内さんのご説明にもありましたように、最初はコンプレックスがあった。次第に筋肉がついて常人を超える。超えると今度は、先ほど玉利さんのお話にもあったように、やめると筋肉は衰える……ということは永遠に続けて行かなくちゃいけないという、止められないコースに乗っかってしまった。その中で常人以上の筋肉、体力を持つに至った後は、さらに大きくさらに強くっていう形がずっと加速して続かなくちゃいけない。これ中々止めどがないような気がするんですけれども、こういったことは玉利さんはどのようにお考えでしょうか？

玉利　肉体の強さというのはですね、肉体だけに限定した場合、色んな要素があると思うんですよ。強さと言っても肉体の物理的な能力を発揮する強さと、それから、健康である生理的な強さとこれはやっぱり次元が違うと思いますよ。ですから三島さんが何を求めたかというと、最初はまず生理的な健康、それから体力に自信がついてくにしたがって、人並みな動きが出来るような体力をつけたいと思ったと思いますよ。で、今度は動くスポーツをしたい。人と競い合うスポーツに気が向いたと思うんです。初めは生きる基本になる健康、これがやっぱり原点だったと思います。

山中　順序ということです。確かに、そういう流れがあったと思います。

佐藤　今のお話にちょっと続けて、私の方から質問したいのですけれども、最初は健康を求めていたのが、肉体を使って肉体を滅ぼす方向に変わってしまいますね。どこかでスイッチが替わった、入っちゃったということでしょうか？　それとも、何かもともと三島にはそういう傾向があったというふうに考えられるでしょうか？

玉利　私が三島さんと触れ合った限りで感じたことは、はじめはやはり生理的な健康が目的だったと思いますよ。不眠症を治したい胃弱を治したい、人並みな活動ができる体を作りたい。段々そうなっていったと思います。

山内　僕は、やはり三島さんは潜在的にあったと思うんですよね。『鏡子の家』の不評から文学に嫌気がさし、大映と俳優契約して「からっ風野郎」という映画に出演する。その辺からスイッチが入って、写真のモデルとなって『薔薇刑』とかやる。その頃から潜在的にあったものが僕は目覚めてきたのかなと思います。ここが一つのターニングポイントになったのではないかと、僕は考えています。

玉利　ちょっと補足させて頂きます。今、山内さんのおっしゃったことに共感を持っているんですけれども、さっき『太陽と鉄』の「英雄」のことを言いましたけど、英雄的行為をするのには、英雄的な肉体をしていなきゃいけないというようなくだりがあったと思うんです。英雄的肉体になってない者が、そういう事は出来ないんだと考えた結果が、自分の心に決めるものがあったんじゃないか。それと、もう一つ先天的にはやっぱり死への願望、どんな人にもアンビバレンツかもしれないけどあると思います。そういうものが特にあったんじゃないかと、これは私も強く思っている。だからハッキリ言って三島さんの一一月二五日の行為というものは、永遠の謎なんて言われていますけども、日本の歴史と日本という現実を舞台にした、あの人の最高のドラマだったんじゃないか、命をかけたドラマだったんじゃないかというような気が私はしております。

山内　ちょっといいですか。補足をします。僕は神輿担ぎが、三島が初めて出会った人間の肉体的情景ということを言いましたが、原点はやはり二・二六事件だったと思うんですよね。一一歳のときだったんです。三島は英雄的形姿って言葉使ってますよね、「二・二六事件と私」の中で。それで、『太陽と鉄』の中で十代に帰る事を、私の黄金時代への回帰とも言っているんです。十代に三島の全てがあったんではないかっていうことですね。それと、死の直前になって学習院の文芸部の先輩だった坊城俊民さんに、自衛隊の宿舎から手紙書くんですけれども、その時もやっぱり二・二六事件のことを言っている。

佐藤　お二人とも、そもそも三島にはそういうところがあったということですが、更に突っ込んだ質問をさせて頂きますと、少年の頃にそういう要素を持っていたけれども、条件が整わなかった。条件が整うようになったから、自分が夢見ていた願望が果たせるようになったったということですね。それはある意味では、頭の良い三島由紀夫にとっては退屈なことじゃないかと思うのです。つまり、子どもの頃思った通りになってしまうわけです。それを三島は退屈だと思わなかった。なぜ思わなかったのでしょう。

玉利　三島さんの場合にはですね、大人になってから回顧した少年時代と、実際に少年だった時とは違うと思うんですよ。肉体的劣等感に苛まれていた少年時代だったと思うんですよね。言うなれば遅れてきた青春なんですよね。さっき山内さんが言われた「実感的スポーツ論」の中で言っていることですけれども、日に日に力がついてくる、充実してくるのが実感として思えるときくらい、生きがいというものを感ずることはないと。これは事実、皆さんもそうだと思うんです。その強烈な喜びが、『太陽と鉄』の、英雄的な行為というものは英雄的な肉体がなければ出来ないというふうになっていくわけですよね。そんなような気がします。

山内　今、佐藤さんから頭の良い三島がって言ったんですが、僕は頭が良いからこそ普通になりたかったんじゃないかといつも思っているんですよ。佐藤さんのおっしゃったような退屈が欲しかったんじゃないかと思うんです。それは神輿担ぎで、巷の若者と一緒になりたいということと、一緒だと思うんですね。

佐藤　言われてみると、そうだろうなあという感じが致します。では、質問用紙に戻りたいと思います。「小林秀雄は表情のような厄介なものはお面で隠してしまうのがよい、との言葉からわかかるように、精神と肉体を対立的にとらえていたようですが、三島は精神と肉体の関係をどのように考えていたのでしょうか？」お二人にお答え頂ければと思うのですが、どうでしょう。

山内　これは三島も言っていたと思うんですが、精神と肉体は調和すべきものだって言ってますよね。三島にとって精神は肉体であって、肉体は精神であると。これは対立するものじゃなくて、一つのもの。均衡、バランス、そういうものを理想にしていたんじゃないかと思います。

玉利　精神っていうものは、自分の思いが地球を守ることも出来るし、宇宙を動くことも出来るというものだと思います。だけど、肉体とは時間と空間に限定されて、縛りつけられている。その間の矛盾があるわけです。実際の人生というのはやはり肉体に縛られている。肉体がなくなれば命もなくなっちゃう。ですから、肉体を努力させることによって、どれだけ自分が現実可能な、自分の思い、理想にですね近寄れるか、そういうことが私は現実の姿じゃないかと思うんです。その意味では三島さんっていうのは、非常に常人では考えることの出来ないことを現実に演出し、構成し、実行した、しようとした人じゃないかと思いますね。それを敢えてやろうとした。それが、私は例の事件だと思いますね。

佐藤 あの、玉利さんに伺いたいんですが、ボディビルというのは単調なスポーツで、多くの人が手を出すけども、早くにやめてしまうという事を聞いたことがあるんですけれども、三島由紀夫は死ぬまでやりますよね。非常に普通じゃないような感じがします。多くのボディビルを始めた人たちを見てきて、三島由紀夫はやっぱり普通の人じゃなかったとすると、どのあたりにそれを感じますか。

玉利 三島さんは四五で生の幕を引かれたわけですね。私は現在八二歳ですけども、ボディビルは続けております。意志ということもありますが、ボディビルは八二でもできるんです。それはライフステージによって変化していきますから。私もこの年になって程々に、そんな重い物はもう持てませんし、持ちません。三島さんはどうだったかと言うと、あの方は、文は造花であり、武は散る花であるということを、『太陽と鉄』で繰り返し言っていた。花は散るからこそ美しい。肉体の美しさってのはやっぱりね、これから伸びていくはつらつとした、輝くような若い肉体ですね、彫刻で今でも芸術作品として残っている。ですから三島さんは最絶頂期に花と散りたかったんじゃないかと、そんな気がします。骨の髄まで本物の芸術家だったたと、こういう思いを強くしていますね。

山中 これもまた会場からの質問なんですけれども。「暗黒舞踏の土方巽との関係や、舞台上で表現される身体について、三島はどのように捉えていたのかを教えて頂ければと思います」というのがあります。これは山内さんの方への質問になるかと思います。確かに、あの土方巽の肉体を細江英公さんの写真で知って、それが『薔薇刑』に繋がるということがあると思うんですけれども、ここら辺のことを少しお願い致します。

山内 暗黒舞踏の土方巽については、むしろ山中さんのが詳しいと思うんでお願いします。

山中 舞台上の表現では、土方巽という方は暗黒舞踏というジャンルを開拓した人ですね、モダンダンスの発展形態のような形で、全身を白塗りにしたり、黒塗りにしたりということで、特異なオリジナルなダンスをやっていた方で、それを前衛芸術にすることで三島由紀夫だとか澁澤龍彦だとかが注目した。ただ、肉体という意味では、その土方巽を写した写真を見て、僕もこういう写真集を出したいという形で、細江英公さんの『薔薇刑』という写真集に後々に繋がるということがございます。だから、直接の舞台上の肉体というよりはビジュアルに写された肉体というところで繋がっていったんじゃないかというような考えが、僕にはあるんですけどもね。動きを持つ映画は、他人のストーリーの一部として演技をしなくちゃいけない。演技というのは、やはり別の話ですからね、肉体を持っていることと。なので、ただの動かない写真として、三島由紀夫が三島由紀夫役として出ていくという感じを求めたのではないかと思います。どうしても力がついてくると動かしたい、試したいということで、だんだん更新していったんじゃないかなと思うんです。

佐藤　今日は三島由紀夫とスポーツという主題なので、このご質問は内容が異なるんですが、お読みします。「三島由紀夫が市ヶ谷事件に失敗していた場合、すなわち諫死できずに生き延びた場合、どういう生き方をしていたと思いますか？」というご質問。同じ方が、「三島が一九六八年にノーベル賞受賞していたら、その後の人生はどうなっていたと思いますか？　自決したと思いますか？」、また同じ方が「三島由紀夫が自決しなかったとしたら、川端康成は生き延びたと思いますか？」という質問です。山内さんいかがでしょうか？

山内　僕はやっぱりノーベル賞は、とっても大きかったと思うんですよね。欲しかったんだなあと思うんですけど。もし取っていたら、また全然別の違った人生があって、市ヶ谷はなかったと。もう一つの質問。もしあそこで自決できなかったっていう仮定は、僕は、自決ありきだったということでしか考えられないですね。ちょっとこれについてはコメントはできません。

玉利　三島さんが自決しない人生だったら、どうだったのかというお話ですけれども、三島さんが言ってられたことは、私冒頭でお話ししましたけれども。八〇を過ぎたピカソやバーナード・ショーのように、初めは単純にやっぱりそういうことを目指していたんじゃないかなと思いますね。ところが、肉体が彼の観念の中で完成に近づいていくと、今まで不可能と思っていたことが自分に近づいてきた。彼が晩年よく言っていた言葉に、知行合一という言葉がありますね。中国の王陽明が、知は行の始め、行は知の成るなりと、知と行は一体となってこそと言い、敢えて苦難の道を歩んでいく。ですから、そういう意味から言うと、体が出来るにしたがって、行動ととなり、行動は完結する。だけど、そうじゃない健康な肉体を求めるボディビルをやっていたらですね、おそらくあの方は今も生きてたと思いますよ。今生きてたら九一でしょ。日本にとって大事なアフォリズムをぼんぼん咲かせて、存在感のある人だったと思いますよ。

佐藤　もう一つ二つ質問をさせて頂いて、ごく簡単にお答え頂ければありがたいんですが。玉利さん、先ほど『小説家の休暇』を三島由紀夫から貰ったというお話がありましたが、同じ時期に執筆をしていた『鏡子の家』、ここにはボディビルを始める舟木収という人が出てきます。それからボディビルをやれと勧める武井という青年が出てきます。それと深井峻吉というボクサーも出てきます。思えば四人の主人公のうち二人がスポーツをやってるんですね。そもそも『鏡子の家』は献本されましたか？

玉利　それについては私、面白い体験があるんです。もう私の手を離れて、三島さんが自分でジムに行ったり、いろんなことをし始めてる頃ですね。たまたま東横線に乗ったら、三島さんが乗ってきて一緒になった事があるんです。しばらくってことで吊革に触りながら話したんですけどね。そしたら自慢するんですよ。「もう玉利さん、あのこの頃と俺は違うよ」って言ってね。「体ももうできてるよ」って言って、嬉しそうに自慢するから、私はちょっと冷やかし半分で、「貴方が逆立ちしたって僕には敵わないよ」って、僕はそう言ったんですよ、冗談半分で。そうしたら怒りましてね、ものすごい怒って、三島さんが一番痛いところ言われたんじゃないかな。そうしたら怒って「よし、俺は今小説書いてるんだけど、玉利さんを書いてやる」って。『鏡子の家』のあの中に出てくる、ボディビルをやっている武井ってのが朝鮮人になっちゃうでしょ。抑圧された民族ほど肉体的な優位に立とうとするんだというようなことを書いていますよ、あの中でね。

質問者2　それは昭和何年頃の話ですか？

玉利　あれはね、昭和三〇年代のね、半ばでしょう。楯の会とか作る前ですわ。

質問者2　『鏡子の家』を書く前ですか？

玉利　書いてる最中です。

質問者2　じゃあ、三四年くらいですか？

玉利　そうでしょうね。だから『鏡子の家』でも、あの人は、冗談と本気と入れ混ぜたようなことをね、書いてるんじゃないでしょうか。下手をすれば、私は殺されてますよ。(笑)

佐藤　山内さん、ボクサーの石橋は、広次《ひろじ》って言うんですか？

山内　「ひろじ」です。全日本チャンピオンになったんです。三島が、日大の拳闘部で一緒にトレーニングするんです。三島はすぐやめちゃうんですけど、その後交友を続けて、『鏡子の家』の深井峻吉のモデルになった人です。『鏡子の家』は、『金閣寺』のあと三島が本当に全精力を注いで書いて、ボディビルとボクシングというスポーツの影響がみられる作品ですね。それは「裸体と衣裳」という日記にも書かれています。

玉利　『金閣寺』が出たので話しますと、私がちょうど三島さんの家に通ってボディビルを指導している頃、『金閣寺』を書き始めたんですね。それでね、京都に取材に行って、そのとき私に真剣な顔して「玉利さん、京都に行ってる間にボディビルどうしようか？」と聞くわけですよ。じゃあ三島さん、小さいバーベルを一つ送ってあげますよと。ところがすぐ手配したんだけども、着かなかったんですね。そうしたら大騒ぎして電話してくるんですよ、家に。しばらくして着いたんですね。そしたら三島さんが、喜んで感謝の葉書を私にくれた。それ今でも持っています。宿の女将に、裸になって見せたら、お顔に似合わない立派な体だと言われましたと。

佐藤　昭和三〇年一〇月九日の葉書ですね。
玉利　ああ、そうですか。
山中　取材のときの宿の写真で、端っこにバーベルが写ってる写真がありますけども、それは今のお話のバーベルでしょうね。文学館にそのときの写真がパネルで展示されておりますので、皆さんの中でも見た方がいらっしゃるんじゃないかと思います。
心苦しいのですが、そろそろ時間になって参りました。最後に、山中湖村の教育長よりあいさつがございます。
教育長　どうもこんにちは。山中湖村教育長の椙浦でございます。今回のレイクサロン、一二回目を開催させていただいたんですけども、パネリストと質問者とが盛り上がり、会場が一つになったというところが拝聴してよかったと思いました。八二歳の玉利先生が三島由紀夫に負けないぞというようなお話ぶりで、三島が近くにいるような感じがしました。山内先生にもお礼を申し上げます。今後とも山中湖の三島文学館、そして山中湖にエールを送って頂ければと思います。本当にありがとうございました。
山中　これで今回のレイクサロン終了いたしたいと思います。ありがとうございました。

ミシマ万華鏡

佐藤秀明

今から二十年近く前になるだろうか。大江健三郎の生家を訪ねたことがある。思えば奇妙ななりゆきだった。

松山の愛媛県立図書館で内子町や大瀬の地図を調べていると、変な男と知り合いになった。自分も大江を調べている、ついては明日一緒に大瀬に行こうと言う。内子に行く特急は多くない。それで道連れになったわけだ。この男、自分は調査のプロだから、後について来い、と横柄に言う。ついて行くと、役場ではいろいろな資料をてきぱきと出させ、それを私の分まで貰い受けてくれた。そのくせ、大江の作品はほとんど読んでいなくて、私に作品解説をさせようとしていたようだった。データマンだったのか。

タクシーで大江の家まで行くと、この男、何といきなりピンポンを押して、「わたくし大江先生の大ファンでありまして」とまくし立て、出てきた嫂さんをたじたじとさせた。そしてついに二階に上げてもらうことになった。

母君の小石さんはまだご存命だったが、伏せっているとかで、嫂さんがお茶の仕度に立った。歌人でもあった兄上の机を見ると、『鏡子の家』の初刊単行本が一冊置いてある。躊躇したが、思い切って箱から出し扉を見ると、「大江健三郎様　三島由紀夫」という署名があった。

サイン入り献呈本がどうして四国の山の中のあの家にあったのか。大江が読み返すために東京から持参したのか。兄上が所望したのか。それ以上は何も分からなかった。

特集　三島由紀夫とスポーツ

三島由紀夫とボディビル——肉体の陶酔と死

山内由紀人

1

三島由紀夫の「太陽と鉄」には、次のような一節がある。

　私の自我を家屋とすると、私の肉体はこれをとりまく果樹園のやうなものであつた。（中略）

　あるとき思ひついて、私はその果樹園をせつせと耕しはじめた。使はれたのは太陽と鉄とであつた。たえざる日光と、鉄の鋤鍬《すきくは》が、私の農耕のもつとも大切な二つの要素になつた。さうして果樹園が徐々に実を結ぶにつれ、肉体といふものが私の思考の大きな部分を占めるにいたつた。

三島が健康のために三十歳で始めたボディビルというスポーツは、他の競技の基礎的なトレーニングにもなり、やがてその肉体改造は思想の土壌へとなっていった。「太陽と鉄」は、三島のスポーツ体験、その肉体の体験を抜きにしては成立しえない作品といってもいいだろう。

三島は生涯ボディビルをつづけ、さらに剣道五段、居合道初段、空手道初段と武道に邁進した。ボディビルに入門して一年後にはボクシングにも挑戦したが、その激しさから体力の限界を知り、半年余りで断念している。スポーツといえば二十三歳の頃にわずかに乗馬の経験があるだけで、三十歳になるまでほとんど無縁だった。その三島が一念発起してスポーツに取り組むことを決断したのは、生来の病弱な体質を改善したいという切迫した思いからだった。『仮面の告白』のデビューから六年。すでに戦後を代表する人気作家になっていたが、その多忙から胃痛や頭痛、不眠症に悩まされていた。健康に不安を覚え、それを何とか解消したいと考えていた矢先に目にしたのが、週刊誌のボディビルの特集記事である。四年前の世界旅行で多少の知識はあったが、具体的に詳細を知るのははじめてだった。当時、日本ではボディビルが全国的なブームになりつつあり、雑誌はもとよりテレビでも特集が組まれるほどだった。

三島がボディビルに注目し、これなら自分でもできると考えたのは、その特性にある。元来の体格差にあまり左右されず、特別な技術や運動能力を必要としないこと。またトレーニングするのに、器具さえあれば自宅でも可能で、単独でできるということ。続ける意志と精神力さえあれば必ず結果が出て、美しく逞しい肉体を手に入れることができるこのスポーツは、まさに三島の理想だった。自宅にコーチを招き、ボディビルに励んだ三島は、ボクシングに入門する前にこんな抱負を語っている。「ボディ・ビルのみならず、私は今後、いろいろなスポーツに手を出したいと思つてゐる」（「文学とスポーツ」「新体育」昭和三十一年十月号）

ボディビルの特性は、三島が挑戦したスポーツ全般に共通している。ボクシングも武道も、ただひたすらストイックに自分と向き合うという精神面が重要なスポーツである。三島は「ボクシングと小説」（「毎日新聞」同年十月七日）で、次のように書いている。「なぜボクシングをやりたくなつたかといふと、それが激しいスピーディーな運動だからである。ボディー・ビルの静的な世界は、肉体の思索の世界ともいふべきで、そこでは動きとスピードへの欲求が反動的に高まつてくる」。三島にとってスポーツとは、等しく一つの精神的な体験だったに違いない。

さらに「ボクシングと小説」の一節。

——「仮面の告白」といふ拙作を読んだ方はご承知と思ふが、私は病弱な少年時代から、自分が、生、活力、エネルギー、夏の日光、等々から決定的に、あるひは宿命的に隔てられてゐると思ひ込んできた。この隔絶感が私の文学的出発になつた。しかし年を経るにつれ、私が自分一人の個性の宿命だと思ひ込んでゐたこの隔絶感は、実は文学そのもののなかにひそんでゐる一般的な原理だと知るやうになつた。（中略）それから私の人生観も芸術観も変つてきた。ここ三、四年の私の実生活上の全努力は、この隔絶感をぬぐひ去り、幼少年時代に失つたものを奪回しようといふことに集中してゐる（中略）。

シャドウ・ボクシングに熱中して大汗を流し、目の中へ流れ込む汗を感じてゐるとき、私は大ゲサな話だが、ショウペンハウエル的な世界から遥か遠く離れてゐる自分を感じてうれしい。そのとき少なくとも私の中に、如上の隔絶感は完全になくなつてゐる。

三島はスポーツで流す汗に感動し、生を実感した。肉体は精神と一つのものになり、自分が現実に存在している歓びに浸った。そのことを、「ボクシングと芸術」「肉体的活力と知的活力」「生と芸術」が調和した、「自分が住みたいと思ふ理想的な世界」と表現した。そして最後を、「私がスポーツに求めてゐるのは、さまざまな精神の鮮明な形象であるらしい」と結んだ。ここには健康で明るく、溌剌とした三島の姿がみえる。

この「私の実生活上の全努力」が作品として結実したのが、おそらく『潮騒』（昭和二十九年六月書き下ろし）である。三島のボディビルの最初のコーチとなった玉利齋《ひとし》は、三島が初対面の時に語った言葉の一つをこう記憶している。「ボディビルで体が逞《たくま》しく変化したら自分の作品がどの様に変化するのか楽しみだ」（『決定版三島由紀夫全集』第二十八巻月報／平成十五年二月）。予感は的中し、ボディビルの効果は創作にも好影響を与え、三島は作家としての充実期を迎える。

昭和三十一年十月に単行本化された『金閣寺』は読売文学賞を受賞し、代表作となる。また四月には戯曲集『近代能楽集』、六月に作品集『詩を書く少年』、十二月『永すぎた春』を刊行している。さらには「施餓鬼舟《せがきぶね》」（「群像」十月号）「橋づくし」（「文芸春秋」十二月号）、「女方」（「世界」三十二年一月号）など、すぐれた短編小説を次々に執筆し、充実した仕事ぶりをみせている。戯曲作品の代表作の一つとなる「鹿鳴館」も、「文學界」十二月号に発表された。

書き下ろし長編小説『鏡子の家』の執筆に入るのは、半年余りの欧米旅行から帰国した直後の三十三年三月。完成するのは三十四年六月で、一年と三ヶ月を費した九百四十七枚に及ぶ大作だった。執筆の進行と生活状況は「新潮」に連載された日記形式のエッセイ「裸体と衣裳――日記」（昭和三十三年四月号～三十四年九月号、三十四年八月号は休載）に詳しい。この作品は、『鏡子の家』を起筆する十日前から完成の日までの記録であり、小説の技術論とともに十一月に入門した剣道の稽古、ボディビルのトレーニング、ボクシングの観戦などスポーツに関する記述が多くみられる。またこの期間には結婚（三十三年六月）、新居の完成と転居（三十四年五月）、長女の誕生（同六月）といった生活上の大きな変化があった。三島にとってはまさに精神と肉体が調和した、健康的で幸福な時間であった。

2

ボクシングを始める一ヶ月前、三島は貴重な体験をする。ボディビルのジムがあった自由ヶ丘の熊野神社の夏祭りで、町内の若者とともに生まれてはじめて神輿《みこし》を担いだのである。「週刊新潮」の九月十日号は、その様子を三ページのグラビアで紹介した。五枚の写真に三島自身がコメントを書いている。見出しは「祭の季節――粋な若衆は誰でしょう」となっていて、鉢巻にハッピ姿の若衆が〝青白きインテリ〟の三島であるという、サプライズを狙った記事である。三島の無邪気なコメントと、自慢気で楽しそうな写真が微笑ましい。しかしそれは表面的な出来事であって、内面では大きな思想的事件として感受されていた。その体験を三島は「陶酔について」と題し、「新潮」十一月号に書いた。「神輿を担ぐことは幼時からの夢であつたが、今まで果たされなかつた夢であつた」と書き出し、次のように続けている。

私には幼時から一種の暗い固定観念があつた。他人の陶酔に接すると、自分だけはその陶酔から隔てられてゐると思ふことである。祭の神輿は、夏ごとに生家の門前を通つたが、その熱狂と陶酔を内側から生きることは、自分には終生不可能なやうな気がしてゐた。かくて陶酔の人たちは、内側へ決して私を容れないところの、石のやうな堅固な外観を持つてゐるやうに見え、多分かういふ見方が、小説における私の造型的意欲の基礎になつた。しかしいつかしら、私は自分のこの確信を疑はしく思ふやうになつた。やうやくあらゆる種類の陶酔に身を委《まか》せようと私が決心したのは、青年期も終りに近づいてからである。

意味するところは、「ボクシングと小説」の文脈とほぼ同じである。ここで語っているのは「陶酔の人たち」に対する「隔絶感」である。この「隔絶感」は、『仮面の告白』(昭和二十四年七月書き下ろし)の第一章の最後に克明に描かれている。この第一章では、語り手の「私」のリビドー形成に決定的な影響を与えたと思われる、幼年時代の陰画ともいうべき体験が次々と語られる。変身願望、異形の幻影との出会い、扮装欲、童話の世界の空想、そして同性愛と血と死への欲望。「私」はそうしたエピソードのあとに、「幼年時。……／私はその一つの象徴のやうな情景につきあたる。その情景は、今の私には、幼年時そのものと思はれる。それを見たとき、幼年時代が私から立去つてゆかうとする訣別の手を私は感じた」と語り出す。「――その光景はかうだつた。／あるとき夏祭の一団が私の家の門から雪崩《なだ》れこんだのである」。「私」は恐怖を覚える。「私の胸は、(そのころから激しい期待は喜びといふよりもむしろ苦しみであつたが)、ほとんど立つてゐられないほど息苦しく高鳴つた。(中略) あまりに待たれたもの、あまりに事前の空想で修飾されすぎたものからは、とどのつまりは逃げ出すほかに手がないのだつた」。これが三島の言う「幼時から」の「一種の暗い固定観念」である。

やがて「黒と黄金の荘厳な大神輿」が近づく。「私」は怯え、二階へ駆け上り、眼前に迫った神輿を見つめる。担ぎ手たちによって植込みは踏みにじられ、庭は別世界になった。

何の力が、かれらをこのやうな衝動に駆つたのか、のちのちまでも私は考へた。それはわからない。あの数十人の若者が、何にせよ計画的に、私の門内へ雪崩れ込まうと考へたりすることがどうしてできよう。(中略)が、唯一つ鮮やかなものが、私を目覚《おどろ》かせ、切なくさせ、私の心を故しらぬ苦しみを以て充たした。それは神輿の担ぎ手たちの、世にも淫らな・あからさまな陶酔の表情だつた。……

『仮面の告白』第一章の結びの文章である。この神輿のエピソードが幼年時代のもっとも象徴的な事件として描かれているのは、それが「私」の見た最初の人間の肉体的情景であったからだ。「私」はその情景から隔絶されていることを知りつつ、人生の出発の時が訪れたことに気づく。「目覚《おどろ》」きとは、目覚めを意味していたのである。幼年時代との訣別という意味は、おそらくここにある。

3

　夏祭りの一団を目撃したことが、「私」にとっての幼年時代の一つの通過儀礼であるなら、三十一歳の三島の神輿担ぎもまた同じ意味を持っていただろう。だから三島は、神輿の担ぎ手たちの陶酔について考えようとしたのである。そこで三島が解明した謎の一つは、集団はどのように神輿を担いでいるのかということだった。担ぎ手にとって神輿とは肩に当る棒でしかなく、神輿が彼らに全貌を見せることはない。「何故ならそれは、見られてゐる形ではなくて、一つの重量だつたからだ」。三島はそこにしか「神輿の本質はない」として、「かくて私は神輿の形態の一部に加はつてゐた」と確信する。「担ぎ手によつて活々と躍動しはじめる神輿の形態の一部は私であつた。陶酔はそこからはじまるのだ」（傍点原文）。つまり担ぎ手の陶酔とは神輿との一体感にあり、その時、担ぎ手の精神と肉体は完全に融合しているのである。

　三島はさらに「あの狂奔する神輿の担ぎ手たちは何を見てゐるのだらうといふ謎」について考える。「陶酔について」は、人間の肉体的情景に対する文学的考察なのである。その意味で、三島の後年の肉体論の原点となる作品といっていい。三島はかつて彼らの「無垢《むく》な日」、「鋭さと恍惚さの入りまじつたその目には、何か想像も及ばぬもの」が映っているに違いないと思っていた。

> 　担いだ私はこの謎を容易に解いた。彼らは青空を見てゐるのだつた。広い道へ出ると、晩夏の秋めいた雲をうかべた空は、担ぎ手の視野を占め、その青空は躍動して、大きく落ちかかるかと思ふと、又高く引き上げられた。私はあのやうな空を見たことがない。私が決して詩人ではないことは御承知のとほりである。詩人の知らないかういふ青空を、神輿の担ぎ手たちは知つてゐるのである。

神輿の担ぎ手の一人として彼らとともに見た「青空」は、三島の記憶に鮮烈な印象を残した。それは陶酔のもっとも象徴化されたイメージとなったのである。この時から三島の意識の中で、彼らは「われわれ」となったと言ってもいい。三島は「私が神輿を動かしてゐるのだ」と感動をあらわにし、「懸声をあげるわれわれは、力を行使してゐるわれわれより一そう無意識的であり、一そう盲目である。神輿の逆説はそこにひそんでゐる。担ぎ手たちの声や動きやあらゆる身体的表現のうち、秩序に近いものほど意識からは遠いのである」（傍点原文）と前置きして、こう書いている。

> 　神輿の担ぎ手たちの陶酔はそこにはじまる。（中略）われわれは生命の中に溺《おぼ》れる。懸声はわれわれの力の自由

を保証し、力の行使はたえずわれわれの陶酔を保証するのだ。肩の重みこそ、われわれの今味はつてゐるものが陶酔だと、不断に教へてくれるのであるから。

この共同幻想ともいうべき陶酔の感覚が、やがて筋肉の思想を形成していく。その原点がボディビルであったことはもはや言うまでもないだろう。なぜならボディビルにおける筋肉は力の象徴であるからだ。

のちに、三島は「われわれ」について、きわめて示唆的な考察をする。昭和四十一年三月に講談社から刊行された日本文学全集『われらの文学』の第五巻、『三島由紀夫』の巻末エッセイとして書かれた「『われら』からの遁走《とんそう》——私の文学」である。「十代の少年であつたころから、『われら』といふ言葉は、何だか肌に馴染《なじ》まぬ、不可解な言葉だつた。（中略）しかし、『われら』といふ言葉があれほど燦然《さんぜん》としてゐた時代も稀である」と書き出し、三島はこう続けている。

今になつてわかることは、あれほど「われら」を怖れ憚《はばか》り、忌み嫌ひ、「われら」との無縁を、絶対に信じ主張してゐた私は、それゆゑにこそ、「われら」の一員だつたのではないか、といふことだ。私の青春は「われら」とは絶対に無縁だつたといふこの疑ひやうのない事実にこそ、私がまぎれもなく「われら」の一員だつた、といふ証拠があらはれてゐるのではないか？

さらにこのあとに「時間がゆつくりと逆転してくる。小つぽけなファウスト体験」と前置きして、「……私はいつしか、今の私なら、絶対にむかしの『われら』の一員に、欣然《きんぜん》としてなり了せることができる、といふ、甘いロマンチックな夢想のとりこになりはじめる」と書いている。神輿担ぎの「われわれ」は、「われら」となって二十年前に逆戻りしたのである。それが十代の青春と思想への回帰を意味していることは、「青年の盲目的行動よりも、文士にとつて、もつとも危険なのはノスタルジアである」、「老狐を魅する最大の危険とは、『青春』に他ならぬであらう」といった一節が物語っている。死へのノスタルジアが意識されるのは、この頃からである。だから「人生は文学ばかりではない」とまで言い切るのである。戦後二十年の文学的人生と、夭折を希求した戦中の十代の青春が、三島の中で激しく交錯する。

一体自分はいかなる日、いかなる時代のために生れたのか、と私は考へる。私の運命は、私が生きのび、やがて老い、波瀾のない日々のうちにたゆみなく仕事をつづけることを命じた。自分の胸の裡《うち》には、なほ癒やされぬ浪漫的な魂、白く羽搏《はばた》くものが時折感じられる。それと同時に、たえず苦いアイロニーが私の心を嚙んでゐる。

この陰鬱な呟きともいえる告白は、やがて自死に至る運命を予言しているといっても過言ではないだろう。こうして三島のロマン的回帰は始まる。

転機となったのは『鏡子の家』である。執筆中の幸福と思われた生活は、発表後に一転したのである。作品は不評だった。文壇からは黙殺され、マスコミの評価は低く、失敗作とされた。自信を持っていた三島は落胆し、傷心した。『金閣寺』に続く代表作になるはずだった。のちに、その失望感は、映画監督の大島渚との対談「ファシストか革命家か」（「映画芸術」昭和四十三年一月号）の発言にみることができる。三島は文学から少し離れたいと考え、「非文学的生活」を宣言し、映画会社の大映と俳優契約した。昭和三十五年三月に公開されたやくざ映画『からっ風野郎』（増村保造監督）では、一家の若い二代目親分を演じた。人気作家の映画デビューはマスコミの大きな話題になったが、結果は無残だった。三島の演技は拙く間が抜けてみえ、自慢の肉体もスクリーンで観るとまだ貧弱だった。三島は「映画はこりごり」と語り、再び映画に出ることはなかった。その反動から、ボディビルと剣道に没頭する。

六〇年代、三島のボディビルは、健康のためのトレーニングというよりも、さらなる筋肉美を追求するコンテストビルダーのように、自分を限界にまで追い込むことに重点が置かれるようになった。二年後、完璧な筋肉の造型に努力したその成果は、被写体となった細江英公の写真集『薔薇刑』（昭和三十八年三月）にみることができる。肉体はオブジェとなったのである。四十年四月には自作の短編小説「憂国」を映画化し、監督と主演を兼ね、俳優としての復帰を果たした。さらに四十四年八月、時代劇映画『人斬り』（五社英雄監督）で、みごとな殺陣と迫真の切腹場面を熱演した。

「二・二六事件と私」（『英霊の声』所収／昭和四十一年六月）にこんな記述がある。「私の中の故しれぬ鬱屈《たいはい》は日ましにつのり、かつて若かりし日の私が、それこそ頽廃の条件と考へてゐた永い倦怠が、まるで頽廃と反対のものへ向つて、しやにむに私を促すのに私はおどろいてゐた。（中略）私は剣道に凝り、竹刀の鳴動と、あの烈しいファナティックな懸声だけに、やうやう生甲斐を見出してゐた。そして短篇小説『剣』を書いた」。神輿の懸声は剣道の懸声として、三島の「精神の奥底にある『日本』の叫び」（「実感的スポーツ論」「読売新聞」昭和三十九年十月五日～十二日夕刊）となったのである。日本の伝統的な武道精神は三島の思想的美意識と深く共鳴し、武士道や陽明学のつよい影響を受けることになる。

4

「太陽と鉄」の連載が始まったのは、「『われら』からの遁走――私の文学」が執筆される二ヶ月前の、昭和四十年十一月からである。この言葉と肉体をテーマにした特異な文学的自叙伝は、「批評」の復刊三号から四十三年六月発行の十二号まで、約四年間にわたって十回連載された。三島はこの作品を「告白と批評との中間形態、いはば『秘められた批評』」と定義し、「言葉」と「現実・肉体・行為」との関連を告白的に論じている。ここでも「青空」や「陶酔」といった言葉が何度も繰り返されるが、その前提として「死への浪曼的衝動」について言及している。

> すなはち私は、死への浪曼的衝動を深く抱きながら、その器として、厳格に古典的な肉体を要求し、ふしぎな運命観から、私の死への浪曼的衝動が実現の機会を持たなかつたのは、実に簡単な理由、つまり肉体的条件が不備のためだつたと信じてゐた。（中略）十八歳のとき、私は夭折にあこがれながら、自分が夭折にふさはしくないことを感じてゐた。なぜなら私はドラマティックな死にふさはしい筋肉を欠いてゐたからである。そして私を戦後へ生きのびさせたものが、実にこのそぐはなさにあつたといふことは、私の浪曼的な矜《ほこ》りを深く傷つけた。

三島がいう「ノスタルジア」の意味はここにある。ボディビルとスポーツによって「浪曼的な矜り」を取り戻した三島は、「ドラマティックな死」に憧れ、遅すぎた夭折を夢見たのである。美しい死にふさわしい完璧な肉体の所有者であることが、その夢を可能にした。三島は「太陽と鉄」の最初の方で、神輿の担ぎ手たちの見ていた「青空」について書いている。

> 彼らの目には何の幻もなく、ただ初秋の絶対の青空があるばかりだつた。しかしこの空は、私が一生のうちに二度と見ることはあるまいと思はれるほどの異様な青空で、高く絞り上げられるかと思へば、深淵の姿で落ちかかり、動揺常なく、澄明と狂気とが一緒になつたやうな空であつた。

「肉体の言葉」を学んだのがボディビルであるなら、三島にとってスポーツは「肉体の言葉」による表現だった。その橋渡しをしたのが神輿担ぎだったということができるだろう。三島はスポーツ評論も書きはじめる。スポーツ通の作家としても知られるようになり、昭和三十九年の東京オリンピックでは、「報知新聞」「毎日新聞」「朝日新聞」三紙の特派記者を務め、さまざまな競技を精力的に取材し、人間の肉体の美しさとスポーツの感動を詩的な言葉で表現した。またスポーツ新聞には世界タイトルマッチを中心に、ボクシングの観戦記を書きつづけ、時にユーモラスに、時に官能的レトリックで、リング上の物語を伝えた。

その「青空」が「平凡な巷の若者の目に映った青空」と同一のものであることが、三島には重要な意味を持っていた。それは三島自身が若者の一人になったこと、つまり集団の一人になったことの証左であるからだ。「私の見たものは、決して個人的な幻覚でなくて、或る明確な集団的視覚の一片でなければならない」（傍点原文）。これが「太陽と鉄」の主題の前提である。

そして三島は小説家として、その「集団的視覚」を追体験する。

> 私の詩的直観は、あとになつて言葉によつて想起され再構成される場合に、はじめて特権となるのであつて、揺れうごく青空に接してゐるときの私の視覚は、行為者のパトスの核心に触れてゐたのである。

「太陽と鉄の恵み」によって行動するための肉体を得た三島は、こう確信する。これは三島の視覚が「青空」を通してはじめて、「現実・肉体・行為」の内にある「パトスの核心」に触れたという意味だろう。つまり「青空」は、「現実・肉体・行為」に対する「隔絶感」を完全に払拭したことの、幻想的なイメージとして認識されているのである。三島がここでその「青空」のうちに、「私が『悲劇的なもの』と久しく呼んでゐたところのものの本質を見たのだつた」と書くのはそのためである。「悲劇的なもの」という言葉が、『仮面の告白』の第一章のものであることは言うまでもないだろう。おそらく『仮面の告白』と「太陽と鉄」は一対の作品なのである。「太陽と鉄」が「秘められた批評」であるなら、『仮面の告白』はまさに「秘められた小説」であるだろう。三島は「悲劇的なもの」という概念について、「太陽と鉄」ではこう書いている。

> 私の悲劇の定義においては、その悲劇的パトスは、もつとも平均的な感受性が或る瞬間に人を寄せつけぬ特権的な崇高さを身につけるところに生れるものであり、決して特異な感受性がその特権を誇示するところには生れない。（中略）悲劇的なものの、悲壮、陶酔、明晰などの諸要素は、一定の肉体的な力を具《そな》へた平均的感性が、正に自分のために用意されたそのやうな特権的な瞬間に際会することから生れてくる。

この文章を『仮面の告白』の解説としても読むことも可能だろう。「太陽と鉄」との主題の共通点は、次のような文章に明らかである。

> そしてそのやうな人間だけが見ることのできるあの異様な神聖な青空を、私も亦《また》見ることができたときに、私ははじめて自分の感受性の普遍性を信じることができ、私の飢渇は癒《い》やされ、言葉の機能に関する私の病的な盲信は取り除かれた。私はそのとき、悲劇に参加し、全的な存在に参加してゐたのである。

こうして肉体に対する絶対的な信仰が生まれ、三島は「筋肉の行使」によって新たな存在感覚ともいうべき「力の純粋感覚」を知る。おそらくそれが筋肉の思想という言葉の意味である。三島はこの十年でボディビルとスポーツから学んだことを、こう語る。

> 私にとつて、時が回収可能だといふことは、直ちに、かつて遂げられなかつた美しい死が可能になつたといふことを意味してゐた。あまつさへ私はこの十年間に、力を学び、受苦を学び、戦ひを学び、克己を学び、それらすべてを喜びを以て受け入れる勇気を学んでゐた。

私は戦士としての能力を夢みはじめてゐたのである。

昭和四十二年四月十二日から五月二十七日まで、三島は単身で陸上自衛隊に体験入隊し、戦士としての訓練を受ける。落下傘の操縦訓練によって、「精神の絶対の閑暇」と「肉の至上の浄福」を味到し、幸福に陶酔してこう書いた。「私は正に存在してゐた！」。

5

三島は筋肉が存在の保証になると断言する。そのためには自分の筋肉を自分の目でしっかりと見なければならない。完璧な存在感は一瞬ののちに瓦解するが、筋肉だけは残る。その焦燥感から、存在を破壊したいという欲求に駆られる。存在の確証が存在の破壊によってしか証明されえないという逆説。そこから三島は一つの結論に至る。

　血が流され、存在が破壊され、その破壊される感覚によつて、はじめて全的に存在が保証され、見ることと存在することとの背理の間隙が充たされるだらう。……それは死だ。

　かくて私は、軍隊生活の或る夏の夕暮の一瞬の幸福な存在感が、正に、死によつてしか最終的に保証されてゐないのを知つた。

死によってしか保証されえない存在にとっては、自死は絶対的なものだった。その究極の存在感覚を、三島が軍隊の集団生活の中で体験的に知ったことの意味は大きい。三島は、言葉こそ「自然死にいたるまで生きのびさせる」「『死にいたる病』の緩慢な病菌だつた」という。ならば筋肉は存在を破壊する自意識の触媒となり、「死にいたる病」を一瞬にして完結させるのである。

三島にとって、軍隊は理想の集団だった。そこでの生活は、文学とは対極にある世界だったからである。その一つの象徴として、三島は軍服に注目する。

　自己をいかにあらはすか、といふことよりも、いかに隠すか、といふ方法によつて文学生活をはじめた私は、軍隊の持つ軍服の機能に、改めて感嘆せずにはゐられなかつた。言葉の隠《かく》れ蓑《みの》の最上のものは筋肉であり、肉体の隠れ蓑の最上のものは制服である。

「自己をいかにあらはすか」ということは存在証明を、「いかに隠すか」とは不在証明を意味する。筋肉と軍服の理想は、映画『憂国』によって描かれるが、それはまさに言葉が筋肉の、軍服が肉体の「隠れ蓑」になる物語でもあった。そのことは、筋肉が衣裳となるボディビルというスポーツにも通じている。さらに軍服についてはこう書いている。「その服はいづれ折あらば、銃弾で射貫《いぬ》かれる服であり、血で染められる服である。このことは、自己証明が必ず自己破壊にゆきつくところの、筋肉の特質にいかにも叶つてゐた」。これは筋肉が自死のためにあることを物語っている。のちに結成されている「楯の会」では、軍服が採用され、三島がいかに重要視していたかがわかる。

昭和四十一年十二月の早朝、三島はたった一人で観客のいない国立競技場のトラックを走った。「もはや肉体は安逸に耐へず、たちまち激動に渇いて私を促した」とあるように、肉体は行動を欲し、行動は肉体を清浄にするための一つの儀式になった。三島は、「駈けることも亦、秘儀であつた」と語り、その「秘儀の裡《うち》には、必ず小さな死の模倣がひそんでゐた」と告白する。肉体を清浄にする行動は、死のための「秘儀」になったのである。「秘儀」という言葉には、三島が十代の「言葉の世界」へ帰る手続きという意味がこめられている。「それはまた私が、言葉に無垢《むく》の作用のみをみとめてゐた時代の、言葉に対する何らうしろめたくない陶酔を取り戻すことであつた」。戦争中の集団的陶酔とは無縁だったが、十七歳の三島は自分だけの言葉の世界に陶酔していた。四十歳を過ぎた三島が、その時代へ帰ろうとすることは何を意味するのだろうか。それはおそらく当時の二つの陶酔を一つにすることだった。「言葉の白蟻に蝕《むしば》まれたままの私を取り戻し、それを堅固な肉体で裏附けすることであつた」とは、そうした意味に違いない。三島はそれを「苦痛を知らぬ詩、私の黄金時代への回帰」と呼んだ。三島が欲していたのは、二つの「陶酔の再現」だったのだ。

そこに「文武両道」が成立する。「『武』とは花と散ることであり、『文』とは不朽の花を育てること」だからである。「かくて『文武両道』とは、散る花と散らぬ花とを兼ねることであり、人間性の最も相反する二つの欲求、およびその欲求の実現の二つの夢を、一身に兼ねることであつた」。その夢の果てにこそ、三島の理想とする自由があった。その自由とは究極の死を意味するが、三島はあえて「悲劇」という言葉でこう断言する。

文学による自由、言葉による自由といふものの究極の形態を、すでに私は肉体の演ずる逆説の中に見てゐたのだつた。ともあれ、私の逸したのは死ではなかつた。私のかつて逸したのは悲劇だつた。

しかもその「悲劇」とは、「集団の悲劇であり、あるひは集団の一員としての悲劇だつた」。こうして「太陽と鉄」は、最終章に入る。背景にあるのは、昭和四十三年三月に行われた民族派の学生を引率しての、陸上自衛隊の体験入隊である。三島にとっては前年四月の単身での体験入隊以来、二度目の自衛隊だった。四十一年の十二月から翌年の一月にかけて、「論争ジャーナル」や「日本学生新聞」への寄稿を依頼するために、民族派の学生たちが三島のもとを訪れている。三島は彼らの語る国を想う純粋な言葉に共感した。「戦士としての能力」を夢見ていた三島は、この出会いに運命を感じたに違いない。「私の幼時の直感、集団といふものは肉体の原理にちがひないといふ直感は正しかつた」と語り、その意味についてこう書いている。

力の行使、その疲労、その汗、その涙、その血が、神《み》輿担《こしかつ》ぎの等しく仰ぐ、動揺常なき神聖な青空を私の目に見せ、「私は皆と同じだ」といふ栄光の源をなすことに気づいたとき、すでに私は、言葉があのやうに私を押し込めてゐた個性の閾《しきゐ》を踏み越えて、集団の意味に目ざめる日の来ることを、はるかに予見してゐたのかもしれない。

集団の「栄光の源」がかつての神輿担ぎにあったことを、三島は再びここで繰り返す。三島には「私は皆と同じだ」という連帯感がもっとも重要なのであり、それは「同苦」という概念から来ている。そのことを実感させたのは、学生たちとの軍隊生活だった。

肉体は集団により、その同苦によつて、はじめて個人によつては達しえない或る肉の高い水位に達する筈であつた。そこで神聖が垣間見られる水位にまで溢れるためには、個性の液化が必要だつた。のみならず、たえず安逸と放埒《はうらつ》と怠惰へ沈みがちな集団を引き上げて、ますます募る同苦と、苦痛の極限の死へみちびくところの、集団の悲劇性が必要だつた。集団は死へ向つて拓《ひら》かれてゐなければならなかつた。私がここで戦士共同体を意味してゐることは云ふまでもあるまい。

学生たちを引率しての陸上自衛隊の体験入隊は、三月に続き七月にも行われた。前年の十一月に、三島は学生たちと民兵隊組織の構想を練り、四十三年一月には「祖国防衛隊はなぜ必要か？」と題するパンフレットを作成。二月には十一名の中心となる学生たちと血判状を交わした。そのことがこの最終章を確信的なものにしている。そして二度の体験入隊を経て、十月に「楯の会」を正式に結成する。この直後に『太陽と鉄』は刊行された。

「楯の会」は三島にとって、夢の集団である「戦士共同体」だったのである。それはまた小さな軍隊の模倣の集団だった。だから「悲劇」を前提とする、栄光の死の集団でなければならなかったのである。「早春の朝まだき、集団の一人になつて」走る三島は、「その同苦」に陶酔し、「『悲劇的なもの』が君臨してくるのをひしひしと感じ」る。その幸福感をこう語る。「『身を挺してゐる』といふ感覚は、筋肉を躍らせてゐた。われわれは等しく栄光と死を望んでゐた。望んでゐるのは私一人ではなかつた」。

三島が結びで繰り返すのも、「われら」という言葉である。「私は彼らに属し、彼らは私に属し、疑ひやうのない『われら』を形成してゐた。属するとは、何といふ苛烈な存在の態様であつたらう」。死へのノスタルジアが、三島の中で濃密なものになっていく。三島が自死を考えはじめたのは、「太陽と鉄」を擱筆したときだったかもしれない。三島は最後にこう書いている。

そして、このやうな悲劇の模写が、私の小むつかしい幸福と等しく、いづれ雲散霧消して、ただ存在する筋肉に帰するほかはないのを予見しながらも、私一人では筋肉と言葉へ還元されざるをえない或るものが、集団の力によつてつなぎ止められ、二度と戻つて来ることのできない彼方《かなた》へ、私を連れ去つてくれることを夢みてゐた。それはおそらく私が、「他」を恃《たの》んだはじめであつた。しかも他者はすでに「われら」に属し、われらの各員は、この不測の力に身を委ねることによつて、「われら」に属してゐたのである。

かくて集団は、私には、何ものかへの橋、そこを渡れば戻る由もない一つの橋を思はれたのだつた。

死の決意は、ほとんど確定的なものとなり、あとは「集団の悲劇」の舞台が準備され、「橋」を渡る時を待つばかりだった。

昭和四十五年十一月二十五日、この日の東京は秋晴れの青空であった。

（文芸評論家）

ミシマ万華鏡

山中剛史

今年の正月明けに三島由紀夫新発見テープのニュースが駆け巡った。「暁の寺」脱稿のその日に、「太陽と鉄」英訳者のジョン・ベスターとおこなった対談がTBSの倉庫から発見されたニュースである。「群像」三月号に抄録掲載され、TBSラジオでは特別番組も放送された。既に単行本化に向けて動いている由。

縁あってマスコミ発表前から関係することとなり、テープは何度も聞いたが、音声資料は文字のそれよりも多くを語る。語調や間合いから、三島由紀夫その人の生の息遣いがよりリアルに伝わってくという意味でも、今回の発見は貴重なものであろう。三島の音声資料については、『決定版三島由紀夫全集42』の「音声資料」リストを作成したこともあり、ほぼ把握しているつもりではある。といってもそれは、カセットテープやレコード、CDで発売されたもののみ。

あるいは今回のように、マスコミ各社の倉庫には、三島由紀夫が出演したラジオ番組、テレビ番組のテープがまだまだ残存しているであろう。三島由紀夫はスター作家であったが、それは同時にマスコミの寵児でもあったことを意味する。もちろん活字の仕事とは異なり、それらは身過ぎ世過ぎの部分もあったかも知れないが、しかし、三島の貴重な資料であることには変わりは無い。権利関係や保存状態などの問題もあろうが、NHKでも幾つかはソフト化されている。他の民放各社にも新たな発掘を期待したい。

特集　三島由紀夫とスポーツ

踊る三島由紀夫

中元さおり

1

三島とダンスの関係は深い。終戦直後の社交ダンスから出発し、その後ラテンダンス、ツイスト、モンキーダンス、ゴーゴーなどの踊りに興じる三島の姿は、三島の文章や知人たちの証言、写真などによって伝えられている。三島は戦後のダンスの流行を積極的に享受していた。三島におけるスポーツや肉体といえば、ボディービルや剣道などとの関わりが想起されるが、肉体鍛錬の日々の一方で、音楽に身を委ねて踊るダンスとも親密な関係があったのだ。厳しく肉体をつくりあげていく反面、その厳しさから肉体を解放するかのように、流行の音楽とステップに熱狂する三島。それは、スター作家が流行のダンスを踊ってみせるという一種のパフォーマンスでもあった。また、好んで写真の被写体になっていたのと同じように、造り上げた肉体を誇示する方法の一つであったかもしれない。ただ、その肉体の扱い方は、対照的である。厳しい鍛錬と、リズムに身をまかせて踊ることの間を行き来していた三島をわれわれはどのようにとらえればよいのだろうか。

これまでの三島論では、ダンスとの関係についてはほとんど言及されてこなかった。踊る三島については、周辺人物らの証言が伝えてはいるものの、三島における〈肉体〉や〈時代風俗〉などとの関係を論じる研究からも取り残されたままだった。たしかに、剣道やボディビルほどには三島はダンスについて語ってはいないが、三島にとってダンスは時代風俗と密着したものでもあり、また肉体表現の一つでもあった。終戦直後から高度成長期へと変化していく戦後社会のなかで、三島はダンスとどのように関わっていったのだろうか。本稿では、戦後のダンス文化を概観しつつ、三島とダンスの関係について改めて整理し、三島におけるダンスの意味について考えてみたい。

2

三島には、「ダンス狂時代」と自らが呼ぶところの時期があった。「ダンス時代」(『婦人公論』昭和二四年八月)という文章によると、昭和二一年一二月からダンス教習所「シルクローズ・クラブ」で国枝史郎夫人にダンスを習い、友人たちとダンスグループ「クラブ・サファイヤ」を結成し、頻繁にダンスパーティーに出かけていたことが語られている。約一年のあいだ集中的にダンスに興じたこの時期を、三島は「ダンス狂時代」と振り返る。また、「会計日記」にも、この時期の三島のダンスへの傾倒の様子が記録されている。特にダンス教習所に通いだした昭和二一年末から翌年春までの間の「ダンス狂」ぶりはめざましい。年末から年始にかけてかなり集中的に「シルク・ローズ」でダンスレッスンを受けた後に、ダンスパーティーでの実戦を重ねていたことが記録されている。

この三島の「ダンス狂時代」の体験が、『仮面の告白』(河出書房、昭和二四年七月)結末のダンスホールの場面につながるものであることは、中野裕子の指摘[1]に詳しい。「会計日記」には、昭和二二年一月三日に三谷信の妹邦子とシルクローズ・クラブでワルツやブルースを踊ったことが記録されている。すでに人妻となっていた邦子とのダンスは「自分の存在は邦子嬢の人生から抹消されている「不在」のダンスだったのかもしれ」ず、その「不在証明」を、『仮面の告白』の結末で園子と踊らず決別するシーンとして描くことが、三島自身の「生への処方箋」であったと中野は指摘する。たしかに、三島の「ダンス狂時代」の体験は、邦子との恋愛による痛手と妹美津子を失った深い悲しみの反動であり、また、自身のセクシュアリティを確認し、「不在」のダンス」として描くことにつながっていくものであった。

ただ、三島の実生活でのダンス体験は、異性愛社会への足がかりを求めようとした積極的な試みの一環であったようにも感じる。というのも、そもそも社交ダンスは性別役割によるふるまいが強く要求されるダンスであるからだ。三島は多くの女性パートナーを求め、頻繁にダンスホールやパーティーに出向いていた。たとえば、妹美津子の友人佐々悌子とは、三島が本格的にダンスを習う半年前(昭和二一年六月二三日)にダンスホール「オアシス・オブ・ギンザ」に出向いている。佐々悌子とはその後も東京大学の喫茶室で踊ったり、若葉会のダンスパーティーへ出席したりしている。また、「森岡姉妹」や「アケミ」、「大智姉妹」、「その他諸嬢」とパーティーに出掛けたという記述が「会計日記」には度々みられる。三島は社交ダンスを通じて、多くの女性たちをパートナーにしながら、異性愛社会でのふるまいを身につけようとしていたように思える。

ここで当時のダンスをめぐる状況を簡単にみておきたい。

永井良和『社交ダンスと日本人』（晶文社、平成三年八月）によれば、戦時中閉鎖に追い込まれたダンスホールは戦後、ＧＩ専用の娯楽機関として復活したが、「終戦直後の男たちに社交ダンスを楽しむ経済的な余裕があろうはずはなかったし、精神的なゆとりも消えていた」というものだった。このような状況のなかで、三島のダンスへの接近はかなり早いものだったといえる。「戦前のホールからまっさきに排除された学生たちも各学校でクラブを組織、一九四七（昭和二二）年には都内のホールでダンス・パーティが開催され、教授所に通う学生もふえる」という状況に少し先駆けた反応といえるだろう。もちろん若者がダンスを楽しむことができる環境は限られたもので、終戦後に占領軍の慰安施設として再開したダンスホールは、「占領期には、占領軍将兵を除けばごく限られた富裕層のみに開かれた「贅沢な遊び」の場」[2]であった。

作家デビューをしていたにせよ、三島が学生の身でありながらいち早くダンス文化に触れ得たのには、学習院時代の友人たちの影響があったことを無視できない。三島が友人たちとダンスグループ「クラブ・サファイヤ」を結成していた昭和二二年には、学習院時代からの同期である鹿島慶三の自宅が度々パーティー会場として提供されており、知人を介して多くの令嬢たちも出入りをしていたようである。日々の金の支出を細かに記録していた当時の三島にとって、ダンス関連の出費は決して小さなものではなかっただろう。しかし、色々と工面をしながらも、学習院文化圏のなかで「ダンス狂」と呼ぶほどに社交ダンスに夢中になっていたのだ。

「オアシス・オブ・ギンザ」「コーヌコピア」「グリーン・ハウス」「若葉会」「銀座Ｍｉｍａｔｓｕ」「セント・ポールズ・クラブ」「日本工業倶楽部」などのダンスホールに三島は頻繁に出入りをしている。この時期のダンスホールは占領期のアメリカ文化を体験する空間だった。三島にとってダンスの空間は、異性愛社会における規範的な男性役割のふるまいを身につけ、瀟洒な社交術を学ぶ場だったのではないだろうか。妹と邦子という二人の女性を失った三島にとって、「ダンス狂時代」は異性愛社会へ再登場するためのリハビリとしての役割があったとみることができるだろう。この時期に身につけた社交術や男性的なふるまいは、後の豊田貞子との交際にいかされたであろうし、また、戦後のスター作家としてふるまう後年の三島の姿へとつながる。

3

『禁色』（第一部：『群像』昭和二六年一〜一〇月、第二部：『文学界』昭和二七年八月〜二八年八月）にはダンスシーンが印象的に描かれている。たとえば、南悠一と康子の若夫婦が鏑木夫人に招かれた舞踏会では、ダンスを踊ることで悠一は若い夫という役割を演じることを意識する。

彼はいつぞやの酒場でのやうに、夫人が遠くから彼の踊つてゐる姿を護衛のやうにじつと無表情で見守つてゐることを知つてゐた。

　胸もとの蘭が壊れぬやうに大そう康子が気をつかつてゐたので、二人はやや体を離して踊つた。康子はそれをすまなく思ひ、悠一はこの邪魔物を多としてゐた。しかしひとたびこの高価な花を自分の胸で押しつぶす男の喜びを想像すると、この想像上の情熱は俄かに彼の心を暗くした。情熱のない行為は、かほどささやかな浪費でさへ、人から見れば吝嗇や礼節と見える擬態の下に、つつしまねばならぬものであらうか。情熱なしにこの花を押しつぶすことが、いかなる道徳に照らして不正であらうか。……さう思ふうちに二人の胸のあひだに麗々しく咲き誇つてゐるこの嵩ばつた花を押しつぶしてやらうといふ殺風景な企ては、彼の義務に変貌した。

　悠一は、彼を見つめる鏑木夫人とダンス相手の康子に対して、踊ることで異性愛者としてのふるまいを見せつけることが「義務」であると意識する。悠一のダンスは、踊ることが目的なのではなく、女性たちの視線に対して異性愛者として装うためのものである。また、この場面のすぐ後で、康子と鏑木夫人の二人は、悠一が第三の女である恭子と踊るのを目撃し、「同じやうな焦躁の目つき」をお互いのなかに見ることとなる。悠一のダンスには常に女たちの視線がまとわりつき、異性愛者であることを悠一に強制していく。『禁色』において、女性たちとの社交ダンスは異性愛社会そのものとして表象されているのだ。

　一方で、同性愛者たちの、パーティーにおけるダンスは、異性愛社会をあざ笑い、暗い官能性に満ちたものとして描かれる。

　男同士のダンス、この並々ならぬ冗談、踊つてゐるそれらの顔には、自分たちは何ものかに強ひられてかうやつてゐるのではなく、単なる冗談からかうしてゐるのだといふ反抗的な微笑がうかんでゐた。かれらは踊りながら笑つた。魂を殺す笑ひ。街の踊り場で仲好く踊つてゐる男女の姿には、流露した衝動の自由さが見られるのに、男同士が腕をからめあつて踊るさまには、衝動に強ひられた暗い縛めの感じがあつた。どうして男同士は心ならずも愛し合つてゐる様子をしなければならないのだらう。何だつてこの種の愛は、衝動にあわてて宿命の暗い味はひを添へないことには成り立たないのだらう。……舞踏曲は急調子のルムバになつた。かれらの踊りははげしくなり、淫蕩になつた。まるで自分たちを強ひてゐるのは音楽だけだといふ様子をするために、一組は唇を合はせたまま倒れるまで無限に廻転してゐた。

　ここで繰り広げられるダンスは異性愛社会の陰画であり、だからこそより官能的な世界をつくりだす。性別役割を「義務」的にふるまうことを悠一が意識した社交ダンスと異なり、ラテンダンスは官能を自由に表出させるものとして描かれている。それは、ゲイ・パーティーでルンバやサンバといったラテン音楽が使われていることからもわかる。昭和三〇年前後に流行したルンバやサンバなどのラテン系のダンス音楽は、「「陽気な」「エネルギッシュな」「エキゾティックな」「エロティックな」といった漠然とした「ラテン」イメージ」[3]が広まっていたという。そして、このラテン音楽の流行と「「ラテン」イメージ」は、「アメリカ経由のラテン」であった。『禁色』におけるゲイ・パーティーの空間は、まさに当時のアメリカから輸入された「「ラテン」イメージ」の反映である。占領期に発表された『禁色 第一部』について、佐藤秀明は「進駐軍関係のアメリカ人が一人も出て来ない[4]」ことを指摘し、「「外人」は何人も出てくるものの、アメリカ人らしき人たちは慎重に国籍が回避され、「貿易商」などと職業が設定されるかして、進駐軍には一切触れないように配慮されている」のは「占領下の検閲による削除を逃れるための措置である」と論じる。たしかに、先ほど引用したゲイ・パーティーでも多くの外国人が出入りしているが、「アメリカ人」という言葉は見当たらず、無国籍な空間として描かれている。しかし、ゲイ・パーティーでのラテン音楽に身をゆだねるダンスは、アメリカからもたらされた当時の流行の一端であり、この空間が当時のアメリカ文化の影響を強くうけていることを伝える。『禁色』には、三島が体感したアメリカ文化が大衆化していく戦後の一風景がダンスを通して描かれている。

4

そもそも、三島は帯谷瑛之介の紹介でダンス教習所「シルク・ローズ」に通い始めた。帯谷宛の書簡（昭和二一年十一月三〇日付）では、「何か学生時代でなければ出来ないことはないかと考へた結果、ダンスを習ふことに決心」したと述べ、帯谷にシルク・ローズ・クラブへの紹介を依頼している。また、「これからの社会で、小説を書いてゆくには、「ジャズは不愉快、ダンスは愚劣」とばかり云つてゐられず、不愉快と愚劣は十分肚に入れた上で、何でも出来る人間になりたく」、そのためにダンスを習う決心をしたことを伝えている。さらに、「現代小説を徹底的に研究」するために「現代の事象に目をふさぐことに耐へられなくなりました。それならそれで現代を横目に見てあるくのも面白くありません」と語っている。帯谷宛の書簡からは、ダンスを通して「現代の事象」を体験し、「現代小説」を書いていきたいという三島の決心がうかがえる。もちろんこれらの言葉は、「愚劣」なダンスを習うことに対する三島なりの一種の方便であったかもしれないが、当時の三島がダンスという文化を、「現代の事象」の象徴としてとらえていたことがわかる。

三島は終戦直後の自分を「二十歳で早くも、時代おくれになつてしまつた」[5]とふりかえる。「戦争中は却つてひそかな個人的嗜好がゆるされたのに、戦後の社会は、たちまち荒々しい思想と芸術理念の自由市場を再開し、社会が自らの体質に合はないものは片つ端から捨ててかへりみない時代になつたのである。戦時中、小グループの中で天才気取りであつた少年は、戦後は、誰からも一人前に扱つてもらへない非力な一学生にすぎなかつた」とも語る。「非力な一学生」にすぎない自分を発見し、戦後社会のなかでいかに作家として存在していくかという切実な問題に三島は直面する。現状を打開するためには、「時代の好尚にそむいたものなつてしまつた」ような戦時中の個人的嗜好を捨てて、新たな時代に若手の新進作家としてなにを描いていくかを見つけ出すために模索しなければならなかった。このような状況を考えると、現代小説をかくための手段としてダンスを選び取ったという先の書簡中の言葉からは、三島にとってダンスが現状を打開するための手段の一つであったといえる。

妹の死と、この女性の結婚と、二つの事件が、私の以後の文学的情熱を推進する力になつたやうに思はれる。種々の事情からして、私は私の人生に見切りをつけた。その後の数年の、私の生活の荒涼たる空白感は、今思ひ出しても、ゾッとせずにはゐられない。年齢的に最も溌剌としてゐる筈の、昭和二十一年から二・三年の間といふもの、私は最も死の近くにゐた。未来の希望もなく、過去の喚起はすべて醜かつた。私は何とかして、自分、及び、自分の人生を、まるごと肯定してしまはなければならぬと思つた。[6]

「荒涼たる空白感」の時代として回想されるこの時期は、「ダンス狂時代」と重なる。三島の「ダンス狂時代」は、「現代小説」を書くための格闘時代であり、「荒涼たる空白感」からの脱出の試みでもあった。だからこそ、「ダンス狂」ともいえるほどにダンスに熱中したのかもしれない。

5

三島は昭和三〇年代のダンスの流行にも深く関わっていく。昭和二九年から三一年にかけて交際した豊田貞子とは、毎晩のように「銀馬車」や「マヌエラ」などのナイトクラブへ出かけ、食事やダンスに興じるような瀟洒な付き合いをしている。[7]社交ダンスによって培われた男性的ふるまいが大いに発揮された時期でもあった。三島は親しい人たちをダンスに誘うことも多く、時には文学座の俳優たちと連れ立ってダンスクラブでおどったり、結婚後も度々自宅でパーティーを開きダンスを楽しんだりしている。スター作家になっていくなかで、ダンスは社交術の一つとして三島にとって有効なものであった。この頃のダンスの流行は、終戦直後の三島の「ダンス狂」時代とは様相を変え、社交ダンスからラテン音楽を主体にしたダンス、さらには、マンボ、ツイスト、モンキーダンス、ゴーゴーへとダンスの潮流は大きく変化している。そして、三島もまたダンスの潮流にのって踊り続けるのだ。

ここで、昭和三〇年代以降のダンスを概観しておきたい。昭和三〇年頃にはマンボブームが日本を席巻する。これを機に、社交ダンスに興じた富裕層を中心とした若者たちから、より一般の若い男女たちが自由に踊るものになっていく。前掲の永井の論によるとマンボダンスの流行によって「男女が離れて踊りはじめた」ことによって戦後のダンス文化に大きな変化がもたらされたことが指摘されている。

これまでの社交ダンスブームにはすべて身体の接触がある。これに対してマンボでは基本的に体を接したり、手を取り合う必要がない。さらにフィンガーやフットワークに細心の注意を払うこともない。当時、どうしてマンボが好きなのかというインタヴューに対して「まちがえてもいいから」、「自由だから」という回答があったのもこのことを如実に示している。また、そうなると男女がペアになって踊る必要性もない。ひとりで踊ることもできる。女性どうしで、あるいはグループで音楽にあわせて楽しめばよい。マンボによって従来にはない手軽な踊りのスタイルが成立した。いうまでもなく、このスタイルがその後ダンスの流行を支配する。ツイスト（一九六二年〜）、モンキー・ダンスそしてゴーゴー（一九六五年〜）、――すべて基本的には身体接触を必要としない。社交ダンスを看板に掲げたダンスホールはマンボによって一時的に潤うが、やがてゴーゴー喫茶やディスコが普及すると客足が遠のいていく。

マンボブームは戦後のダンスの「分岐点」になった。男女のペアで踊ることで規範的な性別役割が要請され、男女交際のきっかけとしても機能していたダンスが、マンボ以降は個人個人で自由に楽しむものへと変化したのだ。このことにより、ダンスは男女交際をはじめとした社交術をかねたものから、音楽にあわせて自由に肉体を動かすことをより集中的に意識した「忘我的なソロダンス」(8)へと変わったといえる。ペアでお互いのステップを合わせて踊る社交ダンスとは異なり、身体接触を必要としない新しいダンスは、ひたすら音楽と自分の肉体に意識を向けていき、より個人の世界へ没入し、熱狂していくものでもあった。ペアではないぶんダンスにおける身体運動の規制もうすれ、より過激に自由な身体表現のダンスへと発展した。

三島は、昭和三六年四月二三日には、赤坂ホールで行われたドドンパ大会に参加し、三時間も踊り続けている。ドドンパは昭和三五年から三六年にかけて一大ムーブメントとなった。三島が参加したドドンパ大会には、ブームを牽引した和製ラテン歌手アイ・ジョージや坂本スミ子らが登場し、まさに流行の発信源となった空間で三島はひたすらドドンパを踊り続けているのだ。ところで、三島は同日昼に剣道初段の検定を受けて合格をしている。三島は昭和三三年に剣道に入門したが、この日の検定はじめての挑戦である。段位をとるためにより熱の入った鍛錬の日々を過ごしていたであろう三島が、その夜にはドドンパの狂躁のなかで三時間も踊り続け汗を流したという事実に、奇妙な印象を抱く。三島にとって剣道は「自分の精神の奥底にある「日本」の叫び[9]」を認識させるものであった。内なる「日本」を呼び覚ます修練の日々の一方で、ダンス大会という享楽的な現代風俗の現場に出向いているのだ。剣道やボディビルに夢中になり、厳しく肉体の練磨に取り組んでいた三島が、その一方で「忘我的なソロダンス」に熱中し、新しい流行音楽にのせて踊っていることは興味深い。

肉体改造以前の三島は「他人の陶酔に接すると、自分だけはその陶酔から隔てられてゐると思ふ[10]」、「その熱狂と陶酔を内側から生きることは、自分には終生不可能のやうな気がしてゐた」といった「一種の暗い固定観念」を持っていたが、肉体改造に取り組むことでこの「暗い固定観念」を捨て、「やうやくあらゆる種類の陶酔に身を委せよう」という決心をする。この言葉は、神輿の担ぎ手となり集団の一員として実感した陶酔の経験から発せられたものだが、陶酔への三島の渇望は剣道やボディビルなどによる肉体鍛錬へと向かっていくだけでなく、その一方でダンスへと三島を駆り立てていったのではないだろうか。多くの若者が踊り狂う空間で、三島にとってリズムに身体をまかせるという行為は、スポーツや神輿担ぎとはまた別の方法で陶酔に近づく方法でもあった。三島は、武道と踊りを対比させながら、武道は「肉体に厳重な制約を課して[11]」「無意識の力を自由に最高度に働かせるといふ方法論を持つてゐるが、踊りに比べれば、その目的意識が、純粋な生命のよろこびを妨げてゐる」とし、踊りと音楽によって「成り立つコレスポンデンス（照応）が、おそらく踊りの本質であつて、われわれはかういふコレスポンデンスの内部に肉体を置くときのほかは、本当の意味で自由でもなく、また、本当の生命のよろこびも知らないのだ」と語る。三島は、「肉体」と「精神」が自由になる「生命のよろこび」の瞬間を、武道ではなく踊りに見出している。踊りは音楽との「コレスポンデンス」によって制約されているからこそ、「人間を本来の「存在の律動」へ引き戻す」と語る三島は、踊ることによって根源的な生に近づくような感覚を抱いているといえるだろう。

また、三島のダンス体験として重要なのは、昭和二六年十二月から二七年五月にかけての世界一周の旅で立ち寄ったリオ・デ・ジャネイロでの謝肉祭でのダンスだ。三島はまずサンフランシスコに向かう船上で太陽と出会い、南米やギリシャを周遊していく過程で肉体を発見していくのだが、リオでは謝肉祭で群衆にまぎれて半裸になって三晩にわたり踊り明かした。「カルナヴァルの陶酔は、これをただ眺めようとする人の目にはいくばくの値打もないからである。その結果、私は正直に自分が陶酔したことを告白したい[12]」と明かし、カーニバルの集団の渦中で熱狂的に踊ることを通して、肉体を通じての陶酔を体験する。この時の「陶酔」こそが、三島を踊ることへと駆り立てていったのではないだろうか。

6

戦後のダンスの流行はドドンパから次第にツイストやモンキーダンス、ゴーゴーへと目まぐるしく移っていく。それに伴い、踊りの場は高級なナイトクラブから、ツイストパーティーなどの若者たちがグループで集う自由な空間へと移行していく。三島はこの流行に追随し、新しく開店したゴーゴークラブに出入りし、ダンスに熱中している。「数年前の夏、銀座にモンキー・ダンスを踊らせるエレキの店ができたとき、私はただもう面白くてたまらず、夢中で一週間通ひづめに通つてしまつた[13]」という三島は、ダンスによって「無感動な顔」をした若者たちが「激烈なる陶酔状態へ瞬間にして陥る」ことを目撃する。ダンスによる「激烈なる陶酔」状態について、三島はダンスを踊る当事者でありながらも、時には傍観者としてダンスが巻き起こす熱狂的な風景を客観的に眺めている。

このようなダンスに対する傍観者の視点は、三島の短編小説「月」（『世界』昭和三七年八月）や「葡萄パン」（『世界』昭和三八年一月）にもみられる。ツイストや睡眠薬遊びに明け暮れる〈ビート族〉と呼ばれる若者たちはじゃれあいながらも、深い孤独の闇を抱えている。日常的な市民社会を退屈な〈諸たち〉の世界と嘲り、ダンスや薬によってつくり出す彼らの世界を市民社会へのカウンターとして描いている。三島はこの二作について「新宿のモダン・ジャズの店に集まるいはゆる日本のビート族に興味を持ち、一年ばかりのあひだ、彼らと親密に交際して、取材し得たもの[14]」で、「ほとんど事実に基づく物語」であると自解する。「月」の主人公ピータアのモデルである演出家・振付師の竹邑類『呵呵大将』（新潮社、平成二五年一一月）によれば、三島は彼らが集っていた店に出入りし、若い〈ビート族〉との交流を楽しみ、彼らの世界からの刺激を積極的に求めていたようだ。そもそも彼らのことをアメリカのビートジェネレーションになぞらえて〈ビート族〉と呼び始めたのは三島であったらしい。三島は彼らがたむろする店でツイストを踊り明かすだけでなく、自宅で開催するパーティーにも招き、他の招待客の前で彼らと一緒にツイストを踊ったりもしている。三島の周辺の人物によって伝えられるツイストやゴーゴーを踊る三島の姿は、熱狂的に踊りながらも暗い表情をみせるものがあるが[15]、竹邑によって語られる三島は、彼らとの交流を心底楽しみながら踊るいきいきとした姿である。ただ、「疎外と人工的昂揚とリリカルな孤独[16]」を〈ビート族〉に感じたことが「月」「葡萄パン」の創作動機であることを三島が明かしていることも重要だろう。「月」「葡萄パン」で「〈ユース・サブカルチャーズ〉をめぐる風俗を意識的に盛り込みながら、社会や他者との関係における虚無[17]」を抱えた存在として〈ビート族〉の若者たちを描いたことは看過できない。三島は彼らの陶酔を眺め、その深奥にある深い孤独を見出したのだ。

当時のゴーゴークラブやディスコには、安部公房や澁澤龍彦、勅使河原宏、寺山修司、篠山紀信、土方巽など多くの文化人が集っており、〈文化サロン〉としての役割も大きかった。高度経済成長を背景に若者を中心とした新しいカルチャーが熱気を帯びていた時代に、作家たちは〈文化サロン〉でダンスを踊り、その時代の空気を体感し、新しい芸術へ期待を寄せていただろう。ただ、三島に限っていえば、ダンスによって〈激烈なる陶酔状態〉の感覚を得ることもまた重要であったのではないだろうか。ゴーゴーダンスを踊る三島は「このダンス、孤独で好きなんだよ[18]」と語ったそうだが、三島が「激烈なる陶酔状態」の底に、拭いがたい〈孤独〉を見ていたことは興味深い。三島が感じた〈孤独〉はダンスによって「激烈なる陶酔状態」に至ることで、よりくっきりとした輪郭をもったものとして意識されたのではないか。

以上、戦後のダンス文化の変遷に触れながら三島とダンスとの関わりについてみてきた。まず、終戦直後の「ダンス狂時代」は、失恋や妹の死による「荒涼たる空白感」からの回復のために、ダンスによって異性愛社会でのふるまいを身につけるための積極的で実践的な試みの時期であった。また、学習院文化圏をとおして瀟洒なアメリカ文化に触れ、社交術を学ぶことにもつながった。「ダンス狂時代」に向かった三島には、「現代作家」として「現代の事象」を描いていきたいという新進作家としての切実な思いがあったのである。この意図は、その後も引き継がれ、三島はダンスを通じて現代風俗を積極的に摂取していった。踊る人々のなかにまぎれ、肉体を動かすことで同時代の空気を実感するダンス体験は、「現代作家」として作品を書いてこうとする三島の創作活動を支えるものの一つであった。また、戦後のダンスの流行が、「忘我的なソロダンス」になっていくにつれ、三島はダンスに「生命のよろこび」を見出し、「熱狂的な陶酔」を実感していく。それは、同時に取り組んでいた肉体の鍛錬とは異なる「陶酔」の体験であった。

戦後の三島は、常にダンスとともにあった。三島にとってダンスは、ボディビルや剣道などによって厳しく鍛錬した肉体を解放することではなかっただろうか。肉体改造をおこなった三島は、ボディビルや剣道だけでなく、ボクシングや自衛隊の体験入隊などで肉体を酷使した。また、〈オブジェ〉としてカメラの前に肉体をさらし、自らの死を連想させるかのようなポーズをとってみせた。そのようななかで、音楽に合わせて自由に肉体を動かすダンスに「人間を本来の「存在の律動」へと引き戻す」ものを感じる。この「本来の「存在の律動」」という「陶酔」の奥底に三島が「孤独」をみたことからも、三島におけるダンスの重要性がうかがえるだろう。

（大学非常勤講師）

注
1　中野裕子「『仮面の告白』論—終わりのないダンス—」（『信州豊南短期大学紀要』平成二一年三月）
2　輪島裕介『踊る昭和歌謡　リズムからみる大衆音楽』（NHK出版新書、平成二七年二月）
3　注2に同じ。
4　佐藤秀明「個人的な文学の営みと戦後文学史—三島由紀夫の場合」（有元伸子・久保田裕子編『21世紀の三島由紀夫』翰林書房、平成二七年一一月）
5　三島由紀夫「私の遍歴時代」（『東京新聞　夕刊』昭和三八年一月一〇日〜五月二三日）
6　三島由紀夫「終末感からの出発—昭和二十年の自画像」（『新潮』昭和三〇年八月）
7　岩下尚史『ヒタメン　三島由紀夫が女に逢う時…』（雄山閣、二〇一一年一二月）
8　注2に同じ。
9　三島由紀夫「実感的スポーツ論」（『読売新聞　夕刊』昭和三九年一〇月五・六・九・一〇・一二日）
10　三島由紀夫「陶酔について」（『新潮』昭和三一年一一月）
11　三島由紀夫「踊り」（『毎日新聞　夕刊』昭和三八年一月四日）
12　三島由紀夫『アポロの杯』（朝日新聞社、昭和二七年一〇月）
13　三島由紀夫「をはりの美学」（『女性自身』昭和四一年二月一四日〜八月一日）
14　三島由紀夫「あとがき」（『三島由紀夫短篇全集6』講談社、昭和四〇年八月）
15　例えば、西尾幹二『三島由紀夫の死と私』（平成二〇年一一月、PHP研究所）がある。
16　三島由紀夫「解説」（新潮文庫『花ざかりの森・憂国』昭和四三年九月）
17　拙稿「戦後〈ユース・サブカルチャーズ〉への一視点—三島由紀夫「月」「葡萄パン」論—」（『近代文学試論』平成二一年一二月）
18　村松英子『三島由紀夫　追想のうた—女優として育てられて』（阪急コミュニケーションズ、平成一九年一〇月）
※本文の引用は『決定版三島由紀夫全集』（新潮社）に拠った。

特集　三島由紀夫とスポーツ

三島由紀夫のボディビルとアメリカ
――編集され、コラージュされる身体の形成――

天野知幸

1．はじめに

文壇ボディビル協会設立したし。会員を募る。キャシャな小説家に限る。会長を川端康成にお願ひしたい。目下会員は小生一人。事務所は三島由紀夫方庭園ボディビル道場。（無題）（『週刊新潮』一九五六年二月一九日）

三島由紀夫がボディ・ビルを愛していたことは有名である。のちにJBBF（日本ボディビル連盟）の会長となる早稲田大学の玉利斉のもとを尋ね、ボディ・ビルの練習に励むようになるのは、三島が三十歳を迎える一九五五年初夏からのことだが、以降の三島の身体的イメージは、ひ弱な身体や青白い顔つきではなく、小柄ながらも筋肉の存在感を感じさせるものへと変貌した。

ちなみにJBBFが「日本ボディビル協会」の名前で「ボディビル普及振興と共に、国民の健康増進と体位の向上を実現することを目的に設立」[1]されたのは、一九五五年一〇月のことである。JBBFのHPに掲載された「概要」[2]によれば、当初、加盟クラブは二〇にも満たないほどであったというから、冒頭に引用した三島の呼びかけは、ボディビルが戦後の日本に定着するその黎明期の動きとまさに符合していて興味深い。折しもこの『週刊新潮』の発行の前月である一九五六年一月一四日には、神田共立講堂で「第一回ミスター日本ボディビルコンテスト」が開催されている[3]。現在から見れば、三島の「文壇ボディビル協会」会員募集の告知は、唐突なものに見えなくもないが、当時としては実に時宜にかなったものだったのである。

三島の身体観には、古代ギリシャから着想を得た外面への信仰や、ギリシャ彫刻の理想化が深く関わっているとよく指摘される。このことはあたかも三島固有の思想と捉えられがちだが、実はこれもボディビル界の偉人のエピソードと類似している。近代ボディビルの祖と称されることもあるユージン・サンドウ（独）は、ギリシャ彫刻を理想美とし、自ら身体を鍛えるとともに、その実践を理論化してボディビルの基礎を築いたといわれるからである。[4]なお、このサンドウという人物は、「サンドウ式体操」を開発、普及させ、数多くの著作を残した人物で、明治後期に日本でも知られていた。ギリシャ彫刻の理想化、自らの身体的鍛錬、その可視化や映像化、その理論化といったサンドウの辿った道筋は、三島のボディビルとの関わりと共通しており、とても興味深い。三島のボディビル体験やそれを語った言及は、作家のそれとして捉えるとその特異性が際立つ気がするが、ボディビルの文脈においてみると、さして特異ではなく、むしろ優等生的なものにさえ見えてくる。

さて、従来、こうした三島のボディビル体験は、「非スポーツマンをスポーツの岸へ渡してくれる渡し舟」（「ボクシングと小説」[5]）と三島自身が語るのを受けて、個人的な身体的劣等感からの回復という意味がまずは与えられてきた。たしかに、同様の言及を「実感的スポーツ論」[6]でも行っており、これは一見揺るがないように見えるが、三島が目指したのが男性的な身体美の獲得であるならば、そのボディビル体験やそれに関わる言説は、個人的な身体的劣等感の問題に回収されない性質のものであるように思われる。本論ではこの観点に立ちつつ、三島のボディビル体験やその表象を「三島由紀夫」の文脈で考えるのではなく、ボディビルというスポーツの文脈やGHQ占領期からポスト占領期という同時代のコンテクストを踏まえた上で、男性性の再構築の問題、さらには、身体のテクスト化という問題へと開いてゆきながら、議論してゆくことにしたい。

詳しい説明は次節以降に譲るが、GHQ占領期における肉体イメージは、占領軍兵士と親密な関係にある娼婦の身体イメージが中核を担っていたといえる。文学的な表象も同様である。それゆえ、三島のボディビル体験やボディビル言説は、ポスト占領期とも呼ぶべき時期に、娼婦とは異なる肉体イメージを構築し、自らのパフォーマンスも動員して視覚化、流布しようとしたとも理解できる。そして、これが何より重要なのだが、三島がボディビルで獲得しようとしたのは健康だけではない。筋肉という男性性の象徴である。男性的身体を立ち上げることとは、敗戦や占領の記憶が深く固着した肉体イメージを書き換えるのに有効に違いない。

ただし、その説明は実は容易ではない。ボディビルとアメリカとの関係は深く、筋量豊富な男性の身体にも占領軍兵士の身体の記憶が拭いがたく付随していたからだ。三島自身、「アメリカ文化のもっとも偉大な発明の一つであり、また、アメリカ文化の逆説の象徴」（「実感的スポーツ論」前掲）とアメリカとの関わりを度々述べているように、占領期の娼婦とポスト占領期のボディビルという二つの肉体イメージの間にはいずれも、アメリカという共通項が存在していた。いや、それだけではない。占領軍兵士の身体は日本人男性の身体的劣等感を映し出す鏡のような存在でもあったはずである。ポスト占領期という時期を考えれば、三島のボディビルへの傾倒を戦後のアメリカニズムの文脈で説明することは一見可能だが、事態はそう単純ではないように思われる。

先回りして結論めいたことを述べれば、三島のボディビル体験はアメリカ的な身体を模倣することによって自らの男性性を立ち上げるというある種の倒錯を抱え込んでいる。他者であるアメリカの身体的文化を血肉化しながら、同時に自らの男性性を構築しようとする倒錯である。身体はそうした倒錯を引き受ける場となっているのだが、重要なのは、敗戦や占領の記憶と密接に結び付いた、アメリカという鏡に映っていたはずの日本人男性の身体的劣等性――国民的な意味でのそれ――に三島がほとんど触れていないことである。占領期からポスト占領期に至る過程では、五二年の講和条約締結前後に起きた反米意識の高まりもあったが、アメリカ文化は庶民の生活に確実に浸透していった。その背後に敗戦や占領の記憶が退けられていったのと同じように、三島のボディビル言説も国民の身体的劣等性について語らず、アメリカ文化だけが前景化されているように見える。

三島の身体的パフォーマンスやそれに関する言説とは、いったい何だったのか。「三島由紀夫」という作家の思想史のなかでのみ考えるのではなく、歴史的コンテクストのなかで意味づけてみるとどうなるか。それが本論の目指す問いである。スポーツと国内外の文化・風俗とは、昭和のモダニズム期におけるスポーツの流行やオリンピックがそうであるように、深い関わりを持っている。しかし、その関係性は自明なものではなく、両者を結びつけたり、スポーツの価値を創造しているのは、個々人の実体験ではなく、言説のほうである。現代においてもそうであるように、表象のシステムや修辞、語りは、ここでは重要な機能を持っている。この論考も実際の三島由紀夫の身体的経験がどうであったかの実際を論じるということよりも、それを語る際の言説や枠組みのありようの分析を基本的には目指すことにする。GHQ占領期から「もはや『戦後』ではない」と経済白書で宣言されるポストGHQ占領期に至る過程を視野に入れながら、三島のボディビル体験、ボディビル言説について考察したい。

2. 占領期とポスト占領期の身体表象

あらかじめ整理しておきたいことがある。それは肉体／身体という言葉の使い分けである。身体論という学問的なアプローチが盛んになった現在では、身体という言葉の方を目にすることが多くなったが、三島は肉体の方をよく用いている。精神と対比する場合も、ヨーロッパ諸言語で物体を含意する身体ではなく、三島は肉体という言葉をとりわけ用いた。もちろんこのことは三島に限ったことではなく、また、身体と肉体とを三島が意識的かつ厳密に使い分けていたとも思われないが、議論の発端として、肉体もしくは肉という言葉が敗戦直後からしばらくはある特定のイメージを喚起させるタームだったことを確認しておきたい。

敗戦後の文学や文化を考える上で、見逃すことができないもの。その一つは「肉体文学」と呼ばれた一群である。この場合の肉体は、女性の性的身体や娼婦のイメージ、さらには彼女たちと親密な関係にあった占領軍兵士の性と身体の記憶が深く刻まれた言葉だった。この問題について南相旭『三島由紀夫における「アメリカ」』は示唆に富む。南は「肉体文学」の代表としばしば指摘される田村泰次郎「肉体の門」（『群像』一九四七年三月）を『鏡子の家』における「焼跡」の意味をよりはっきりさせる上で有益な参照枠となる。」とし、「「肉體の門」における「焼け跡」は、アメリカという他者によって社会秩序が破壊された空間において、これまでの価値判断を捨てたまま生活する「日本人」を代理＝表象している」と指摘した。また、その上で、鏡子の「焼跡」への思いに、「占領政策が及ばない「自然」の空間に対するノスタルジア」を読み、そうした「焼跡」を消失した「鏡子の家」の「いま・ここ」とは、占領後でありながら「むしろ強く「アメリカ」の影響の及んでいる空間だと暗示している」と指摘する。[7] この南の指摘は三島文学における「アメリカ」表象として注目に値するものだが、本論では三島の身体観と作品を戦後の身体表象のコンテクストに置き、アメリカの身体的文化や実践を介した男性性回復の問題を抽出してみたい。

まわり道になるが、「肉体文学」および占領表象と身体との関係について触れておこう。「肉体文学」の嚆矢とも言うべきものは先に触れた田村泰次郎の「肉体の門」である。「闇の女」とも呼ばれた「街娼」の女性たちの世界や彼女らの欲望の強靭さを肯定的に描き、主人公の性的経験が新しい生への目覚めを描いたこの短篇は、現在のジェンダー批評の観点から見れば、女性の身体と性の描かれ方は男性視点からの造形に過ぎず、偏りが目立つが、性欲は敗戦直後に創刊された通俗誌にしばしば登場するテーマであり、極めて戦後的な一作といえる。田村のほか「無頼派」の作品にも言えることだが、敗戦直後は「闇の女」、「闇市」などアウトローの世界がしばしば描かれた。ジョン・ダワー『敗北を抱きしめて』[8]は、こうした「闇」の文化を敗戦直後のサブカルチャーとして意味づけているが、おそらく重要なのは、身体と性が常に管理されるものであるために、戦後の見せかけの解放性と、その背後に張り巡らされた権力の存在を同時に描ける題材たりえたことだ。肉体こそ、戦後の自由と管理を表現できる題材であったのである。ただ、当時の一般的な関心は肉体や欲望の解放性にこそ持たれたようだ。「肉体の門」は軽演劇として広がり、その旋風は東京のみならず、地方へも伝播していたが、女優たちの身体の躍動感や性的アピールに関心が集中した。[9]

ただ、それでも肉体は、敗戦や占領という「日本」が背負った歴史をアレゴリカルに表象しうる極めて有効な題材であったことは記憶されるべきことがらである。というのも、GHQ／SCAP検閲は当時「パンパン」と呼ばれた日本人娼婦と占領軍兵士との親密・性的な関係を描くことを許さなかったために、結果的に「パンパン」の肉体こそが被占領国日本を最もよく象徴する題材となったからだ。彼女たちの肉体は、吉見俊哉『親米と反米　戦後日本の政治的無意識』が「占領期に日本政府の慰安婦政策もあって膨れ上がった米兵相手の街娼たちが、検閲のまなざしが届かないところで「占領」を表象する象徴的身体となっていく。天皇の身体が、マッカーサーや占領の権力を背後に隠蔽する代理的な審級であったとするならば、これらの女たちの身体は、占領の暴力をむしろ手前で感じさせてしまう存在だった。[10]」と指摘するように、メディア上で不可視化される占領軍兵士の身体性や暴力をも読者に感じさせる役割さえ果たしたと考えられる。

すなわち、「肉体文学」の肉体とは、まずは女性身体をイメージさせるものであり、敗戦や占領の記憶が拭いがたく固着していたものであった。ちなみに「肉体の門」に登場する伊吹新太郎は、屈強な体、旺盛な欲望を持つ人物として造形されているが、彼のような身体性は過剰に理想化された男性像とやはり読むべきである。女性の性的身体が焼け跡の象徴的風景として理解され、メディアで存在感を持ったのに対して、男性の身体はといえば、傷痍軍人という言葉が象徴するように痩せ細った身体や傷ついた身体イメージが流布していたからである。日本人男性の身体、とくに復員兵は、「街娼」の身体とは異なる意味において、敗戦や劣等性を象徴する代理的な記号であった。[11]三島が男性的な身体性をボディビルによって立ち上げようとしたことの意味は、まずこうした歴史をコンテクストとして考えられるべきである。非常にわかりやすい構図だが、三島の理想とする身体は、敗戦直後および占領期の男性の身体イメージと対極的な位置にあるのだ。

なお、男性性の回復や再構築という問題を考える上で、マイク・モラスキー『占領の記憶／記憶の占領　戦後沖縄・日本とアメリカ』による、一九五〇年代の日本人男性が行った娼婦の語りの捏造についての指摘は興味深い。一九五三年、『日本の貞操―外国兵に犯された女性たちの手記』(蒼樹社)という現在では忘れられたベストセラーがあったという。その成功から類似のテクストが複数書かれたという事実を踏まえ、『日本の貞操』についてモラスキーはこう指摘する。「SCAPの検閲制度の完全撤廃にともなう新しい自由によって可能になったわけであり、一九五二年の日米安全保障条約発効と朝鮮戦争を背景にして反米主義が台頭してくる時期と偶然にも一致する。こうした要素がないまぜになって、アメリカによる日本占領を、売春と女性の犠牲の問題に結びつける最も有効な国民的アレゴリーとして『日本の貞操』がでっちあげられたのである。[12]」。なぜここで「でっちあげられた」と述べられているかといえば、こうした女性の語りは男性の書き手によって捏造されたことをモラスキーは突き止めたからである。そして、その事実をもとに、『日本の貞操』や、それを踏襲した『女の防波堤』といった「一九五〇年代の連の扇情的な「パンパン」もの」について「娼婦たちの物語を国家の物語へとすりかえ、国家主義的視点から占領政策を再編することによって、間違いなく日本人男性も、占領軍に犯された女性たちと同じくれっきとした犠牲者として位置づけられる[13]」という構造を指摘している。

『日本の貞操』の例は、娼婦の身体が講和前後の「反米」意識の高まりの影響下でどう物語化されたのかを知る上で示唆に富む一例である。娼婦の身体は占領下では被占領国日本の象徴であったわけだが、それと切り離すことのできない日本人男性のルサンチマンが、『日本の貞操』というしたたかで屈折した物語の背後に隠されていことを、モラスキーの指摘は示唆している。この後に登場する三島のボディビル言説には、アメリカ文化としてのボディビルへの強い関心があからさまに語られつつ同時に男性性の回復の物語が内包されており、モラスキーが指摘した例とある意味対極的なのだが、男性身体と切っても切り離せぬ敗戦の記憶やルサンチマンを後景化させ、かわりにアメリカとの近接性を前掲化させる点にこそ占領期からポスト占領期の一つの特徴が反映されているように思われる。

次節以降において、ボディビルという身体的文化やその実践がもともと持っていた思考に触れながら、三島のボディビル体験とそれについての言説を、ポスト占領期というコンテクストを視野に入れながら考えてみたい。

3．ボディビルが内包する思考とその広がり

結論を述べる節に入る前に、戦後のアメリカ文化を反映したボディビルの文化が、どのような特性を持つかを明らかにするために、ボディビルと近代日本の関係について先行論を参照しつつ簡単に確認しておきたい。強く健康的な身体への憧れとは、いったいどのような思想と通じあうものであったのだろうか。

これについては、「一」で触れたボディビルの父と言われることもあるユージン・サンドウと、サンドウが大きく貢献した一九世紀末から二〇世紀初頭の欧米での身体的文化とその世界的な拡散の歴史が教えてくれる。この二点については、谷内田浩正「ボディビルダーたちの帝国主義――漱石と世紀転換期ヨーロッパの身体的文化[14]」が極めて詳しい。谷内田は、サンドウらの出版物を紹介しながら、「身体文化」と呼ばれた体操ブームと帝国主義との関わり、日本への移入の様子や

夏目漱石への影響を詳細に論じているが、それによれば、北米およびヨーロッパ全域において、個人的な商業体操が大衆の間で急速に普及し、サンドウほか、J・P・ミュラーといったボディビルダーたちが、自らの理論と肉体的パフォーマンスを写真でわかりやすく紹介した教則本を数多く出版したという。ちなみに、サンドウの体操はちょうど漱石が留学生として訪れていた世紀転換期のイギリスで国民的な人気を呼んでいたという。

さて、ここで注目したいのは、これが「商業体操」であるという指摘と「世紀転換期最大の不安の一つであった国民の体力衰退を嘆き、その問題を解決する方法として体操法を開発することによって、体力衰退という社会問題に対処しようとした」(同論)というサンドウの考えである。こうした「商業体操」は学校教育の場で行われるものではなかったために、兵式体操のようなものとは一線を画していたそうだが、それは表面上のことだけで、帝国主義的な思考や社会ダーウィニズムとは決して無縁ではないと谷内田は述べ、次のように同論で指摘する。

ボディ・ビルディングがただちにネイション・ビルディングへと転じ、また逆にネイション・ビルディングがボディ・ビルディングというかたちをとって個人に要請された時代――この二つが類稀なほど分かちがたく緊密に結ばれていたこの時代こそ、帝国主義の時代と言えよう。

身体を増強しようとする思想は、軍隊や学校教育の場での訓練や体育ではなく、たとえ私的かつ商業的なものであったとしても、帝国主義イデオロギーと切断できないという指摘である。あらためて言うまでもないことだが、こうした思想は国民の身体管理の問題と無縁ではあるまい。身体を強くするという思考は、否が応でも優生学の思想を手繰り寄せてしまう。そして、こうした身体増強の思想は帝国主義下でなくとも存在する。鍛錬によって強靭な身体を手に入れようとした三島の身体観やそこにある欲望も、こうした思想と完全に無縁であるとは言いきれない。

そして、ここが重要なのだが、そうであるがゆえに、三島がボディビル体験の意味を自己の身体的劣等感の問題として語り続けたことの意味もまた浮かび上がってくるのである。個人的な身体的劣等感とそこからの解放という物語、そして次節で確認するアメリカ文化の強調は、ボディビルを始めとする身体の鍛錬の歴史と距離をとるために周到になされた防御線だったという理解である。戦後の日本人男性の身体が栄養不足などから脆弱なものであり、勝者の身体と比べて劣等的なそれであったことを考えるならば、先に確認したようなボディビルの歴史と三島の言説とを完全に切り離して考えることはできない。だからこそ、三島は、「ボディ・ビルディング」と受けとられることを周到に回避しながら、占領期からポスト占領期において、日本人男性の身体再生を夢見たのではないだろうか。

　また、ボディビルの歴史を踏まえてみると、三島のボディビル体験やその言説において、すでに「一」で触れておいたように、国民の身体という問題が消去され、アメリカという記号だけが刻印されていることがわかる。その点に注意しておきたい。例えば、アメリカにおけるボディビルの大衆的な流行は、健康と栄養、エクササイズの重要性を、極めて商業的な手法やニュースタンドで売られる雑誌を通じて拡散させる企業的戦略が支えていたが、そうした商業性を三島のボディビル言説はかなり反映している。三島はいかにボディビルを語ったのか。アメリカへの言及に注意しながら、次節においてより詳しく考えてみたい。

4. アメリカと日本の断片化、そのコラージュ

　アメリカ文化としてボディビルを語る三島の言説は、数多く存在する。たとえば、『矢頭保写真集　体道・日本のボディビルダーたち[15]』の「序」で三島は「戦後の日本の肉体解放は、主にセックスの面で表面に現はれたが、別の、精神史的な面における肉体解放は、表立ちもせず、意識されもせず、深く探求されることもなかつた。セックス以外の面では、人々の心には、暗い古い儒教的な肉体蔑視が、色々に形を変へてひそんでゐた。」と述べ、この写真集を筋肉を可視化する試みだと高く評価している。そして、ここでも「男性の筋肉」を可視化し、表現することの意義が、次のように高らかに述べられている。

　日本ではじめて、男性の筋肉の、力、均整美、光輝、憂愁、そしてその詩のすべてを表現することに成功したからである。

　この写真集は一九六〇年代に入ってから出版されたものだが、ここでも「ボディ・ビルディングの日本における戦後の普及は、もちろんアメリカの影響であり」と明瞭に述べられている。鍛え上げられたアメリカ的身体とは、占領軍兵士や彼らのいたキャンプやその周辺の記憶と不可分のものだったはずだが、このように三島はボディビルとアメリカの関係を積極的に語った。この他にも三島がボディビルとアメリカとの結びつきを意識し、それをアピールしていたことが窺える次のような文章がある。

　ボディビルのお陰できやしやな肩や胸は見違へるばかりになつたが、まだまだ太り足りない。アメリカのボディビルの雑誌に、二ヶ月で三貫目は太るという広告が出てゐたので、東京、横浜中の外国薬品店に残らず問い合わせたがどこにもない。お心当たりの方、ご一報ください。薬の名は Weider の“Weight-gaining Liquid”あるいは Quick Wait。

（無題）（『週刊新潮』一九五六年六月一九日）

「アメリカのボディビルの雑誌」とは、ウイダー（Weider）社の創業者であるジョー・ウイダーがアメリカで発行していた、ボディビル専門誌のいずれか（おそらく『MUSCLE BUILDER』）だろう。ウイダー社とは一九三六年に創業された企業で、プロテイン食品で日本でも現在はよく知られている。創業者のジョーはサプリメントやトレーニング器具、トレーニングマニュアルなどを販売する傍ら、ボディビル専門誌を一九三一年より刊行していた。「〝マッスルマガジン〟70年の軌跡[16]」によれば、現在も刊行されている『MUSCLE & FITNESS』の原型ともいえる『MUSCLE BUILDER』が一九五三年にスタートし、「体作りを中心においた」雑誌としてボディビルを扱っていたという。その前年には、重量挙げの協議情報などを扱った『MUSCLE POWER』という兄弟誌も刊行されており、いずれも筋肉隆々とした男性の写真が表紙では多く扱われていたようだ。この二誌以前から刊行されていたボディビル専門誌からすでにジョーは、写真を効果的に使った専門誌を刊行しており、これを宣伝手段として用いながらボディビル関連ビジネスを成功させていたようだ。三島はわざわざこうした専門誌を手に入れ、しかも同誌の広告に掲載されていたウイダー社の「薬」も入手しようとしている。形式的には三島が情報提供を求める形になっているが、当時、日本国内ではアメリカほどに知られていなかったウイダー社についての情報を散りばめるなど、アメリカのボディビル事情を読者に伝える内容ともなっている。

これらのボディビル専門誌は、ボディビルで鍛えた身体の圧倒的な存在感を視覚的に示すことに大きな特徴があったが、それとともにトレーニングに欠かせない栄養やエクササイズの方法を科学的に説明するところも際立っていた。実はジョーの雑誌刊行は、ボブ・ホフマンという人物が刊行していた『Strength and Health』という雑誌の後追いだったそうだが、「ジョーの雑誌では、ホフマンの理想とする体の大きな力持ちの体型は評価されなかった」（「〝マッスルマガジン〟70年の軌跡」）という。筋肉にとって必要な栄養と効果的なトレーニング用品を用いたエクササイズによって、ただ体を大きくするだけでなく、ウエストの引き締まった逆三角形の体を、ジョーの雑誌では理想としていた。（以上、参考「〝マッスルマガジン〟70年の軌跡」）

これは推測に過ぎないが、たとえ小さな体であったとしても科学的に計算された栄養の摂取方法とエクササイズによって誰でも身体改造ができることをうたうジョー・ウイダーのボディビル専門誌は三島を強く惹き付けたのではないだろうか。かつては占領軍兵士が有していた身体の強靭さ、そして、ギリシャ彫刻の持つ身体美は、栄養とエクササイズによって手に入るものになったのである。そして、そうした感性や体験を共有するような協会が生まれ、コンテストも開催されるようになり、個人的な体験を支えるシステムも形成されていった。この時期のアメリカのボディビルは、「三」で確認したような世紀転換期のそれよりもおそらく商業的な傾向を強めていたと思われるが、三島のボディビル言説はそれを反映している。

そして、ここが重要なのだが、先の引用や「一」で引いた二例が示すように、三島のボディビル言説には屈折した感情は一見まったく感じられない。むしろ、アメリカ文化の価値や意味を積極的に利用し、新たな身体的文化や実践を創ることへの希望のようなものさえ読みとれる。このことは次のような引用も同様である。

私のいちばん自信のあるところは背筋だ。アメリカのボディ・ビルジムでも、

「ビューティフル・バック！」とほめられた。

邦訳すれば、

「バック・シャン」といふ悪口になる。

「自画像の記」（『文藝春秋』一九六六年六月）

「ビューティフル・バック！」という褒め言葉を、後姿だけが美しいという意味の「バックシャン」と控え気味に言い換えているが、自らの鍛錬の成果をアメリカのジムで受けた賞賛という形で表現しており、ここには被占領国日本のアレゴリーとしての身体はもはや存在しない。言うまでもないことだが、自然な身体というものは存在せず、現実に存在するのは矯正、整形された身体であるわけだが、三島は筋肉という鎧を張り巡らすことによって、身体を矯正、整形し、内的自己の形成をも行おうとした。栄養の摂取やトレーニングといった人工的な手法を用いて、より逞しい筋肉を獲得する傍ら、一かけらの憂いもなく、アメリカ文化の身体化を実践し、それについて語り続けたともいえる。

だが、それは日本人男性の身体美や力の獲得を目指しながらも、占領者＝アメリカの身体を模倣する危険性を同時にはらんでいた。「一」で倒錯と述べたことがらである。アメリカ文化の身体化を自ら体現して可視化、露呈しながら、三島が行ったこと、それは何だったのだろうか。「一」で先回りして述べた結論を再度述べれば、倒錯を引き受ける場として身体が位置づけられているということになる。

次なる課題として考えるべきなのは、その場とはいかなる場であったのかということになるが、このことを考える上で、極めて示唆的なのが、横浜美術館で展示された田村友一郎の「日本の戦後史と身体をめぐる」現代アート作品「裏切りの海」である。「BODY/ PLAY/POLITICS」と題された展覧会[17]で田村は、「断片的な情報の集積」と「断片の集積としてのオブジェと映像」を組み合わせ、「断片の集合体」ともいうべきものを形作っているのだが、その情報とは「戦後の横浜を闊歩した米兵の肉体に魅せられた一人の少年（後に日本におけるボディビルディングの第一人者となる人物）の回想。」や、「占領下の横浜港からアメリカ、さらにはギリシアへと旅立

った小説家の三島由紀夫（三島は、そのボディビルディングの第一人者から肉体改造の訓練を受けることになる）と、横浜を舞台にした三島の小説『午後の曳航』[18]である。田村はこうした断片と断片とを重ね合わせ、つなぎ合わせる手法で、日本の戦後史を背景に占領軍兵士が持ち込んだ「鍛えられた筋肉」とその生成を扱っている。「一人の少年」のエピソードは、三島への影響もさることながら、占領軍兵士の強靭な身体や筋肉が、憎悪の対象としてではなく、純粋な憧れの対象として眺められた例として興味深い。

ただ、ここでとりわけ注目したいのは、そのことではなく、この作品がボディビルダーへのインタビューで田村が得た身体の断片化という発想に依拠していることである。田村はかつて自らが展示したボディビルダーがいる部屋への観客への関心から、ボディビルに興味を持ち、そこから得た着想についてこう述べている。

そこからボディビルってなんだろうと思って、あるボディビルダーに話を聞いてみたところ、彼らは、今日はここの筋肉、明日はここの筋肉を鍛えるといったように、自分の体を筋肉ごとにバラバラなものとして認識し、構成しているのだということがわかり、その不連続な捉え方に驚きました。そして、そのバラバラな断片をトレーニングして肉体をつくるということと、映像におけるバラバラな断片をつなぎあわせる、いわゆる編集ということが、どこか自分の中でつながるような気がしたのです[19]。田村はさらに、「ある断片から次の断片への飛躍、もしくはこの断片とあの断片の入れ替えが可能だったりして、そうなると、最後にはいびつではあるのですが、そこには何か新しいものが成立していたりします。」とも述べている。こうした「編集」とは、コラージュの手法とも通じるものだろうが、重要なのは、こうしたコラージュ的な発想においては、それぞれの断片が元の文脈から切り離されて、新しい文脈へと位置づけられるという点であろう。断片と断片の集合は新しい世界を創造し、断片同士の接触を生むとともに両者の差異やズレも生み出す、そうした可能性を持っている。

先の引用を参考にするならば、筋肉を「～筋」と個別化し、断片化するような身体観がボディビルには存在している。たとえば、器具を用いて「胸筋」「三角筋」といった部位を重点的に鍛え、筋量を増やすことはボディビルを行う者が誰でもすることだろうが、ここにはコンテストで見るような完成された身体美からは想像しにくい身体や筋肉を部分に切り分ける発想が根底に存在するともいえる。思い起こせば、「私のいちばん自信のあるところは背筋だ。」という言葉を「自画像の記」と題されたエッセイで述べるあたりに、三島にも断片としての筋肉の存在を意識する思考があったように思われる。

身体とはすなわち筋肉という名の断片の集積地なのだ。三島の筋肉はアメリカ文化の影響下に形成されたものであるが、アメリカそのものではない。ここで思い出されるのは、細江英公撮影の『薔薇刑』におけるオブジェ的な身体表象や、自ら脚本、監督、主演などを手がけた映画『憂国』での褌姿である。あまりにわかりやすい例ともいえるが、前者においては身体の部位が際立ち、後者においても鍛えられた筋肉と褌とがその境を際立たせている。これは筋肉の発達なしには成り立ちえない表現である。ボディビルは三島に筋肉という断片の表現を可能にしたのだ。また、田村の着想をここで再度借りれば、筋肉という断片は編集され、独自の世界を形作る可能性を持つものと言える。しかもそれらは不変ではない。トレーニングによって、部分的に書き換えられ、別のものと入れ替えられ、新しいものへと生まれ変わる可変性を常に秘めている。ボディビルが三島に表現の可能性を大きく開いたとすれば、それはボディビルによってこのような可変的かつテクスト的な身体の獲得がなされた点だろう。

　三島の身体とは、市ヶ谷駐屯での自決や映画『憂国』のイメージから、日本的なそれ、もしくは戦後日本から逸脱した異物として理解されがちである。また、そのパフォーマンスやスポーツ体験もゴシップ的なそれとともに理解され、あまり真剣に論じられてこなかった。しかし、これまで論じてきたように、三島のボディビル体験は戦後のアメリカニゼーションと密接な関係性にあり、戦後の日本社会のありようと深く通じているところがある。このことは何度も確認されて良いことだ。アメリカ文化を身体化しながら、同時に、日本人男性の身体的な再生や男性性回復を成し遂げようとしたこと。ここには根本的な倒錯が存在しているように見えるが、コラージュもしくは編集され続ける身体がそれを可能とした。そして、アメリカという断片に覆い尽くされながら、身体は新たに編集される日を待った。

　三島が身体的パフォーマンスや鍛錬をやめなかったのは、身体が断片の集積地＝テクストとしての意味をたしかに持っていたからだろう。三島の身体的パフォーマンスや身体表象について、あらためて文化の生成、編集という観点からさらに考えてみる必要があるように思う。

（京都教育大学）

注1　公益社団法人 Japan Bodybuilding & Fitness Federation「概要」(http://www.jbbf.jp/Other/JBBF_Gaiyo.html) 確認日　二〇一六年一一月二八日

2　注1と同じ。

3　注1と同じ。

4　注1には次のような指摘がある。「ユージン・サンドーというドイツ人医師が1897年に「筋力とその強化法」という書籍を出版し、バーベルやダンベルを用いて筋肉を大きく発達させる方法を普及させました。裕福な家庭に育った彼は少年時代に家族とギリシャを旅行し、博物館に陳列されていた逞しい肉体に強い衝撃を受け、解剖学などを一心に研究し、自ら立派な筋肉を作り上げ（身長172cm・体重85kg）、並みいる力自慢の男たちを打ち負かせたと言われます。」

5　「ボクシングと小説」（一九五七年一月）

6　「実感的スポーツ論」（『読売新聞』夕刊、一九六四年一〇月五、六、九、一〇、一二日）

7　南相旭『三島由紀夫における「アメリカ」』（彩流社、二〇一四年五月、一三〇～一三二頁）

8　ジョン・ダワー『敗北を抱きしめて　上』増補版（岩波書店、二〇〇四年一月）

9　拙論「〈肉体〉の増殖、欲望の門―田村泰次郎「肉体の門」の受容と消費」（『日本近代文学』二〇〇六年一一月）

10　吉見俊哉『親米と反米　戦後日本の政治的無意識』（岩波新書、二〇〇七年四月、一〇三頁）

11　ジョン・ダワー『敗北を抱きしめて　上』増補版（前掲書、一五二頁）には、遠藤健郎作（製作年不詳）の挿絵が掲載されているが、その挿絵はがっちりとした体型の占領軍兵士の男性と、彼によりそう日本人女性、その傍らにいる「身障者になった日本の復員兵」という三者が描かれている。日本人男性の中でもとくに復員兵は、傷つき、欠損を抱えた、栄養失調状態の身体を持つものとして表象され、占領軍兵士との体格の差＝劣等性が極めてわかりやすい形で視覚化されている。

12　マイク・モラスキー『占領の記憶／記憶の占領　戦後沖縄・日本とアメリカ』（鈴木直子訳、青土社、二〇〇六年、二四〇頁）

13　注12と同じ。（二四〇、二四九、二五〇頁）

14　谷内田浩正「ボディビルダーたちの帝国主義―漱石と世紀転換期ヨーロッパの身体的文化や実践」（『漱石研究』一九九五年一一月）

15　『矢頭保写真集　体道・日本のボディビルダーたち』（ウェザヒル出版社、一九六六年十一月）

16　「〝マッスルマガジン〟70年の軌跡」（『MUSCLE & FITNESS　日本版』二〇〇九年六月号）

17　主催、横浜美術館（公益財団法人横浜市芸術文化振興財団）。助成、芸術文化振興基金。会期、二〇一六年一〇月一日～一二月一四日。会場、横浜美術館。

18　木村絵理子「田村友一郎」（〝BODY/PLAY/POLITICSモ・クシュラ〟二〇一六年、九八頁）

19　作家インタビュー（注18に同じ、一〇三頁）

特集　三島由紀夫とスポーツ

ボクシング小説における表象の実験について
——戦後中間小説から2016年まで——

柳瀬善治

はじめに

戦後から現在に至るまで書かれたボクシング小説を概観し、それぞれの技巧的な特質を探るとともに、その中で作家たちがメディア環境や社会状況の変化にどのように対応してきたかを、三島由紀夫や中上健次が格闘した「(情報の世界的)同時性」「社会の平面化とそれに抗する小説の表象技術」の問題を中心にして考察する。

1．「三島由紀夫以前」のボクシング小説
——戦後の社会空間との対応——

拙著[1]でも論じたことだが、戦後、三島以前にもいくつかのボクシング小説が書かれている。戦後書かれたボクシング小説として、井上友一郎の『瀕死の青春』(角川書店、1957)、平林たい子『殴られるあいつ』(文芸春秋新社、1956)、井上靖の『チャンピオン』(『別冊文芸春秋』1954・10)がある。『瀕死の青春』『殴られるあいつ』には、ともに三島由紀夫の言及がある。「プロ・ボクシングの世界を描いた小説は数多いが、プロ・ボクサーの生活と匂ひの滲み出た小説は恐らくこれを以て嚆矢とする。」(『決定版三島由紀夫全集』29、p.591)、「平林たい子さんが「殴られるあいつ」というプロ・ボクシングの内幕小説を書いたが、彼女に資料を提供した人の話を聞くと、あそこに現はれる特殊な社会の人たちの心理的反応は微妙であつて、怒ると思つて書いたことが気にさはらなかつたり、何でもないと思つて書いたことが気にさはられたりするさうだ」(29、p.609)と書いている。

『瀕死の青春』では戦後間もないボクシング界が戦後社会の様相とともに描かれる。それは「占領下にある東京の落ち着かぬ物情」(『瀕死の青春』p.51)であり、闇市の「再建だんご」(p.30)であり、「配線日本の精神面の立ち直り」の名目

で行われる「相撲大会」であり、「GIの傍若無人に接して、寛容と忍従以外の何ものも持ち合わせない日本人」（p.176-177）の姿であり、マッカーサーの意向によって左右される（p.132）日本社会の現実である。

この小説のなかで中心人物である末広がボクシングを習い始めたのは好意を抱いていた女性の前で米兵に一撃でのされ失神したことがきっかけであり、またそれが顎をアッパーカットで打たれたことによるのを知ったためである（p.33、p.52）。その根底には「大東亜戦争というものが惨めに終わってしまった」（p.38）という思いがあり、そこから自分を倒した米兵の「呪わしい太い腕」が「それが偶発的に行使された凶器などというものではなく、人を愛撫し、堂々として勤労にも行使される法律上の正しい腕であること」に末広の「重大な関心が注がれ」（p.39）ることとなる。この作品はまさしく「占領空間のなかの文学」（日高昭二）であることを刻印されているのである。[2]

平林たい子『殴られるあいつ』は平林が綿密に取材したことが伺われる小説であり、設定は1954年5月24日の「白井・エスピノザ」戦が会話の中に出てくることから、三島の『鏡子の家』とほとんど変わらない時期に設定されていると思われる。『殴られるあいつ』で描かれる「新アジア拳闘クラブ」は1952年の日本ボクシングコミッション成立以後の、しかもライセンスをもらえない「もぐりクラブ」であり、その背後に興業（千里眼や浪花節と並んだ「サーカスの出しもの」としてボクシングがある）をめぐる暴力団の抗争もふんだんに描かれている。（「ピス春」と呼ばれる―学習院出身という設定の―親分の造形に霊感を与えているのは明治42年に神戸に国際柔拳クラブを創設した「ピス健」とあだ名された嘉納健治という人物だろう）[3]。そしてそこには女子ボクシング（『殴られるあいつ』文芸春秋新社、1956、p.62〜64）や日本ボクシング界の創始者である渡辺勇次郎の名（p.36）や19世紀末のイギリスボクシング界の話題（p.50、これをボクシングに興味のない相手への説明の中に織り込む語りの巧みさもある）、マック・イーグルという戦前からのフィリピン系の選手（p.245〜249）も書かれ、平林がかなり詳しく調査したことが伺われる。[4]

さらに「日本の軍国主義の記念品」である「上海で日本の憲兵が使つてゐた」拳銃の「ブローニングの14年型」（p.11）や「水爆の原料」であるリチウムをめぐる闇屋やMPを巻き込んだ駆け引き（p.96〜104、p.137〜148、ビキニでの水爆実験の話題もp.99に書かれている）も書かれるなど、その「戦後という時代」の「無秩序」ぶり、コロニアルな文脈の錯綜ぶりが小説の細部にさまざまに反響している。[5]小説は暴力団の抗争や麻薬取引、男女関係が複雑に織りなされており、試合場面は、殴られた相手の男性ボクサーがそのたびに「お富さん」や「湯の町エレジー」を歌うという女性ボクサーの奇っ怪な八百長試合（p.421-424）や審判の買収などがコミカルに描かれ、よくできた娯楽小説の趣がある。

井上の『チャンピオン』は、ピストン堀口を明白にモデルにした作品であり、話者「おれ」が線路伝いに歩いている場面（ピストン堀口が鉄道事故で亡くなったことを踏まえている）から始まり、「おれ」（作中の名前は「八甲田次郎」）が人生を回顧するという構成になっている。戦前期に活躍した堀口をモデルにしていることもあり、この作品では戦前の日本ボクシング界の話題が触れられ、昭和8年の日仏ボクシング戦での堀口―プラドネル戦のエピソードが（国内予選が行われたことも含め）使われている(6)。

堀口は栃木県の出身だが、八甲田次郎は「北九州の炭鉱町」で生まれたという設定であり、その町の「暗い表情」が八甲田の造形に影を落としているように描かれている。

この「暗さ」はこの作品の主題の一つであり、八甲田のライバル光瀬も「勝っても負けてもやはり心は暗かったことだろう」と描かれ、新聞社の依頼で対談したバイオリニストの木戸登美子も「彼女の顔にただよっている暗さ」が「多くの拳闘家が持っている」暗さと同質のものであり「非人間的修練をした人間の顔に宿る特殊な影」（p.347）であるとされており、ボクシングを題材としたこの作品において「非人間的修練をした人間の顔に宿る特殊な影」が基調低音であることが分かる。

これらの作品は、当時の文脈では、「中間小説」に分類される作品群といってよいだろうが、総じて、戦後ボクシング界の内幕を通して、より多様で自由な人間模様や社会関係を描き出そうとしており、ある意味では、その後の松本清張らが展開し、伊藤整などによって注目された「社会派推理小説」の素材の扱い方に先鞭をつけているともいえるだろう(7)。平林の作品に典型的なように、戦後ボクシング社会を扱うことで、かつてのプロレタリア文学の題材となった社会や戦後サラリーマン小説の背景とした社会よりも（暴力団などの）混沌とした人間関係をコミカルに描くことが可能となり(8)、また戦後のアジアなどの国際関係にもリアルに切り込むことができるからである(9)。

2．『鏡子の家』でのボクシング表象
——「二重化のナラティヴ(10)」——

平林らの小説が対象とした時期からやや遅れてボクシングへの興味を持った三島は、日大ボクシング部(11)関係者との関係でジムへの出入りをはじめ、ボクシング観戦記を書くようになる。

『裸体と衣装』１９５８年2月27日の以下の記述は三島がボクシングに何を求めていたかを簡潔に物語る。

「闘争を見ることの熱狂は人間の本性に根ざしてゐるが、ボクシングはもつともよくできた闘争のフィクションである。スポーツの中で最も現実の闘争と似た外観を呈してゐながら、

そのスポーツとしての技術性科学性（私のいふフィクション性）は高度である。私にそれがジャンルとしての小説を想起させる。[12]」

三島は、ボクシングのフィクション性（技術性科学性）を「ジャンルとしての小説を想起させる」と述べている。三島の考えでは「ジャンルとしての小説」と同様にボクシングはフィクションとして（三島の言う「文」として）構築されてなければならない。

三島はラジオドラマとして「ボクシング」（放送台本1954年11月21日第9回文部省芸術祭放送部門参加作品　日本文化放送協会より放送　決定版全集22）を書いている。作品での試合の進行は（ラジオドラマというジャンル上の制約もあり）、もっぱらアナウンサーの実況により間接的に描かれることとなり、ここで述べたような瞬間的な動作と様々な心理の重ね合わせをどう描くかという問題は処理されていない。

「ボクシングを書いても限りなくボクシングから遠い」（島田雅彦[13]）などと揶揄的に語られる三島のボクシング理解だが、こうした誤解は、実際のところ、『鏡子の家』の意識的にデフォルメされた〈描写〉を三島のボクシング理解そのものだと誤読することからなされているものである。

既に拙著で詳しく述べたが、三島のボクシング観戦記は、アッパーやカウンターなどの技術やクリンチワークやバックステップなどの戦略への着眼に裏打ちされた高水準のものである。

三島は『裸体と衣装』2月6日の日記で書かれたフラッシュ・エロルデと杉森武夫の東洋フェザー級タイトル（1959・2・6）の印象で「エロルデのクリンチワークの巧者なこと、その気味の悪い折々の微笑」（決定版全集30、p.199）に触れ、戦略としての「クリンチリークの重要性」をたびたび指摘している。また、「追ふ者追はれる者ーペレス・米倉戦観戦記」（初出『産経新聞』1959・8・11、決定版全集31、p.243～244）でも「ペレスのフットワーク」を「完全なバランスを保つバックステップ」に見、「フットワークのエキシビジョン」を褒めている。海外のボクサーの「バックステップのバランス」に着眼する〈素人〉のボクシング評などごく稀であることからも、三島のボクシング鑑賞眼は高度だったことがうかがえよう。

例えば、『鏡子の家』のボクシングの試合の場面は、このように表象される。

「峻吉はすぐ間近の相手の肉体をとほして、非常に遠く星のやうに遠く見える相手の存在にむかつて、そのおよそ無限の距離を突き進んで行かうとする。左のストレイトが開いての眉間に入った。」「こんな目近な胸の筋肉、たちまち汗に濡れる厚い胸の肉の向こうに、遥か遥か遠く敵のボクサーの存在が星みたいに煌めいている。星は標的だ。それに到達しなければならぬ[14]」

これを三島のボクシング観戦記と比べてみれば、「ジョフレの左は、敏感な昆虫の触角のやうに、空中へさしのべられ、ピクピクと動き、距離をはかり、相手の反応をはかり、それを大脳へ伝達して次々とちがふ組合せのブローを繰り出してくる。数年前のパンチがジョフレにあつたら、原田はもつと苦戦になつただらう。そして食虫植物の蔓みたいに、不気味にどこまでも長くのびる、あのフックのリーチ！」（「観戦記（原田・ジョフレ戦）」決定版全集34、p.133）と、隠喩を交えながらも、戦略や技術に気を配りながらボクシングを的確に描き出しており、三島はボクシングの〈再現〉を『鏡子の家』で狙ったのではないことは明らかである。

この試合の〈描写〉は語り手が峻吉の思考に寄り添う形でなされている。1か所（「血の滴りの速度」を「ボクシングの激動のスピード」と対照させ「人間の肉体の衰退の正確なリズム」を伝える描写がそれである）語り手の視座からの描写に切り替わるものの、ほとんどの場面では峻吉の視点から試合が描かれており、さらにこの峻吉の思考は、読者の側から見ると滑稽に映るように〈描写〉されている。つまりこれは実際のボクシングの〈再現〉ではなく、山崎義光が述べる「二重化のナラティヴ」、「物語られている登場人物の視点と、それを受け取る読み手の視点とで、二重化された異なる意味を派生する物語の叙法[15]」なのである。その後、『美しい星』で全面的に展開されるこの叙法を用いて、三島はボクシングを記述するというわば〈実験〉を行っていたのである。

3. 寺山修司・安部公房・前田隆之介
――メディア環境の変容と声の実験――

三島を論じた部分でも触れたが、ボクシングを小説で表象しようとする場合、もっとも問題になるのは、小説や詩は、漫画やアニメーションのようなビジュアルを駆使できるジャンルに比べて、①高速度の運動を表象するのに不向きであり②同時に複数の場面を表象することが困難であるため、試合の場面が単調な描写にしかならないということである。

小説は、線状的な物語の進行に依拠するため複数の場面の重ね合わせが描きにくく、また運動の再現＝表象に様々な制約をもつ。ボクシング小説では、物語の線状性のなかで運動を表象せざるを得ないため、アニメーションで行われるようにボクサーやセコンド・観客の複数の心理や動作を同時に重ねることは出来ない。

例えば、小説内で複数の場面を同時に表象しようとした試みとして、サルトルの『自由への道』がある。三島もこの作品を『現代史としての小説[16]』において論じているが、中村真一郎が明快にまとめているように、この作品でサルトルは複数の場面を同時に描こうとしている。

「モーリスはちがうといったというのは、療養所内の全然別な部屋でいったことばを、時計の上の同じ時間ということで一つの文章の中に入れたのです。つまり、このようにして、同時性ということを徹底的にやっているのです。この同時性ということは、読者にとってどう受け取られるかといいますと、ミュンヘン会議という世界史上のひじょうに大きな問題の頂点にさしかかったさなかに、お菓子だとか、男と女がどうだとか、いかにも小さなことに各人物がこだわっている状況を書かれると、かれらのかかずらっていることの小ささが、ひじょうによくわかる、ということです[17]。」

しかし、現在の映像社会においては、こうした「同時性」の試みは動画投稿サイトなどで見られるように複数の動画を分割画面で同時に延々と表象することで簡単に実現してしまう。また、サルトルと同様の試みをボクシング小説で行ったとしても、単に読みにくくなり、読者はキャラクターに感情移入できなくなるだけである。

ボクシング小説では、物語の線状性のなかで表象せざるを得ないため、ボクサーやセコンド・観客の複数の心理や動作を同時に重ねることは出来ない。

一般に、小説で運動の場面を表象する場合には、心理描写や内省の中に運動の再現＝表象を溶かし込んで処理するという方法が使われる。これはマンガやアニメーションがむしろ不得意とする方法である。大塚英志はこのように述べている。「この場面（中上の『軽蔑』の一場面―引用者注）が文学上表現しているはずの主人公の自己意識の在り方を劇画という形式に落とし込めないのである[18]」。

つまり小説で当たり前のように用いられている内面的な自己意識の表象を劇画はその形式の中で処理することができない。三島は「登場人物が口を封じられたら、それこそ小説の独壇場で、心理描写といふ武器を駆使して、縦横に各人物の内面を探ることができる。だから私は、どんなに芝居、映画、テレヴィジョンの時代になつても、小説のためだけに残された人間の領域はあるといふ考へである。」（32、p.608）と述べている。この「心理描写」が「小説のためだけに残された人間の領域」であるという主張は大塚の議論と実は同様の論理に基づいている。

ボクサーが上り坂の若い選手と闘うまでの心理の動きを、ジムの会長らの発話や過去の記憶と内省とをおりまぜながら書いた作品として前田隆之介[19]『堕ちながら』（1970・8『文学界』）がある。「わかんなくなってきちゃうよ、いやになるよなあ、早いとこやめなきゃあ。いいパンチもらったら素直に寝ちゃわなくちゃあ……いけね、杉野さん怒ってるみたいだ。花井の左アッパーですね？　右へダックして右フック、わかってんですよ。」（p.162）という記述を見ればボクサーの動作やセコンドの指示が内省と溶け合わされることで巧妙な洗練された表現となっていることがわかる。前田は、三人称でボクサーの西森やトレーナ、対戦相手を描く技法と西森の試合中の意識に密着した技法を交互に組合せながら作品を展開し、バランスの取れたボクシング小説を書くことに成功している。

こうしたボクシング表象の内省による処理には先例があり、安部公房の『時の崖』（『文学界』1964・3）がその先例に当たる。安部はこの作品でボクサーの意識の流れをセコンドの声と対比させながらラウンドごとに表象しようとしている。『時の崖』をそれに先立つラジオドラマ『チャンピオン』や戯曲『棒になった男』と関連させて詳細に検討した鳥羽耕史は、『時の崖』では「複数の声が響いていたラジオドラマ版よりも徹底して単声的になっている」が、「失われた声や声の回復を試みるかのように、様々な「音」に言及していく」「第三者の立場から他者としてのボクサーを代理表象するるのではなく、他者の言葉自体を用いて語る実験」を行っていたという興味深い指摘を行っている。(20)

いわゆる「読みやすさ」では、「第三者の立場から他者としてのボクサーを代理表象」する三人称での記述とボクサーの意識に密着した手法を併用した前田の作品に軍配が上がるが、前田に先立つ安部の作品では、「徹底して単声的にな」るしかない小説の叙述の特性をいわば逆手にとって、メディアの質の差をも考慮した他者の声の表象の〈実験〉が行われていたわけである。60年代においては、50年代の、社会を記述するための素材として書かれた側面を持つ井上らのボクシング小説とは違った形で、ボクシングが小説の手法の実験を可能にする触媒として扱われ始めたことをこの事実は物語る。それはいわばメディア環境の変化と不可分である。

ほぼ安部の作品と同時代において、寺山修司は「ファイティング原田への手紙」（『勝者には何もやるな』立風書房、1993）という一文の中で、まさにメディアの問題をボクサーと絡めた興味深い考察を行っている。

そこで寺山は、「君の一回の笑顔が百万台以上のテレビの中で百万以上の笑顔になり変わり、君の一回の敗北は百万以上の敗北になっていたのだ。きみは、栄光の場におどり出るやたちまち、実像であることをやめ、虚像として生きることを強要され、君のきわめて個人的なうらみつらみは、視聴者全体のうらみつらみになり変ってしまった」（p.83）「虚像として生きることは」「平均に復讐」する「君の夢だったのかも知れない」（p.84）「きみたちは、虚像として人格化し、「僕であるということだけ」の意味について深く悩みながらでも、マスメディアの中に生活の軌跡をえがいていくしかない。」（p.86）と述べる。

ボクサーを取り巻くメディアや観衆によりその「像」が投影や増幅によって変容をきたすこと、それが観衆に望まれ、また選手もそのことをすでに計算に入れていることをはっきりと理解したうえで寺山の文は書かれている。

寺山がこうした「像」の変容と氾濫を意識したうえで、ボクシング表象を創作において実践して見せた試みとして長編小説『あゝ荒野』（1966）がある。『あゝ荒野』は、「バリカン」と呼ばれるボクサーが主人公だが、各章の冒頭には寺山の短歌がエピグラフとしておかれ、さらに小説の中に当時の流行歌やテレビCM、週刊誌の記事、さまざまな書物の一説の引用が挟みこまれることで、さまざまなジャンルの断片が作品の中で乱反射し、抗争を行うように配列されている[21]。

　登場人物の心理や行動もまた、映画などに触発されて動き出し、かつそれと二重写しにされて表象されることで、通常の自律性を失い、他律的な存在として描きだされる。宮木太一は、映画館での女優の言動に合わせるようにして自慰行為を行い、「虚像と実像との一瞬の倒錯を、オルガスムとしてとらえる」（p.51）人物であり、新宿新次は流行歌のフレーズに反応し、芳子は渥美清のファンで性的なものにしか反応しない女である。新次が競馬場で「人間同士のレース」を予想する場面ではご丁寧に競馬新聞の紙面の形式でそのレースに出走する人間たちが描かれている（p.140）。

　登場人物の設定も「川崎敬三（そっくり）」などというシュミラクルそのものともいえる人を食った人物が登場するなど、設定そのものが「古典的な人間の葛藤」「自然主義の手法」から逸脱したものとしてなされている。登場人物の台詞はところどころゴチックで強調され、いかにも意味ありげな内容に見えているが、しかしその強調自体がその実、台詞を滑稽に見せる効果を生んでおり、さらに寺山の短歌のエピグラフも同様にゴチックで強調されていることで、どれが重要なメッセージなのかが容易に判別できないように表記されている[22]。

　肝心のボクシングの試合の表象は、試合の描写の中に回想場面が挿入されたものとなっており、この手法はさきの前田隆之介の取ったものと同様である。しかし、その心理がすでにメディアや情報によって他律的受動的に動くものに変貌しているため、そこでのボクサーはいわゆるノンフィクションの描き出すボクサーの実存とは異なるシュミラクルと化している。

　この作品については、秋吉大輔の詳細な検討がある[23]。秋吉は一九六〇年代のコミュニケーションの変質という観点から、「活字を規範とした「ことば」でのコミュニケーションでは、特権的な「個人の情欲」や自己の意味を示し得ず、「規格品」（情報）の交換に過ぎなくなってしまう」とし、そうした状況を打破するための戦略として用いられたのが主人公「バリカン」の「吃り」という設定であり、そこで寺山は「ことば」以外のコミュニケーションを求めており、その一つがボクシングという「「暴力」としてのコミュニケーション」であったと述べている[24]。

　この寺山の問いかけは、安部が敏感に察知していたメディア環境の変容と声の変質と相まって90年代に別の展開を見せる。その徴候が中上健次である。

4．中上健次『南回帰船』と『異族』
――「平面のサーガ」という格闘――

では、90年代以後の文学において、しかもサブカルチャーとの越境が指摘される時代においてボクシング表象はどのような軌跡をたどり、どのようにその時代の表現の困難さを映し出しているのだろうか。

中上健次の遺作ともいえ、また『異族』と対として論じられることもある『南回帰船』は劇画の原作として書かれたという点でも興味深い作品である。この作品には主人公とマイク・タイソンとのボクシングシーンが描かれる。この原作と劇画版を対比しながら大塚英志と大澤信亮が、漫画というジャンルにおいては中上の物語批判の戦略を担う文体がひとつ残らず裏切られ機能しなかったこと（大澤の言う「象徴の失調」「独白の違和」血縁関係を統御できない「設定の杜撰」）、またその事態を中上自身がかつての谷崎論（「物語の系譜」『風景の向こうへ』）で完全に「予言」しているにもかかわらず――「これはそのままマンガというジャンルに対する本質的な批判になっている」（大澤）――劇画的世界を超える実践を生み出せなかったことを述べている。[25]

原作版『南回帰船』のボクシングシーンを見ると、「タイソン打つ。竹志とタイソンのパンチがクロスする。さらに打ちかかるタイソン。圧倒的なタイソン。タイソンのパンチ。竹志のパンチ。タイソン気づく。何か変だ。」（『南回帰船』p.102）といった極度に平板な記述が続き、「タイソンが弁慶の典型なら武志は義経。以上のことを描写の中に込めてほしい」（p.107）という抽象的に過ぎる作画への指示などボクシングの表象以前にボクシングの技術や戦略自体を理解していないとすら思える記述が目立つ。原作版『南回帰船』での中上のボクシング表象には、三島のボクシング観戦記のような作品の戯画的〈描写〉を担保する別の着眼が一見ないように思える。そのため、そこに自分なりのボクシング観の裏打ちや作中でなされたデフォルメや図式化の意図が感じられず、ひたすら平板な行為の抽象化が目立ち、さらに試合そのもの（ボクサー固有の動きや戦略など）はまるで描けないという悪循環が起こっている。[26]

劇画版のたなか亜希夫の（おそらくはタイソンの試合映像などをつぶさに検証したと思しき）選手の体重移動や構図にまで目配りの利いた造形（『南回帰船3』１９９０・11・19、双葉社、p.150～222）と比べるとその点は一層際立つ。何よりも中上が10ページ足らずでしかもほとんど行為の羅列と抽象的な指示のみで処理しているボクシングシーンをたなかが72ページも費やして展開していることに両者のボクシング表象への意識と表象の濃度の違いが垣間見える。たなかの方が中上に比べてははるかに試合場面を情報が多くかつ「リアル」に書くことに成功しているのであり、この点はむしろ、小説と劇画のジャンル間の差異に基づく。つまり劇画の方が明らかにボクシングをはじめとしたスポーツを表象するには有利なのであり、たなかと中上の技術の差ではない。

三島が『鏡子の家』で用意したような戯画的表象とそれを支えるナラティヴの特性（二重化のナラティヴ）と同様のものを仮にこの時期の中上に求めるとすれば、それは『南回帰船』と同時期に書かれた『異族』との対応によって補われる。「彼は逆に異族のなかで、人物と場所の描写にあえて平板で典型的なパターンを採用する。」「使い捨てで交換可能の存在とみなされた物語[27]」と四方田犬彦が呼んだ『異族』との対比である。

そこではいとうせいこうの言う「平面のサーガ」への移行と模索がある。いとうせいこうは中上の『異族』についてこのように述べている。

「改めて『異族』を読み直しながら、私は激しい当惑と妖しい親近感に引き裂かれ続けた。」「私には、その時中上がもう一つの隠された先行テクストをめぐって構想を練っていたように思われてならない。それが三島由紀夫の『豊饒の海』四部作であると言ったら、それこそ奇想天外な物語に聞こえてしまうだろうか。」

「同一なるものが異なった時空間に現れることと、同一なるものが分裂すること。この二つの概念の間には一見大した差異がないように思われるが、その微妙な違いにこそ、私は『異族』のすさまじい思想的格闘を垣間見るのである。なぜなら、後者の選択においては時間が捨象されてしまうからだ。言うなれば、物語を薄っぺらな空間の上に置き、徹底的に平面化せざるを得なくなるのだ。」

「そこで、我々は深い疑問にとらわれざるを得ない。この徹頭徹尾意識的な選択はいったい何を意味しているのだろうか。なんのために中上は時間という縦軸を捨象し、路地以外の空間という横軸だけをもって小説を形成しようとしたのか。」

「むしろ、中上は自分から小説の中の路地を捨てる決意をし、まったく新しい小説にとっての土地論を展開しようとし始めたのである。その場所が時間を持たず、空間としてもあくまでのっぺりとした平面であったことは、何度考え直しても私を戦慄させてやまない。おそらく、中上は『異族』をラディカルなサーガとして構想したはずなのだ。フォークナーの営為を超えるような決定的に新しいサーガとして[28]。」

その証左はいとうも引用する『異族』の次の一節にある。

「路地には空間も時間もない。」「その時空間のない、もしあったとしてもはなはだしく歪んだ路地からタツヤは出てきた[29]。」

「このめくるめく分裂を最終的に統御してみせるかが、

書かれていない『異族』の終結部の最大の謎であり、まったく新しいサーガの成否を決定するものだろう。土地批判としてのサーガを希求した中上が、物語駆動の力を平面的分裂に置いたことはテクスト上間違いないからである。[30]」

いとうが示したような「時間という縦軸を捨象し、路地以外の空間という横軸だけをもって小説を形成しようとした」中上の認識のもとでは、先の寺山の作品の「川崎敬三（そっくり）」のようなシュミラクルを用いた記述戦略は批評的強度をもち得ない。「時間という縦軸」、すなわち歴史性が剥奪されすべてが「平均化」した「声」になってしまえば、そこでの「声」はただの「数えられるもの」でしかありえず、オリュウノオバのようなシャーマン的主体の「召喚」はただの「交換」でしかなくなるからである。

いってみれば、寺山が60年代に直面していた「活字を規範とした「ことば」でのコミュニケーションでは、特権的な「個人の情欲」や自己の意味を示し得ず、「規格品」（情報）の交換に過ぎなくなってしまう」という問題が、90年代以降はより先鋭化した形で表現者たちを襲っているのであり、それに対する中上の応答が、まさしくいとうが言うところの「平面のサーガ」なのである。

近代の主体概念を前提とした小説のナラティヴの戦略が空転する、すべてが「交換可能」になったひたすら「平面的な」場所。それこそが中上が90年前後に立ち向かい格闘せざるをえなかったものである。[31]

元来、中上は接続詞をあまり使わない作家だが、晩年の作品では、接続詞を徹底して減らすだけでなく、初期作品（『岬』『十九歳の地図など』）では過去形で使われることが多かった動詞を終止形で使い、中期作品のような長文の中で直喩を交えて複数の動作を重ねる試み（『重力の都』など）も極力控えられ、因果関係の不在や行為の連続性の切断を強調することで、三浦雅士の言を借りれば「あたかも現在のみを映し続けるほかない映写機のように、物語は「いま」という瞬間に固執し続ける[32]」。

「あたかも現在のみを映し続けるほかない映写機のように、物語は「いま」という瞬間に固執し続ける」ことにより、小説は先に触れた「動画投稿サイトなどで見られる複数の動画を分割画面で同時に延々と表象する試み」に限りなく接近する。

こうした「「いま」という瞬間に固執し続ける」問いかけは、まさに情報化時代の問いかけであり、リオタールが現代社会における崇高の不在として、次のように論じる問いでもある。

「情報は、伝達され共有されるやいなや、情報であることをやめ、状況についての一つのデータとなるのであり、「すべてはすでに言われ」、つまりみんな「知っている」のです。情報は記憶装置に蓄えられます。情報が占めている持続は、いわば瞬間的なものです。二つの情報の間には定義上何も起りません。[33]」

「電話やテレビや電子望遠鏡の受像機に向かっているときに、「ここ」が指し示すものは何でしょうか。そして「今」とは何を指示しているのでしょうか。「テレ」tele-という構成要素は現前を、つまり諸形式とその「肉体的」受容との「今―ここ」を必ずや混乱させないでしょうか。到来するものを無媒介的に「受苦すること」の中に根付くことのない、場所、時間とはいったい何でしょうか。コンピューターはなんらかの仕方で、ここに今あるのでしょうか。コンピューターによって何かが「到来すること」はあり得るのでしょうか[34]。」

さらにその問いは、ハイデガーのかつての問いを引き継ぎ、またまさしく三島由紀夫が直面した問題でもある。

「右の出来事の目印は、いまや多種多様な形と装いのもとに、巨大なものが至る処に出現している事実なのです。この巨大なものは、その姿を変えて、極微なものの方向にも現れています。たとえば、原子物理学における数のようなものでありましょう。この巨大なものは、一見それ自身を消滅せしめるような形においても、現れています。巨大な距離は航空機によって克服されます。また遠い世界の日常の出来事が、ラジオをちょっとひねれば、忽ち現れてきます[35]」

「この世界はすでに汎神論的多次元的世界である。空間的には人は同時に地上の二点を占めることはできぬ、しかしわれわれはわれわれの不在のあいだも、インドの存在を擬制上信じてゐる。地球の丸いこととその感覚的把握（人工衛星写真）、時間的には、又人々は自己の願望に合せてさまざまな世界像を描き、未来を wishful thinking により思ひ描く。これは人間のもつとも強烈な抗すべからざる衝動である。しかも歴史は、ある人々の願望にこたへ、ある人々の願望にそむきつつ進行する。いかなる悲惨な未来といへども、万人の願ひを裏切るわけではない。昔は遠い存在は時間を含んでゐた。同時的把握による世界像は小さかつた。テレビの発達は同時的世界像を提供し、時間を蝕んでしまつた。視聴率は時間的営為にとつて代る[36]。」

和田伸一郎は、こうした電話や映像などによって引き起こされる現前性とは異なる経験を、ハイデガーとヴィリリオを踏まえて、存在論的〈不安〉ととらえ、その経験を「「ここ」にいながら、現実に「ここ」にいる意識を剥奪されているというダブルバインド[37]」と呼んでいる。そしてヴィリリオが述べる歴史の変容、具体的には「今日の編年史＝時評とは、その情報が最大限に枝葉を削除され、あらかじめ消化されやすくされて差し出されている素材です。歴史とは、物語を通して、そして出来事に参加したことを証言している個人個人の記憶を通して形成されるものでした。ところで、今日では、メデイアは物語の形ではたらくのではもはやなく、フラッシユやイメージの形ではたらいています。[38]」といった歴史表象の変容は、「テレビ画像のリアルタイムの「今」の専制」（和田）[39]によって「歴史のクロノロジカルな層の捨象を引き起こす」ものである。[40]

すべての批評的契機を消去してしまうこの高度情報化社会の「平面性」「同時性」のなかで、いかにして物語を生成させるか。『南回帰船』の平板な行為の記述はこうした視座から見直してみることが必要となる。それは「三島由紀夫以後・中上健次以後」の文学の可能性を改めて問い直すことでもある。

5．2010年代のボクシング小説
――「同時性」への問いから「世界内戦」へ――

こうしてみてくると、戦後のボクシング小説は、はからずも、それぞれの時代の変容に敏感に反応した作家たちによって、野心的な作品での題材として選ばれてきたことがわかる。では、2010年代の文学においては、ボクシングはどのように扱われているのだろうか。

女性作家がボクシングという素材を真正面から扱った作品として角田光代『空の拳』（日本経済新聞出版社、2012）がある。[41]文藝に関わりたいと出版社に入社した那波田空也が縁もゆかりもなかったボクシング雑誌の記者にされてしまい、一から取材と勉強を始めるというプロットが秀逸であり、この設定によって読者は空也の視点に寄り添って、ボクシングを「学習」し「成長」することが可能となる。試合の場面も新米記者である空也がセコンドと観客と選手をそれぞれ描写することによって、多角的な、それでいて単に客観的なだけではない、熱のこもった描写が可能となっており、選手一人の内面に密着しようとした他の作品とは視点の取り方が異なっている。「ボクシング小説では、物語の線状性のなかで運動を表象せざるを得ないため、アニメーションで行われるようにボクサーやセコンド・観客の複数の心理や動作を同時に重ねることは出来ない」という困難を、角田は「新米記者が学習しながら（視線を試合のみに集中させず、試合以外の光景にあちこち移動させながら）ボクシング観戦する」という設定を用いて巧妙に処理している。

文学青年であった空也にとって「自分が触れてきたのは、生身の人間より圧倒的に小説や映画の方が多」く、現実の「平凡や退屈やありきたり」はこちら側にあり、「悲喜劇、美談、衝撃、謎や運命」は「フィクション」の側にあるものだった。[42]しかし、自分が取材する少年院帰りのボクサー「立花」が、「あちら側」の人間ではなく、現実に目の前にいることに空也はある種の感動を覚える。三島や寺山ならば立花の側から描いたであろうこの物語を角田は取材者の側から書いている[43]。この作品の手触りは、ボクシングジムの取材を行ったノンフィクション作品のそれに近い[44]。そのため、読者は無理なくボクシングを巡る群像に感情移入できるのである。

鈴木一功『ファイティング40　ママはチャンピオン』（新潮社、２０１６）は、劇団主催の男の若い妻がふとしたことから始めたボクシングに熱中し、そこで素質を開花させ、ついにはプロボクサーになって世界タイトルマッチにまで上り詰めてしまう顛末を夫の目から軽妙に描いた作品である。

平林の『殴られるあいつ』のなかでは、幕間の座興扱いだった女子ボクシングは、ここでは正面から描き出されており、〈妻の隠れた才能の覚醒を半信半疑で見守る夫の語り手〉という設定が絶妙に効いている。また、寺山の作品では、変転する町新宿の騒乱のなかにあった東京の街並み[45]は、「居酒屋」を含みこむノスタルジックな憧憬のまなざしの中で表象される。ただし、夫が「デイホーム（老人介護施設）なるものの送迎車運転のアルバイト」（p.64）をしながら失業と隣り合わせで演劇活動を続けているという設定は、60年代とは異なった２０１０年代の社会のリアリティを感じさせるものになっている。

寺山が「虚像として生きる」存在としてとらえたファイティング原田は、この作品では語り手である夫が少年期に「世界チャンピオンのファイティング原田のいたジムが私の住む町の近所にあった」という少年期の思い出の核として作品の時間の起源に埋め込まれており、作品の語りにおいても、寺山が行ったような前衛的な試みはなされず、テンポのいい喜劇―試合の翌朝には妻と夫が弁当を作る場面が細かく描かれ、コミカルな効果を持つ―として作られている。

しかし、40歳の主婦の世界タイトルマッチ挑戦は、この作品では、テロと格差が渦巻く社会での格好のネタとして取り扱われ、世界タイトルを争うフイカ選手との戦いは、三島が「時しも五月。五月人形みたいな、金太郎みたいな原田が勝った」という歓喜に満ちた観戦記を書いたエデル・ジョフレ対ファイティング原田戦（１９６５・５・17、愛知県体育館）と重ね合わされており（p.110）、試合もダウン応酬の名試合として描かれ、「ファイティング原田」という「虚像」はこの作品の核として機能している。

著者の鈴木は、先に述べた安部公房の『時の崖』を原作とした舞台「ボクサー」への出演経験を持つ俳優兼劇作家でもあり、そういう観点から見ても本作は興味深い。おそらく三島や中上の近傍からはこうした発想――男性が妻のボクシングを見るという発想――は生まれなかったのではないかと思われるからである。

この二作品は視点の取り方と設定が絶妙であり、巧妙に作られた良作ではあるが、それがゆえに、三島や中上や寺山や安部が追求し格闘した世界の「平面性」「同時性」への問い、高度情報化社会の中で小説をどのように表象し得るのかという重い問いかけは、感じられない。つまりあまりにも「読み易すぎる」のである。

先にサルトルの『自由への道』の「同時性」の表象の実験について触れ、そうした試みは自宅のパソコンで同時に複数の動画を同時に気軽に放映できるようになった現代では、斬新さを失っているということを論じたが、2015年にボクシングに絡めてそうした「同時性」の試みを再度行おうとした野心的な作品がある。

内村薫風「MとΣ」（『新潮』2015・3）は、1990年2月11日――先に中上の『南回帰船』の分析で触れたマイク・タイソンが東京ドームでジェームス・バスター・ダグラスにKOされた日――に起こった複数の出来事（ネルソン・マンデラの開放や秋葉原でのカツアゲ、ドラゴンクエストⅣの発売など）を20年後の視点から回顧し、かつ複雑に組みあわせた作品である。

中上においては「マイク・タイソンをそのままキャラクターで出すとかひどいでしょう[46]」、「このような固有名詞の用いられ方はこの作品が小説であったとしても殆ど致命的である[47]」「限りなく陳腐であったにもせよ[48]」と酷評されたマイク・タイソンの試合の表象は、ここでは複雑な語りの戦略の中に埋め込まれた野心的なものとなっている。

それは、前衛的な語りを採用しているから野心的なのではない。既に1960年代の段階でサルトルによって模索され、かつ、現在のメディア環境の中では素人の動画投稿の中でたやすく行われる試みを、あえて2015年に小説で行っているからこそ〈野心的〉なのである。

敗北後のタイソンは「これからの人生のほうが、戦いに満ちている」（p.179）と感じ、ネルソン・マンデラは人々の歓喜の声の中に「暴力のぶつかり合い、憎悪の風船による殴り合い」（p.188）がはらまれていることを知っている。そしてドラゴン・クエストの発売日に秋葉原でカツアゲされた内村は知人の女性にタイソンがダグラスからダウンをとった瞬間に秋葉原で「ハヤミさんが友達を殴った」のではないか、「このマイクタイソンさんのパンチが、離れた場所のハヤミさんを動かしたのかもしれない」と奇想天外な話を聞かされ、「そんなことは絶対に起きない」（p.193）といいながらも、その奇想天外な発想にとらわれている自分に気づく。

「スマートフォンをいじると、アメリカで、未成年の黒人を射殺した警官が無罪となったニュースが目に飛び込んできた。怒った黒人たちによる暴動が起きるのは不可避らしく、あとは聖火台への点火よろしく火が放たれるのを待つばかりなのかもしれない。懐かしのゲームをやった際に、自分が出した「さくせん」が、遠くで鳴り響くのを感じた。みんながんばれ。いろいろやろうぜ。そして、誰かが生き残る。[49]」

ここで描かれているのは、一見退屈な日常にはらまれた「戦い」、世界中で勃発している「内戦」の予兆を「同時性として」感じ取ることであり、それを「小説」という「懐かしのゲーム」の中で行うことである。それは中上の最晩年の未完の作品にこのような「世界内戦」（岡和田晃）の予兆が刻まれていることと同様である。

「耳を澄ますと、車のエンジン音や機械のモーターの音が、敵を機銃掃射するために何台も空にヘリコプターが舞っている音のように聞こえ、心のどこかで驚き、そして、そんなことは平和な東京ではありえないと打ち消す。ここはブエノスアイレスでもバイアでもない。東京の空には、騒々しい音を立てるヘリコプターもめったに飛ばないし、ましてや敵も、それを狙った機銃掃射もない。そう思い直し、殻を割って出た瞬間の雛のように眠りの体液で濡れたまま、急き立てるプロペラの音と、巻き起こった風に、身もだえし慌てふためきゆれる密林の樹木を想像し、愛撫しようと迫ってくる風、その音から逃れようとシーツに額をこすり付けて身をずらす[50]。」

「世界内戦」とは、カール・シュミットの著作に由来する用語で、「内戦」＝「組織化された単位内部の武装闘争」（『政治的なものの概念』）が全世界化したものとして定義されるが、笠井潔は「世界内戦」をベンヤミンの「神的暴力」、すなわち「自然状態＝戦争状態の始原的暴力[51]」と接続したうえで、二〇世紀以降を世界のあらゆる地点で「始原的暴力」が恒常化した状況＝「世界内戦」としてとらえ、この概念を文化・社会領域全般の問題へと拡張した[52]。

笠井や岡和田が述べる意味での「世界内戦」への問いは、すでに三島最後の短編である『蘭陵王』、徹底した宙づりの表象が特徴のこの作品の結末部において、「しばらくしてSは卒然と私に、もしあなたの考へる敵と自分の考へる敵とが違つてゐるとわかつたら、そのときは戦はない、と言つた[53]。」として提出されている。

ここではある「敵」の存在が名指されているのだが、これが「敵」の決定不能性を表すのか、あるいはあらゆる局面で「敵」「友」が峻別され分岐される状況を表すのか、それ自体が決定しがたいものとなっている。その意味で、この作品は宙づりの状態（冷戦期の思考）から、絶対的な敵を名指そうとする闘争、カール・シュミット的に言うならば、旧来の法規範が機能しなくなり、例外状態へと変化する「世界内戦」の状態への移行をあらわすものだといえる[54]。

岡和田晃が考察したように、伊藤計劃に代表されるゼロ年代以降の作家は、「激変する情報環境および生政治の変容についてのヴィジョンを作品内で明確に提示し、世界で多発するテロや紛争と現代の離人症的な精神性を結びつけ」るという作風において共通しており、それは彼らが「グローバリゼーションとネオリベラリズムに席捲された二十一世紀において、いかにして文学のアクチュアリティを確保できるのかという切実な問題」を共有していることからくる[55]。そうした作品は、恒常化した「自然状態＝戦争状態の始原的暴力」をいかにして記述するかという問いを内包したものとして理解されうる。つまり、すべてが戦争状態になるということは、「戦争が世界を一つに結び付けることで逆説的に戦争が不可能になる[56]」状態であり、そこでは内戦を戦う兵士とそれを記述する主体が（メタレベルに立てず）同一平面に立つことになり、その〈平面〉において複数の時間（過去・現在・未来）を重ね合わせた表象がいかに可能かが問われる[57]。

「世界で多発するテロや紛争と現代の離人症的な精神性を結びつけ」る、「グローバリゼーションとネオリベラリズムに席捲された二十一世紀において、いかにして文学のアクチュアリティを確保できるのかという切実な問題」を問うこと。こうした問いかけは、まさに「平面のサーガ」（中上健次＝いとうせいこう）以降の問いなのであり、内村があえて２０１５年に「世界同時性と戦いへの意思」を同時に小説の中で問うていることともつながる。

三島の、寺山の、安部の、そして中上の提出した小説への問いは終わっていない。内村の作品に見られるように円環は再びつながっているのである。「小説」という「懐かしのゲーム」で「さくせん」をいかにたてていくか。それは〈「世界内戦下」をいかに生き残るか〉という問いにも関わる喫緊の問いなのである。

「みんながんばれ。いろいろやろうぜ。そして、誰かが生き残る。」

（広島大学総合科学研究科准教授）

注1　拙著『三島由紀夫研究』（創言社、２０１０）。
2　占領下の文学の政治的文脈については日高昭二『占領空間の中の文学　痕跡・寓意・差異』（岩波書店、２０１５）。
3　郡司信夫『ボクシング百年』（時事通信社、１９７６、p.18）。
4　１９５１年に女性ボクサーによる興業が行われたことが郡司前掲書 p.253～254に書かれている。また、フィリピン選手の戦中戦後の活躍についても郡司同書参照。
5　この部分の記述は拙著『三島由紀夫研究』所収の論文「三島由紀夫における「闘争のフィクション」―ボクシングへの関心から見た戦略と時代への視座―」と部分的に重複している。
6　この点については郡司前掲書 p.191～192。
7　伊藤整らの「純文学変容論争」については多くの研究があるが、接近しやすいものとして小林信彦『小説世界のロビンソン』（新潮社、１９８９）、松本清張に関しては藤井淑禎『清張ミステリーと昭和三〇年代』（文春文庫、２０００）、『松本清張研究』（北九州市立松本清張記念館）所収の諸論文を参照。
8　少し時代は下るが、東映のやくざ映画や渥美清らが出演していた戦後喜劇映画などを想定したほうが分かりやすいかもしれない。こうした作品群については小林信彦『おかしな男　渥美清』（ちくま文庫、２０１６）。

9　源氏鶏太のサラリーマン小説については、坂堅太の研究を参照。坂堅太「二重化された〈戦後〉：源氏鶏太『三等重役』論」（『日本文学』２０１５・２）、同「東宝サラリーマン映画の出発：家族主義的会社観について」（『人文論叢　三重大学人文学部文化学科研究紀要』２０１６）。

10　この節での議論は拙著『三島由紀夫研究』所収の論文「三島由紀夫における「闘争のフィクション」―ボクシングへの関心から見た戦略と時代への視座―」と部分的に重複している

11　この点について前掲拙稿「三島由紀夫における「闘争のフィクション」」参照。

12　三島由紀夫『裸体と衣装』（『決定版三島由紀夫全集』30、新潮社、p.82）

13　浅田彰・島田雅彦『天使が通る』（１９９０、新潮社、１９８８）。

14　三島由紀夫『鏡子の家』（『決定版三島由紀夫全集』7、新潮社、p.270、273）。

15　山崎義光「二重化のナラティヴ―三島由紀夫『美しい星』と一九六〇年代の状況論」（『昭和文学研究』43、２００１・９）。山崎のこの概念を用いて三島の諸作品を分析したものとして前掲拙著『三島由紀夫研究』。

16　初出１９６２・10・９～10「毎日新聞」。

17　中村真一郎『現代小説の世界』（講談社、１９６９、p.183）。

18　大塚英志「まんがはいかにして文学であろうとし、文学はいかにしてまんがたり得なかったか」『サブカルチャー文学論』朝日文庫、２００７、p.104）。

19　前田はこの年の文学界新人賞を『使徒』で受賞した新進作家であり、この『堕ちるまで』が受賞後第一作である。前作を酷評した江藤淳も時評で、「措辞が時々常套句に流れる欠点をのぞけば、思わず引きつけられるだけの筆力がある。こうした素材を十数年前に開拓したのは石原慎太郎氏であった。振り返ってみれば、ボクサー小説もずいぶん洗練されたものである。」（江藤淳『全文芸時評』上、p.448、新潮社、１９８８）と一定の評価を与えている。

20　鳥羽耕史「メディア実験と他者の声　安部公房『チャンピオン』と『時の崖』」（鳥羽耕史『安部公房　メディアの越境者』森話社、２０１３、p.342-343）。

21　本作品についての研究として秋吉大輔「寺山修司『長篇小説　あゝ、荒野』論：一九六〇年代の大衆消費社会におけるコミュニケーションをめぐって」『昭和文学研究』69、２０１４）。

22　この部分の分析は拙著『三島由紀夫研究』所収の論文「贋の偶像」としてのボクシング表象あるいはジャンルという抗争」と部分的に重複している。

23　秋吉大輔「寺山修司『長篇小説　あゝ、荒野』論：一九六〇年代の大衆消費社会におけるコミュニケーションをめぐって」『昭和文学研究』69、２０１４）。なお、同作品を古川日出男と比較しながら論じたものとして中俣暁生「この街のすべてがポップなゴミでできていることは、なんてつまらなくも素敵なことだろう」(『ユリイカ』2006・8)。
24　秋吉前掲論p.115、120。秋吉の指摘で興味深いのは雑誌連載当初は「バリカン」は「吃り」ではなかった―つまり記述しながら見いだされたもの―という点である。
25　大塚英志「まんがはいかにして文学であろうとし、文学はいかにしてまんがたり得なかったか」『サブカルチャー文学論』(朝日文庫、2007)、大塚英志「解題2　中上健次劇画原作『南回帰船』及び『明日』について」(中上健次『南回帰船』角川書店、2005)大澤信亮「マンガ・イデオロギー特別編」(『COMIC新現実』VOL6、2005・8)。
26　この部分の分析は前掲論文「「贋の偶像」としてのボクシング表象あるいはジャンルという抗争」と部分的に重複している。
27　四方田犬彦『貴種と転生　増補改訂版』(新潮社、1996、p.342)。
28　いとうせいこう「平面のサーガ」(『中上健次全集12巻』月報、集英社、1996)。
29　中上健次『異族』(『中上健次全集12巻』集英社、1996、p.613-614)。
30　いとうせいこう「平面のサーガ」(『中上健次全集12巻』月報、1996)。
31　この主題をいとうせいこうがいかに継承したかについて拙稿「現代小説を題材に「核」と「内戦」について考える：三・一一以後の原爆文学と原発表象をめぐる理論的覚書(その3)」(『原爆文学研究』13、2014)。
32　三浦雅士「私という空虚」(『中上健次全集』13巻月報、集英社、1996)。
33　J・F・リオタール「崇高と前衛」(『非人間的なもの』法政大学出版局、2002、p.142)。
34　J・F・リオタール「コミュニケーションを欠いた―コミュニケーションとしての何ものか」(『非人間的なもの』法政大学出版局、2002、p.159)
35　ハイデガー『世界像の時代』(理想社、1962、p.38)。
36　三島由紀夫「『暁の寺』創作ノート」(整理　佐藤秀明)(決定版三島由紀夫全集14、p.813)
37　和田伸一郎『存在論的メディア論』(新曜社、2004、p.36)。
38　ポール・ヴィリリオ『電脳世界』(産業図書、1998、p.65)。
39　和田前掲書、p.48
40　この問題を三島由紀夫がどのように処理したかについて拙稿「無根化されるジャンルあるいはキャラとしてのゾーエ――三島由紀夫の二重の批評性について」『三島由紀夫研究』11、2011)。
41　なお、本作の続編として角田光代『拳の先』(文藝春秋、2016)がある。この作品については、機会を改めて考察したい。
42　角田『空の拳』p.155。
43　角田自身もボクシングを習っており、『ボクシングマガジン』に「ボクシング日和」と題するエッセイを連載している。
44　例として後藤正治『遠いリング』（講談社文庫、1992）や沢木耕太郎『一瞬の夏(上)(下)』（新潮文庫、1984）などがあげられる。
45　この点については、前掲秋吉論文での検討（p.117-120）を参照。
46　東浩紀・前田塁「父殺しの喪失、母萌えの過剰」（『ユリイカ　特集中上健次』（2008・9）。
47　大塚英志「まんがはいかにして文学であろうとし、文学はいかにしてまんがたり得なかったか」（『サブカルチャー文学論』朝日文庫、2007、p.96）。
48　高澤秀次「解題1南下するタンポポの種子を追って」（中上健次『南回帰船』角川書店、2005、p.230）。
49　内村薫風『MとΣ』（新潮社、2015、p.195）。
50　中上健次『熱風』（『中上健次全集13巻』p.497）。
51　笠井潔『例外社会』（朝日新聞出版、2009）。
52　この問題と三島『文化防衛論』との関係について拙稿「『世界内戦』の時代の『文化防衛論』」（有元伸子・久保田裕子編『21世紀の三島由紀夫』翰林書房、2015）。
53　三島『蘭陵王』（『三島由紀夫全集』20、新潮社、p.571）
54　この点についてより詳しくは拙稿「三島由紀夫以後・中上健次以後・伊藤計劃以後」（『層』第9号、北海道大学大学院文学研究科映像・表現文化論講座編、ゆまに書房、2016）。
55　岡和田前掲『世界内戦と「わずかな希望」』（アトリエサード、2013）。
56　「樺山三英×岡和田晃　歴史と自我の狭間で『ゴースト・オブ・ユートピア』とSFの源流」（岡和田前掲『世界内戦と「わずかな希望」』p.70。
57　こうした状況を表象した作品として樺山三英『ゴースト・オブ・ユートピア』（早川書房、2012）。また、中上健次やいとうせいこうらを対象としてこの問題を問うたものとして拙稿「現代小説を題材に「核」と「内戦」について考える――三・一一以後の原爆文学と原発表象をめぐる理論的覚書その3――」（『原爆文学研究』13、2014・12）。

特集　三島由紀夫とスポーツ

〈ネタ〉と〈ベタ〉の往還――三島のスポーツ言説文法という視座――

疋田雅昭

アジアの東　東京の
秋十月の空の色
澄んで清いぞ　抜けるほど。

オリンピックが始まるぞ
若い生命の祭典だ、
五大州　人類と政治乗越えて
七つの海を越えて来て
ここ東京に集まつて
世界の人の目の前で
人間の　可能の限度試しあい
技と力を競いあう
全人類の祭典だ。

堀口大學の「燃えろ東京精神」（『読売新聞』一九六四年一〇月一日（以後、年月がない日付は同年十月―論者注））は、この開会式に寄せられた文学者たちの文章の最も典型的なものである。「青空（秋晴）」から始まり、様々な政治上の問題を乗り越え、平和の祭典としての聖火台に感動し、東京に集う平和の祭典に酔いしれる……。これは、もちろん批評性として優れているという意味ではない。

中国や北朝鮮のボイコットをはじめ、このオリンピックでは乗り越えられなかった多くの確執があったことを、「青空（秋晴）」、「万国旗」「人類」というキーワードで覆い隠そうとする様相は、「文学」的感動がどういった形で利用されるかという「教科書」の様なものであるし、その内容の器となる韻律を始め様々な詩的要素を考慮に入れても、詩としての出来がいいとは言えない。この点においては、十一日の『朝日新聞』に詩を寄稿した井上靖「開幕」も、NHK制作の「オリンピック東京賛歌」における佐藤春夫の作詞も、口語調文語調の違いこそあれど異句同音であったと言ってよい。

1. 東京オリンピックへの三島のまなざし

一方で散文はどうであったのか。井上靖は先の詩を投稿した十一日の『読売新聞』に「オリンピック・開会式を見る」という文章を寄せているが、これも、各入場団の様子を克明に描写し、それぞれの色彩上の美しさをそのまま国際的な平和の祭典の象徴としてスライドさせるという最も多いパターンの言説である。

獅子文六「開会式を見て」（『東京新聞』十一日）は、開会式の様子を描写しながらその細かい部分を指摘し、最後に「貧乏人が帝国ホテル」で挙げた「結婚式」という表象で揶揄したものだ。獅子の言い方は、やや嫌みが過ぎるが、大事業を成し遂げて取り敢えず安堵したという評価は、石坂洋次郎「開会式に思う」（『朝日新聞』十一日）などと共通した特徴を持つ言説である。

亀井勝一郎の「人類の花園」（『日本経済新聞』十一日）や小田実の「晴れていた」（「共同通信」十三日）、石川達三の「開会式に思う」（『朝日新聞』十一日）などは、井上のものと同様に入場の「色彩」を「国際」に重ねるというフォーマットの上に、インドネシアや北朝鮮、中国などの不参加問題に触れながらも、そこを「ルール」という言葉に集約させ、それ以上の言及は避けている点において共通している。

そんな中、三島由紀夫は、十一日の『朝日新聞』に「東洋と西洋を結ぶ火」という文章を寄せている。

オリンピック反対論者の主張にも理はあるが、きょうの快晴の開会式を見て、私の感じた率直なところは「やっぱりこれをやってよかった。これをやらなかったら日本人は病気になる」

ということだった。

ここに明記されてはいないが、オリンピックを「長年鬱積していた観念」と捉える三島の視点には、軍部政権によって戦前に中止されてしまった幻の東京オリンピック（昭和一五年）との接続がある様に思われる。もちろん、これは三島だけの感覚ではない。戦後の高度経済成長の証としての東京オリンピックという文脈にはどうしても、「もはや戦後ではない」という感覚がついて回るのであり、「東京」と「オリンピック」との接続には忘れられない歴史的感覚が召還されてしまう。

「東洋のギリシア人」という小泉八雲の言説や、クーランジュの『古代都市』（一八六四年）で議論された聖火が家庭における竈の火であったという言説を援用し、聖火の歴史を東洋と西洋が未分化であったという起源にまで「還元」し、東京の聖火を「西洋と東京を結ぶ火」とするレトリックは、あざといとも言えるが、本論で議論の俎上にあげたい三島の言説の特徴はそこにはない。

起源に遡る中で、「これがナチスのはじめた行事であるなしにかかわらず」という抵抗言説《エクスキューズ》をわざわざ挟み込んだり、先の引用で「オリンピック反対論者の主張」の理を認めてみたりすることろは、三島の主張の流れから見ればいわばノイズである。それも、このノイズはほぼ解消（解決）されることなく、論は展開してゆく。

だが、多くの論者が入場式の様々な色彩のコントラストに注目する中、三島は、その「白」や「青」からの対比を日本（人）の「白」と「赤」に結びつけ、さらにそれを聖火ランナー坂井のイメージに結びつけている点は、注目しておいてよい。

東京オリンピックの際の最終聖火ランナーに抜擢された坂井義則は、近年のオリンピックによく見られるような国民的かつ国際的に有名なスポーツ選手ではなかった[1]。自身も四〇〇メートル、一六〇〇メートルのリレー強化選手ではあったが、代表選考会で敗退している。この坂井が最終ランナーに指名された「文脈」には明らかに政治的な意図が介在されていた。広島原爆投下の日に生まれたという「象徴」は、マスコミを通じて大々的に宣伝され、その電撃的起用については賛否両論あった。

にもかかわらず、そういったあまりにも直接的すぎる政治的文脈を多くの文学者たちは、「祭典」に寄せる文章から覆い隠してしまったのだ。その意味では三島が坂井に触れた意義は大きかったとも言える。だが、「フォーム」「肢体」という即物的な面を強調し、「若さ」「青春」というキーワードでその姿を象徴的に描き、「青春」を「短さ」という文脈に接続することで、聖火を長い歴史上の刹那の輝きとして、文字通り三島は「すり替え」たのである。

実際に「坂井」という名前を表記した文学者は、管見の限り三島だけなのだと思うが、三島は固有名詞を出す代わりに、ここで坂井が走っている「来歴」を全て捨象してみせたといってよい（もちろん、当時の読者がそのことを知らなかったわけはないが）。

聖火台に火が移され、青空を背に、ほのおはぐらりと揺れて立ちあがった。地球を半周した旅をおわったその火の、聖火台からこぼれんばかりなさかんな勢いは、御座に就いた赤ら顔の神のようだ。坂井君はその背後に消えた。彼は役目を果たして、影の中へ、すなはち人間の生活の中へ戻った。

スポーツ選手としての「業績」とは全く異なる文脈で召還された最終ランナーの姿を実に見事に捉えたとも言える。大衆の目が聖火に釘付けになったその瞬間、三島の目は、以後の大会で活躍することもなく静かに役目を終える坂井を見つめていたのだ。

もちろん、これは同時に聖火の美あるいは歴史の反転を坂井に投射することにより、その政治性を捨象してしまったとも言える。しかしながら、次の瞬間には三島は別のわかりやすい「政治」を語ってしまうのだ。

彼が右手に聖火を高くかかげたとき、その白煙に巻かれた胸の日の丸は、おそらくだれの目にもしみたと思うが、こういう感情は誇張せずに、そのままそっとしておけばいいことだ。日の丸のその色と形が、なにかある特別な瞬間に、われわれの心に何かを呼びさましても、それについて叫びだしたり、演説したりする必要はなにもない。

三島は、オリンピックは明快であるがその民族感情は明快ではないとして、それを「光と影」という比喩で語る。凡庸な比喩ではあるが、三島がここで「影」としているものの中にはあらゆる意味での政治性が込められていると読むことは容易であり、やはりここで興味深いのは、「光」だけを描いて開き直るのでもなく、「影」を描いて批評するのでもなく、影と光をともに描いてそのいずれをも否定しないという態度である。

2. 石原慎太郎と大江健三郎という補助線

こうした三島の態度をより深く考えるために、何人かの文学者の視線を補助線として援用してみようと思う。

三島のスポーツ言説にしばしば批判的な態度で対峙する石原慎太郎は、十一日の『読売新聞』に「人間自身の祝典」という文章を寄せている。

文頭から、国歌吹奏に反対するブンランテージ提案に賛成し、ナチス称揚の「民族の祭典」に触れ、オリンピックの「政治性」を脱色するのはほぼ不可能であるという立場を表明する石原の言説の文頭は、我々の思う石原のイメージと重なるものがあるが、この言説で石原が企図するのは、民族意識の昂揚ではなく「人間の劇」としてのオリンピックである。

三島と同様にナチ的なオリンピックとしての「民族の祭典」に触れながら、その「民族の祭典」を「人間の祝典」に「すり替え」る石原の文章も、別の意味で何かの政治性の隠蔽ではあるのだが、三島と比べると明らかに立ち位置のブレの様なものが石原には見られない。

一方で大江健三郎の「七万三千人の《子供の時間》」(『サンデー毎日』十月二五日号)は、行進する選手たちの様子の詳細な描写とそれを見つめる自分たちの様子にかなりの紙幅を割いている点に特徴がある。もちろん、その描写の中には見えない東西ドイツの壁や、帰国の途についている北朝鮮の選手団のことを書き込んでいるのは、大江らしい言説であるが、ここで注目されるのは、やはり聖火ランナーへの注目である。

開会式の喧噪や楽しげな様子を《子供の時間》という比喩で描写する大江は、開会式にいる人々を「海上自衛隊」「防衛大学生」と名指し、彼らが「セレモニー用のお飾りの兵隊でいる」ことを平和への願いとして描出する。

かれが聖火の最終ランナーに選ばれたとき、日本在住の米人ジャーナリストは、それが原爆を思い出させて不愉快だといった。そこで、われわれは、あらためて、かれが原爆投下の日、広島で生まれた青年であることを意識したのだった。ぼくは、この春、広島で死んだひとりのハイ・ティーンの娘のことを思わずにいられない。

大江は「坂井」という固有名詞を決して明らかにはしない。だが、「原爆の子はひた走る」という章題を付し、その政治的意味をより一層明確にしている。そして、そのランナーの姿の「健康」な様子を、原爆症で死んだハイ・ティーンの匿名少女と対置することで、政治的象徴性を際立たせ、その感情を「愉快」であると表出する。

《子供の時間》とはオリンピックを一時的なハレの時とすることにより、その後の時間を「大人の退屈で深刻な日常生活」と対置するレトリックである。最後に聖火台を去る坂井を「なんとなくしょんぼり」して「とぼとぼ歩きででてくる」と見つめる大江の視線は、三島が見ていたものと同じものであると言えるが、一方でやはり石原と同様、その政治的立ち位置にブレはない。

石原や大江の言説から三島のそれを顧みたとき、カーニバル化する大衆への迎合と知識人としての政治意識、個の感覚的な集団への同一化と意識的な抵抗、ある種の政治的なものの隠蔽と別の政治的なものとの接続……。これらの二律背反する要素のどれでもなく、どれでもあり得るような不思議な立ち位置に三島は立っている。だが、これは現在としてはほぼ使い古された感もある「宙づり」の位置を守っている……などという言説評価ともどこか違っている。

少し蛇足だが、開会式の言説の中で杉本苑子の「あすへの祈念」(『共同通信』十日)は、その内容において異彩を放っている。杉本は、眼前の開会式の様子を二十年前の同じ競技場で行われた学徒出陣の出征式の様子と重ねてみせたのだ。視点人物である杉本自身が二十年前の女子学生となり、天皇陛下は東条英機と重なり、変わらぬ「君が代」に「海ゆかば」「国の鎮め」が加えられ、様々な色彩の美をカーキ色と黒で「色彩はまったく無かった」場所に重ねた。そして、誰もが必ず触れていた「青空」や「秋晴」を当日の「雨の日の記憶」と重ね、それが二十年の時を経て重なるならば、その二十年後には容易に反転しうることを危惧する。「史上最大の華やかさ」を「不安の反動」としてみる杉本の視線は、文学者の視線としての面目躍如を感じる。

二つの時をパラドックスとして重ね合わせる杉本の言説は、相反する立場を重ねる三島のそれと似ていなくもない。しかし、二つの時を束ねる杉本の立ち位置はやはり不動である。それに対し三島の言説はある特定の位置に立ち続けるのを避けようとしてるようにすら感じるのである。

3.「閉会式」言説における三島

「閉会式」における一般投書等の言説で特徴的なのは、ラジオやテレビの演出との共振性が高かったことだ。その特徴をさらにメタな位置で理解していたのは、恐らく大江ひとりだった様に思われるが、政治的な意識が薄い文学者たちの言説では、大衆と同様にその「寂しさ」に浸ろうとするものが基本的なフォーマットであったと言ってよい。キーワードは「夜」「闇」に向かう「寂しさ」と閉会式の整序に対する閉会式の「無秩序」「喧噪」、電光掲示板にかかれた文字（「サヨナラ」「次は再びメキシコで会いましょう」）などである。

　ここでもやはり井上靖の「たくまざる名演出」（『毎日新聞』二五日）がその典型である。過半数の入場が終わった頃には既に暗くなっていた周囲の様子を描出し、その暗闇と静寂を聖火のそれと重ね、オリンピックの終演を見る。そして、選手たちは各国へ各家庭へ、つまりは日常へ帰ってゆくという形で文章は閉じられる。

　日本女子バレーやアベベの活躍等を振り返りながら閉会式の聖火の消えゆく様子を語る北杜夫の「つくづく〝参加する〟意義」（『日刊スポーツ』二五日）や、華やかな二週間の日々の裏にあった様々な政治的出来事を対置し、行進していない北朝鮮やインドネシアの選手の姿を見出し、「世界統一という理想」を「錯覚」と鋭く指摘する松本清張の「解放と別離の陶酔」（『朝日新聞』二五日）も、政治的な意識の表出という点においては両極ではあるが、一方で「静寂」の形式に何を重ねるかという点において、井上と同じ形式性を有しているとも言える。

　その中で三島は二五日の『報知新聞』に「「別れもたのし」の祭典」という文章を寄せている。三島は、一般論としても国民性を考えても、当然センチメンタルな感覚に覆われるであろうと思われた閉会式が思いの外「陽気な、解放と自由のお祭り」になったことに焦点化している。文の前半では、多くの光の演出を「パセティックな瞬間」として捉え、それを「青春」や「スポーツの栄光」の「はかなさ」と重ねることにより、他の言説と同様に「闇」や「静寂」の中で捉えているが、後半ではそれと対置させる形で「無秩序」な行進を、閉会式の「ハイライト」として捉えようとしている。この行進は、「入場式のナショナリズムの高揚」と対置され「世界は一つ」と演出され、さらにその演出が想定以上に逸脱することにより、演出者の意図を超えた結果を生み出したものとしてみる視線。この騒乱を「冗談いっぱいの、若者ばかりの国際連合」としてそれを「整然とした行進」で「静かに眺め」る日本選手団との対比で眺める視線。これらの視線は、異なる二つのものを併置させておきながら両者を「人間的な感動」という言葉でまとめあげている。思えば、この「人間的」なイベントとしてオリンピックを捉えるべきであるという指摘は、開会式の時の石原の指摘と重っている様な気もするが、もちろんこれが石原の言説を意識したものであるというのは穿ち過ぎな読みである。

ただ、ここでも三島は、ナショナルなものを喚起するあらゆるものを、闇と光の対峙する「静寂」の世界に「すり替え」、それをそのまま外国人選手団の喧噪に対置させ、さらにそれを「ホスト」として冷静にみつめる日本人選手団を、そのまま国民たちの視線へと重ねてゆく。現場のあらゆる差異に敏感に気がつきながらも、その何処にもいないメタの地点の視線から全てを俯瞰する。これは、まるでテレビやラジオの様な「メタ」な視線である。ここで三島は、「寂しさ」についてほぼ語らないのと同様にその政治性についてもほぼ語らなかったわけだが、実は別にもう一つ重要なことがある。

ここで補助線として見ておきたいのは、やはり石原と大江の言説である。石原が「聖火消えず移りゆくのみ」(『日刊スポーツ』二五日)、大江が「お祭りの教訓は現実生活では役にたたない」(『サンデー毎日』十一月八日号)で有しているのは、どちらも閉会式以後の日常への視線である。

閉会式を「人間の祭典」の終演と捉える石原の視点は開会式から一貫している。その様子を「楽しい別れ」と称する石原の視線は三島のそれと共通するものがある。しかし、石原はそれと併置される消えゆく「聖火」や「寂しさ」を感傷の象徴とはしなかった。石原の視線は受け継がれてゆく「聖火」にそそがれ、「共感の残響」を「保ち続け」、日本人の「臆病」さを克服し「心身をかけて務め、闘うことの尊さ」をもつことを主張する石原の言説は、オリンピック後の社会に向いている。

また、大江も「闇」の中進行する閉会式を行進の喧噪と対比してゆくのだが、大江の文章の眼目は閉会式自体に無い。オリンピックに夢中になった日本人たちを「消費文明ロボット」と揶揄する大江の言説は、テレビの普及率を急増させた東京オリンピックの社会変容を的確に掴んでいる。

たいていの人たちが、お金にはならなかったけども、すなわち物質的には損だったが、精神的には得だったという計算結果を出そうとしている。しかも、投書家たちは、こぞって大なり小なり、あのラジオのアナウンサーの悲壮調に代表されるマス・コミの大宣伝に影響されていることのあきらかな文章を書いているが、それも無理のないことである。

大江自身も「リモート・コントロール」という語彙を使っているものは、今ならマスコミによるマインド・コントロールなどと形容されそうな言説であるが、そのコントロールを短期に醸造された「愛国心」と揶揄し、その後の「現実生活」には「無力」であるという指摘をなしているところなど、大江らしい言説である。

お祭りのあとの現実生活を、なんとかやってゆくため

には、現実生活むきの教訓と日常生活むきの愛国心が必

> 要です、皆さん、もう誰ひとりアン・ツウ・カの上を走っているものはおりません！

こうした大江や先の石原の言説と三島との違いで重要なのは、もちろん政治的意識の有無ではない。明らかに大江や三島の言説、そして松本清張のそれにおいても、論者たちは、オリンピックからもそれを見つめてきた日本人たちからも、メタな位置に立とうとしている。

先に論者は三島の視線も「メタ」なそれと捉えていたが、同じメタでも大江たちのそれは受け手である新聞読者（ここでは便宜的に「大衆」と呼ぶ）たちの「メタ」であるのに対し、三島の位置する「メタ」とは大江が批判しようとしたテレビ的な視線にある「メタ」なのではないだろうか。そして、この幻想的な、あるいは再帰的な「メタ」の立ち位置こそ、三島のスポーツ言説における特質なのではないかと思うのだ。

4．実感的スポーツ批評

こうした三島のスポーツ観を考えると最後には『太陽と鉄』にたどり着くことは論を俟たない。だが、この難解な言説には様々な補助線が必要であり、この小論でその全てを検討することは出来ない。本論では、『私の遍歴時代』（一九六四（昭和三九）年四月、講談社）、『実感的スポーツ論』（一九八四（昭和五九）年一月、共同通信社）で最低限必要なことを検討しておきたい。

『私の遍歴時代』は、文学的な要素を中心に述懐したものだが、それでも「虚弱体質」、ギリシア旅行、「肉体の発見」という、三島の身体発見の物語に必須な要素は、はっきりと描かれている。

> 私に余分なものといえば、明らかに感受性であり、私に欠けているものといえば、何か、肉体的な存在感というべきものであった。

この平易な言い方で語られる履歴上の意義は二つある。一つは、様々な三島の作品との関連において、そしてもう一つは「肉体」の見いだされ方である。三島は、「精神」が退けられ代わりに「肉体と知性の均衡」が実現された世界としてギリシアを見いだす。また、別の箇所では「美しい作品をつくる」ことと「自分が美しいものになること」の両者に「同一の倫理」を発見している。身体コントロールを「真にエロティックな唯一の観念」と結びつけることは、特に三島独特の考え方とは言い難いが、それを「死の観念」と結びつけるのは、生を「死の欲動」と結びつけたフロイトに通じる様で興味深い。さらに、ここで三島は、そうした境地をたどり着いたものとするのではなく、「生来、どうしても根治しがたいところの、ロマンチックな唯一の観念」を今もなお「病んでいる」と自覚しつつこのエッセイを閉じている。「遍歴」を語りながら、語りの現在はその原初の状態から

脱しておらず、むしろ「生」に関する自己語りがパフォーマティブに「発見」したものは、対極にある「死」と外部に出ることのなかった三島の「観念」的な姿であった。

この結論へ至る過程は、身体や肉体を、己の体験から還元して考える三島の思考上では常に同じになると見てよい。『実感的スポーツ論』でも、「胃弱体質」、ボディビルとの出会い、「肉体の発見」という要素ははっきり受け継がれている。己の肉体を考えることは劣等感につながり、精神とはむしろその対極にあるものとして自意識を形成していた三島にとって、自分の肉体が強化されてゆくことは、これまでの「精神」や「自意識」に関する関係を変容するものとなる。

> しかし私も、肉体と精神の相関関係については久しく考え、久しく悩んできたのである。芸術家としてはむしろ、芸術の制作に必須な不健全な精神を強く深く保持するために、健全な肉体がいるのではないだろうか?

この引用に続く、肉体を井戸に喩えてその鞏固さによってより深い水にまで届くように、強靱な肉体が精神の深部に届くといった比喩は、三島らしいとも言えるが、肉体の鞏固さを芸術的精神の深さと対応させたという意味では、凡庸な比喩であるともいえる。しかし、この言説の特徴はこうした比喩や論理的な説明にはない。

肉体を得る前の精神は、剣道の際に発せられる「声」に否定的だったが、鞏固な肉体を経た後の肉体はむしろその「声」が快いという。三島の精神論は常に「肉体の発見」から事後的に生じたものとの出会いであるから、この「快さ」も三島にとっては「発見」である。そして、その「声」の奥底に「「日本」の叫び」を「発見」することで、自分の「叫び」と他者の「叫び」を「一体化」させる。道場の外部の騒音を「現象」とよび内部の声を「本質」として、その声を「近代日本」に抑圧されたものとして見出す手つきは、事後的な「発見」を比喩によってすり替え、本質的なものに昇華させる三島の「文法」である。

こうした理論を確保した後に、それを「民族の深層意識の叫び」といいつつ、それに同調することを「危険な喜び」とも表現する立ち位置は、ある意味ブレている様にも見える。しかし、①行き場のない精神→②可視的な枠組み（肉体の強化）→③個の精神の「発見」→④その深層にある共同性の「発見」→⑤個を超える自由な精神の獲得と繋がる三島の「文法」は、事後的あるいは偶然の深い個の「発見」を必然的な集団の「発見」に結びつける「命がけの飛躍」（柄谷行人）がある。それは、両者の接続をコンスタティブに語るのではなく、パフォーマティブに両者を接続していると言ってもよい。あるいは、内部から外部を「発見」したのではなく、「内部」を「発見」したからこそ「外部」が現れているのである。

内部と外部、個と集団、を自由に往還しながら、批判（メタ）と共感（ベタ）のどちらの位置からも「実感」として語られた時、我々読者はその言説の往還の外部に居るのにもかかわらず、その往還の何処にでも居る様な錯覚に囚われ、その錯覚のままメタあるいはベタな位置に立つか、もしくはその言説自体をいつもの円環に導く「ネタ」として見ることしか出来ない。だが、全ての文化的言説は「ネタ」であるという論理の前では、「ネタ」としての視線は、何の批評性も持ち得ない。

5．太陽と鉄

こうした観点から『太陽と鉄』（一九六八（昭和四三）年一〇月、講談社）を考えてみると、まずその表紙から三島の「文法」によって彩られていると気がつかされる。黒い日輪を背景に半裸の三島が日本刀を構えている姿は、読む前から「太陽」のイメージを日本のそれと容易に接続させ、既に映画「憂国」（昭和四一年四月）や自衛隊入隊体験（昭和四二年四月）などを知っている読者たちによって、この表紙の姿は、ある意味「ネタ」に近かったのではないかと思われるのだ。「三島文学の秘められた領域が明らかにされる」（単行本カバー）や「宿命的な二元論的思考の絵解き」（「三島由紀夫文学論集」序文）などという文章も、これまでの三島の言説を踏まえた読者には、「結論」は初めから見えていたはずである。

実際、ここで語られる三島の個人的な歴史は既に何かしらの形で公になっていることが多く、熱心な三島読者にとって新しい情報はほとんど無かったと言ってよい。井上隆史は以下の様に語っている。(2)

このように、三島の主張は極めて明瞭なのであるが、ここで問題にしなければならないのは、わずか数行の冒頭部分を充分に理解するためには、三島の小説作品に親しんでいることは当然として、その他様々の三島の文章に通じていなければならないことである。

確かに「太陽と鉄」という言説は、おそらく三島の「文法」を知るものには容易に理解されうる面がある。井上は、こうした「太陽と鉄」の表現上の特徴を「表面の思想」と呼んでいる。(3)

> 思考の内実を詳述するよりも、思考の確定した結果をその都度命題として積み上げてゆくこと。漢語的表現や対句を多用することにより、文章のリズムを整え、読者に両義性や曖昧さを感じさせる時間を拝すること。それに不審を抱く読者に対しては、三島の他の作品を精読する者にのみ真の問題の所在を明かし、そうでないものには沈黙をもって応じること。

傍線の部分は、事後的な「発見」という行為から「発見」したものをアプリオリであるかのごとく創り上げるという先に指摘した三島のスポーツ言説の特徴の延長上にあることは論を俟たない。そして、既に「ネタ」となっていた三島の身体論の文脈では、自他の融合をはじめ様々な二元論の超越という結論は明白であったはずで、自己と他者などという二律背反をどう融合するかという点に、その文学上の力点が注ぎ込まれていたと言ってよい。

文頭の「誰そ彼」の領域という比喩で「私」という同一性の不確実性を言い当てていることはよく指摘されることだが、「太陽と鉄」では、これまでのスポーツ言説と同様の文法ですり替えがおこなわれている。その点を石原千秋は、以下の様に語る。(4)

> あるところで「筋肉」という言葉を多用して、「筋肉」に出会ったのにすぎないのに、逆にあたかも「肉体」に出会ったかのような印象を与えていることである。しかし、「筋肉」は「肉体」ではない。この詐術で、一方では、「肉体」が限りなく「身体」という概念に近づいてしまったのである。

興味深いのは、「筋肉」は頗る個人的な「発見」であったはずなのに、それが「肉体」という語彙にすり替わり「身体」に近づくにつれて、個人的なそれから逸脱してゆくことである。それも、肉体の発見は言語の後にもたらされるもの(既に浸食されてしまっているもの)なのに、その追究は「筋肉」との出会い以後の「肉体」の「発見」を契機に「言語」によってなされることである。

この「言語」も「精神」などと言い換えられればすぐに「命がけの飛躍」をなすわけだが、同時にこの「言語」内部にも二律背反的な亀裂が入れられる。文頭からジャンルについて自己言及するこの言説は、「かつて詩人であったことがなかった」と述べながら、最後は詩という形式による昇華で終えているのである。

また、肉体から精神、個から集団、有機的存在(人間)から無機的存在(F104)、という変奏のベクトルは、最後に「イカロス」の飛翔と墜落という詩劇に結晶する。

> 私はそもそも天に属するのか?
> そうでなければ何故天は
> かくも絶えざる青の注視を私へ投げ
> 私をいざない心もそらに
> もっと高くもっと高く
> 人間的なものよりもはるか高みへ
> たえず私をおびき寄せる?

また、この詩の内容は、一見「生」への強い発露に見える「筋肉」の追究が、はじめから「死」のベクトルを帯びていたこととも対応しているとも読める。また、個が集団へ昇華するためには個の死をもって他に無いとする単純な反転やその試みの挫折ともとれる。

> それは
> そもそも私は地に属するのか?
> そうでなければ何故地は
> かく急激に私の下降を促し

思考も感情もその暇を与えられず
何故かくもあの柔らかなものうい地は
鉄板の一打で私に応えたのか？

文全体の細部も構造もある種のシンメトリーの構造に支えられている点から、最後の詩の重要性を指摘した中野新治の指摘[5]の意義は大きいと思われるが、私がこの詩に拘る理由は別にある。

〈イカロス〉という詩題は、既にこの詩の結末をはっきりと物語っている。戦闘機は言うまでも無く防衛手段としての道具であり、個は集団を守るものとしてその命が預けられている。前段の戦闘機の体験がそのまま詩的なものに昇華したことは容易に理解出来るが、それが「死」に繋がることで完結するこの詩劇を我々はどう読むべきなのだろうか。

詩人になれなかった人間の書いた詩が最後に詩的輝きをなすという奇跡でも許容しない限り、おそらく詩としてのレトリックによって我々の「犠牲死」が肯定されることはないはずだ。まして、〈イカロス〉と宣言されているこの詩に三島の読者が取り得る態度は、やはり「ネタ」だったのではないか。

もちろん、現在の我々は三島のこうした態度を「ネタ」として捉える文脈を完全に失っているとも言える。いや、捉えることが出来ない時点に運ばれてしまったと言うべきか。いずれにせよ、その一因が三島自身の「肉体」の消去にあるのだとしたら、ある意味三島の「文法」は完結している……。

（東京学芸大学）

注1 小沢剛「心の聖地 スポーツ、あの日から」『四国新聞』二〇一〇年五月一一日
2 井上隆史「「太陽と鉄」論」『三島由紀夫論集』二巻 二〇〇一年三月
3 なお、この「表面の思想」という語彙は、井上論以前にも、上野昻志が「仮面と肉体」（『ユリイカ』一九七六年一〇月）で「太陽と鉄」を論じる際にも使用している。これが、三島を論じる際の重要なタームであるのかどうか、論者の浅薄な知識では確認出来なかった。
4 石原千秋「物語るテクスト 身体論：パフォーマンス―（「太陽と鉄」「ナルシシズム論」「禁色」ほか）」『国文学』一九九三年五月
5 中野新治「文学者を否定する文学者」『三島由紀夫を読む』二〇一一年三月 笠間書院

三島由紀夫の剣――〈文武両道〉から〈菊と刀〉へ――

加藤孝男

1、動画サイトの三島

動画サイト、ユーチューブに、三島由紀夫が居合をする映像がアップロードされている。三島がはじめて居合を習い始めたのは、昭和四十年のことで、この年は三島が剣道三段に合格した年でもある。おそらく三島のプログラムのなかでは、剣道にある程度の習熟をしたら、日本刀を持ちたいと、ひそかに考えていたに違いない。竹刀を用いる現代剣道と、刀を扱う居合道とは、元来一つのものであるはずであるが、それが別々の体系をもって行われてきたのである。

三島の居合は、緊張感が体に伝わり、抜刀するときに柄をもつ手がぎこちなく、抜刀後の動きは、型を意識しすぎているようにも思える。むろん、こうした動きは、稽古を重ねるに従って、滑らかな自然体に近づいたことであろうから、この映像は、習い始めの頃のものといわねばならない。

白道着に、白袴は、三島が好んで身につけていたものであろう。大森流の居合である。安藤武『三島由紀夫「日録」』によると、昭和四十年十一月二八日に、〈午後四時から、碑文谷署で、真剣居合抜きをはじめて習う〉とある。五時からはじまる剣道の稽古の前に居合を習ったことになっている。

三島の剣道の師としては、吉川正美が有名で、吉川自身も、『剣道五段』三島由紀夫」という文章のなかで、入門当初の三島について書いている。〈三十四年の夏だったと思う。体つきの小さな男が「吉川先生は剣道の指導がうまいと紹介されました」とやってきた。「それでは土曜日に少年剣道をやっているからいらっしゃい」ということで、それから毎土曜日に三島さんは、東調布警察までやってきた〉と、三島との思い出を書き出している。これだけの記述でも、いくつかの重要な情報が織り込まれている。

まず、三四年ということであるから、三島が三四歳の時に、はじめて師と呼ぶべき人について剣道をはじめたこと（むろん、剣道は、前年からはじめてはいたが）。さらに、三島が、警視庁剣道助教で大田区東調布警察にいた吉川の剣道教室に通ったこと。そして、それが警察内の少年剣道であったことなどである。

この吉川との出会いは、三島を〈文武両道〉の人として、また、武道をたしなむ特異な作家として世界が認めるところとなった。ここで吉川が言うように、三島は、最終的に剣道五段の審査にも合格している。

三島は、二十代でボディービルをはじめ、さらにボクシング、剣道、居合、空手とスポーツや、武道の領域にその関心をひろげてきた。それがこの作家の思想を形作り、最後の自決へとすすんでいったことは、私がここでいうまでもないことであろう。

三島は、二十代の終わりに巡った世界一周の旅で、ギリシャなどに立ち寄り、健康美の肉体について目覚めた。こうした外面の発見は、三島に精神と肉体の対比を鮮やかに示した。そして、それがボディービルによって克服されると、三島は剣を通して、〈文武両道〉の世界に向かう。もしここで三島がとどまったならば、市ヶ谷での最期はなかったであろう。三島はさらに、その〈文武両道〉の精神を、〈菊と刀〉に押し上げていった。この稿で、私は、三島の〈文〉と〈武〉とが、どのようにして〈菊と刀〉にせり上がっていったのかを考えてみたい。

2、日本文化の核心

では、三島由紀夫はなぜ、数ある運動のうちで剣道を選択したのであろうか。これに明確な答えを出しているものは少ないが、私は松本徹の論文「三島由紀夫のアメリカ」のなかで、三島がアメリカから帰国した後、剣道を始めている事実を教えられた。

三島は、昭和三二年七月、出版社のクノップ社の招きを受けて、二度目の渡米をしている。三二歳の時である。すでに友人のドナルド・キーンによって、演劇『近代能楽集』が翻訳されていて、これをニューヨークで上演するという計画が進行していたのである。彼はこのためにアメリカで大いなる労力を払い、なんとかこの演劇が上演されるまではと滞在を続けたが、結局、計画は進行しなかったのである。三島は断念し、ヨーロッパ経由で帰国した。

〈この挫折感は、かなり深刻なものであつた〉と松本は書く。しかし、このアメリカ滞在によって、三島は、一人で生活することのみじめさと、家庭の重要性に気付き、帰国して、結婚を決意した。そして、松本は〈三島が新たに見出したものの一つが剣道であつた、と思はれるのである。帰国した年の秋に、剣道を始めてゐる〉と述べる。

たしかに外国をみたものが、日本の文化を再発見するということは、お定まりのパターンであるが、それが剣道につながるというところが、ボディービルによって、肉体が目覚めた三島ならではの発想である。また、日本以外の外国において、武道は、たいへんウケがいい。日本は敗戦によって、こうした〈武〉の伝統を切り捨ててしまった。いや、アメリカによって、根こぎされてしまったのであった。

進駐軍がもっとも怖れたのが、死をも怖れぬ日本人の行動パターンであった。ルース・ベネディクトの『菊と刀―日本文化の型―』(The Chrysanthemum and the Sword: Patterns of Japanese Culture、一九四六年)はそうした日本人の行動の謎にメスを入れた著作である。しかし、このアメリカの文化人類学者は、日本を訪れずにこの著作を書いたことはよく知られている。アメリカに滞在する日本人に聞き取り調査することで、日本人の心情を探るという方法で調査が進められたのである。

ベネディクトが、大統領のルーズベルトの創設した米国戦時情報局海外戦意分析課に所属したのは、一九四四年九月からである。社会学、人類学、心理学の各分野から一流の研究者を集めて発足した。ベネディクトは終戦直前に、「日本の行動パターン」(Report 25: Japanese Behavior Patterns)というレポートを提出している。『菊と刀』はこのレポートを基に書かれたといわれている。こうした研究は、戦後の占領政策に大きな指針を提示した。日本人を得体の知れない民族から、立派に道義をもった人とみなすことに一役買ったのである。

ベネディクトは日本における天皇の重要性について説き、天皇なしには、占領政策はうまくいかないと提言した。こうしたベネディクトの進言などもあり、戦後の天皇制が存続するに至ったことは、いまやよく知られている。

戦後、進駐軍が日本に駐留する過程で、日本の文化を祖国アメリカへ持ち帰った。そのようななかで、武道や、日本の俳句(HAIKU)、そして禅(ZEN)などが、アメリカ人の好むところとなり、禅は、俳句と結びつき六十年代にはアメリカでブームとなっている。

三島は、日本の武道のなかでも、もっとも国際化が遅れていた剣道を選択した。剣道は、敗戦直後、他の武道より特別な意味で取り締まりの対象にされていたのである。

〈占領軍当局の武道に対する措置、中でも剣道に対しては冷厳さをきわめたものであった。学校剣道はもちろん、社会体育としても、また警察においても全面的に禁止され、特に大日本武徳会に対する解散命令、資産没収、指導者の公職追放などはその最たるものであった。戦後やっと剣道が日の目を見るまでの7・8年の空白時代は、剣道関係者にとって、それが外部からの強制的禁止であっただけに、非常につらい受難期であった〉(『現代剣道講座』第一巻「剣道の歴史編」)。

戦後の剣道の受難をあらわしている。公職追放が、一千三百名に達したと言われる大日本武徳会は、第二次大戦中は、武道組織を統制する政府の外郭団体であった。そうした団体が、解散させられて、戦に使う目的での武道が、ＧＨＱによって、厳しく取り締まりを受けた。その中核である剣道も、教育の現場からはじき出されて、日本がアメリカとの講和をなしとげるまで、白眼視されてきた。

こうした占領政策に対して、占領下にあって、剣道をつづけようという団体も存在した。昭和二五年には、〈全日本しない（撓）競技連盟〉が発足して、剣道をスポーツとして、さらには〈しない競技〉として復活させようとしていた。そこでは、〈競技は時間制を採用し、一定時間内で得点の多少で勝負を決めることとした〉とか、〈足搦み・体当たり・自然発生的以外の掛け声を禁止した〉などという、進駐軍の顔色をみたスポーツ剣道が行われるようになっていた。これは後に、三島が、剣道の〈かけ声〉についてたびたび語ることになるのであるが、占領期の剣道は、武道としての側面を著しく削がれたのである。

この全日本しない競技連盟が、後にできた全日本剣道連盟と昭和二九年に合体して、戦後の剣道の礎を築いていく。すなわち、現在に続く全日本剣道連盟（全剣連）である。

三島由紀夫の段位もこの全日本剣道連盟から出されているのであって、その連盟の定める剣道の理念は〈剣道は剣の理法の修錬による人間形成の道である〉というものである。この理念からいえば、マーシャル・アーツ（martial art）と訳される戦のための武道とは違い、読んで字の如く、スポーツ剣道といっても過言ではない。

三島が剣道をはじめた昭和三三年においても、こうしたイメージに変わりは無かっただろう。剣道を知らない者のなかには、三島が全剣連からもらった五段の段位を名誉段であるというものもいる。剣道の審査においては、三島といえども例外にはならなかったであろうし、きちんとしたプロセスを踏んで取得した五段であった。ただし、若い学生の五段と、三島のような社会人からはじめた五段では、すでに後者が人間形成を積んでいる分、審査は自ずと甘くなる。なぜなら、現代剣道は〈人間形成の道〉だからである。

しかし、三島の選択した剣道は、ゴルフや水泳などと比べても時代遅れのスポーツであり、戦前・戦中の軍事教練などのイメージから、戦後の日本人にとって、嫌悪をもよおすスポーツであった。その反時代的な部分を三島は、気に入っていたはずであろう。さらに、広く外国へ目を向ければ、それは高い価値を有するマーシャル・アーツに他ならなかった。

これは同じく、戦中にプロパガンダとして用いられた俳句・短歌が、戦後、桑原武夫らによって〈第二芸術〉として貶められたことに似ている。標的とされた俳句や短歌が、その短さ故に戦後の複雑な社会を描くことができないというのが、桑原の主張であった。それは戦中の日本文化の核心であったからこそ、戦後、日本のなかでは、嫌悪され否定されたのである。その否定された俳句が、〈ＨＡＩＫＵ〉となって、世界に広まり、短さゆえに愛好され、自然を描く詩として世界中で書かれている現状からすると皮肉である。

　世界中のどのような都市にも、道場があって、そこでは日本の武道が行われており、むしろ外国を知れば知るほど、武道を通して日本人が尊敬されている事実は、戦後の日本においては見えにくい。三島は、そうした日本文化の核心を掘り下げることで、対外的にみずからの存在感をアピールできると考えたのかも知れない。

3、理念の剣

　三島は、中学生の時代に一年間、正課として剣道を習ったという。戦中の教育としてはあたりまえのことであった。〈強ひられたために、どれも好きになれなかつた。なかんづく剣道独特のあのかけ声を、少年の私はきらつた。その何ともいへぬ野卑な、野蛮な、威嚇的な、恥しらずの、なまなましく生理的な、反文明的反文化的な、反知性的な動物的な叫び声は、羞恥心にみちた少年の心を恥づかしさでいつぱいにした〉（「実感的スポーツ論」）と書いている。

　ところがそれから二五年が経ち、そのかけ声が快くなったと書く。そうして、あの有名な箇所を三島は書き記すのである。

　〈思ふに、それは私が自分の精神の奥底にある「日本」の叫びを、自らみとめ、自らゆるすやうになつたからだと思はれる。この叫びには近代日本が自ら恥ぢ、必死に押し隠さうとしてゐるものが、あけすけに露呈されてゐる〉という。ここにいう自らの精神の奥底にある〈日本〉とは、おそらく三島の精神が、死というものに直面して、極度な緊張を孕んでいた戦中にまで溯行していく。それを三島は〈皮相な近代化の底にもひそんで流れてゐるところの、民族の深層意識の叫びである〉という。

　三島が、竹刀を通して、掘り下げていった日本人の古層は、近代以前の日本人にあった身体感覚である。それは長い間、農具によって田畑を耕した日本人の身体にもしみこんでいるものであった。たとえば、右肩と右足が同時に前にでる、いわゆる〈ナンバ〉の歩行などがよく知られている。明治以降、こうした動きが、西洋式の軍事教練における左手と右足を同時に出すという歩行法によって、矯正され（むろんそれらは消えはしなかったが）、時代の表面からは姿を消していったという歴史がある。三島は、剣道から、古い時代の感覚を感じ取っていたのである。

　〈私は渋谷警察署の古ぼけた道場の窓から、空を横切る新しい高速道路を仰ぎ見ながら、あちらには「現象」が飛びすぎ、こちらには「本質」が叫んでゐる、という喜び、……その叫びと一体化することのもっとも危険な喜びを感じずにはゐられない〉という。

　たしかに、私の剣道の経験からも道場にたっている自分が、日常を生きる自分とは違い、なにか別の場所にたっていると思う時がよくあった。それは、きれいに澄み渡った境地で、心の定まった世界なのである。

このような境地を、これまでどのような作家が書き得たであろうか。これは、はじめから文をもっている作家、三島が、剣の世界に入っていくことによって、はじめて詩的に捉えられたものである。その世界を、三島は「太陽と鉄」でさらに詳しく描いている。

ここで整理しておきたいのは、さきほどの「実感的スポーツ論」が書かれたのは、昭和三九年十月で、東京オリンピックの直前であった。三島はこのオリンピックの模様を新聞社の求めに応じてレポートした。開会式を取材して、ブランデージＩＯＣ会長の懇願を受けて閉会宣言する天皇をみて〈マッカーサー元帥と並んだ悲しいお写真と思ひ比べ感無量なものがあつた〉として、時代の喧噪の中で、次第に人々の記憶から遠のいていく敗戦直後の記憶を思い出している。三島の中で、しだいに天皇という概念がふくれあがってくる時期である。

さて、昭和四十年に「太陽と鉄」は発表されているが、そこで三島は〈文武両道〉について触れている。

〈私はかつて、戦後のあらゆる価値の顚倒した時代に、このやうな時こそ「文武両道」といふ古い徳目が復活すべきだと、自分も思ひ、人にも語つたことがある〉と記している。そして、その文武は〈私の内部で両極性は均衡を保ち、直流電流は交流電流に席を譲るやうになつた。私のメカニズムは、直流発電機から交流発電機に成り変つた。そして決して相容れぬもの、逆方向に交互に流れるものを、自分の内に蔵《かく》して、一見ますます広く自分を分裂させるやうに見せかけながら、その実、たえず破壊されつつ再びよみがへる活々とした均衡を、一瞬一瞬に作り上げる機構を考案したのである。この対極性の自己への包摂、つねに相拮抗する矛盾と衝突を自分のうちに用意すること、それこそ私の「文武両道」なのであつた〉と述べている。

こうした三島の考え方は、きわめてバランスのとれたものである。こうした〈文武両道〉は、日本独自なものではなく、世界中の民族に共通した考え方であることも忘れてはならない。この「太陽と鉄」が雑誌「批評」に連載されているとき、三島は国会議員グループとの親善剣道大会に参加した。昭和四一年一月三一日のことである。この時の模様を、もっとも確かに描き出したのは、サンケイ新聞政治部記者の加地富久である。加地は、剣道六段、居合道四段であった。渋谷警察署の道場で、吉川から三島を紹介されている。

〈四一年の春、参院議員会館の道場で三島グループと国会議員のグループとの親善剣道大会が開催された。これは、三島氏が「代議士と一度お手合わせをしてみたい」というので、私が園田直代議士（元厚相、当時衆院副議長）に呼びかけて開いたものである〉という。このとき三島氏は、後に首相となる橋本龍太郎（四段）と試合をした。笹森順三（一刀流宗家）の立ち会いで、十分間ほど手合わせをしたという。

〈すべり出しは橋本代議士がいきなりコテを取って優勢だったが、時間がたつにつれてしだいに三島氏のほうが橋本氏を圧倒し、最後は真っ向唐竹割りに橋本氏のメンを打ちすえて、「それまで」となった。〉（「三島氏の〝気魄の剣〟」）

三島と橋本龍太郎との試合については、さまざまに取りざたされているが、加地の筆は、仕掛け人らしく、その真相を描き出しているといえよう。笹森は、この時、両方ともまだまだだと言ったようだが、剣道では、昔から〈初太刀〉を取ることが重要であると言われている。これは最初に一太刀浴びせた方が、真剣勝負の勝ちということである。たといそれがコテであっても、相手は、戦意を喪失する。

これは吉川正美が述べていることであるが、三島の得意技は、合わせメンと抜き胴で、決してコテなどの小技を覚えようとしなかったという。もちろん、段位が上がるに従って、三島は、コテなども修得するようになったに違いないが、こうした剣は、人間形成の道としては、王道を行くものであろう。

しかし、実践の剣とは言いがたいのである。たとえば実際の斬り合いを想定したとき、コテどころか、相手が刀をもつ内側に切り込み、その指を切り落とせば、相手は戦闘能力を失ってしまう。その意味で三島の剣は、理念の剣であり、やはり〈文武両道〉の人であったのである。

4、剣道から居合道へ

しかし、こうした三島が変わるのは、日本刀を扱うようになってからであった。三島と刀を結びつけたのは、同じ、吉川門下の船坂弘であった。船坂は、陸軍軍曹として、南方の島アンガウルで、二十倍の戦力で迫るアメリカ軍を迎え打った猛者である。しかし、その圧倒的な軍事力にはかなわず、一度は自決を試みるが、手榴弾が不発に終わり、敵の捕虜になることで、一命を取り留めている。

その玉砕の島アンガウルについて書いた『英霊の絶叫』の出版を三島に依頼し、「序文」までもらったのである。船坂は大盛堂という書店の社長で、その息子良雄を伴って稽古にきていた。

船坂の本は売れて、その印税で玉砕の島に慰霊碑の建立が実現したという。その序文のお礼として、三島に贈ったのが、岐阜県関市の刀工が打った〈関の孫六〉であった。その刀は、三島が自衛隊市ヶ谷駐屯地で切腹をしたとき、介錯に使われたものである。

三島と孫六との出会いを船坂はこう書く。〈私は刀袋の紐を手早くほどき、取り出した白鞘の二本を、静かに卓に置いた。「三島さん。この二本は無銘ですが、孫六です。大業物の初代でも、二代目孫六でもありません。ご存じでしょうが、孫六は初代、二代が名刀といわれています。これは後代で、

ずっと代のさがった孫六です。しかし、無名とはいっても、このとおり確かな証明書がついています……」〉

船坂が三島家に持参した孫六の一本は二尺二寸五厘《りん》、もう一本は二尺二寸八分であったという。

〈私は手近な一本を取り上げ、柄に右手をかけると、呼吸を止め、鞘をはらった。よい刀は人間の息さえ忌み嫌う。

「拝見します」

頭を軽く下げ三島さんは、ポケットからとり出したハンカチを口にくわえると、格調ある態度で孫六と対面した〉

これが、三島由紀夫と関の孫六との対面であった。いま、安藤の「日録」からこの時期を探ると、昭和四一年九月中頃であったようだ。

五月には「英霊の声」を書き上げ、同月に、剣道四段の審査に合格している。船坂はこうした時期をみはからって、三島に日本刀を贈ったのである。ところが、その二本から一本を選び出す経緯が、はなはだ興味深い。

二本のうちの長い方には鍔《つば》元近くに刃こぼれがあった。短い方は、身幅もあり健全であったという。しかし、三島はその刀傷のある刀に興味を示したというのである。三島が傷のある刀を手にして立ち上がると、〈その瞬間、孫六のもつ宿命が、三島さんの宿命としっかり結ばれてしまった〉という。

三島がなぜ、あえて刀傷のある孫六を選んだのか。それは後に語られる。この刀の刀剣所持許可証に「福島県」とあったことが、三島の創造力を刺激したのである。

福島といえば、会津である。戊辰戦争で最後まで幕府方として戦った。松平容保《かたもり》がその藩主であった。その時、三島は、不思議な縁が、孫六と自分とを結びつけているように感じたのだろう。松平は、三島の祖母の家系につながる。三島の祖母の夏子は、大審院判事、永井岩之丞の娘であった。その永井が養子に入ったのが、幕末の政治家、永井尚志《なおゆき》を生んだ永井家である。尚志は、徳川幕府に仕えて、海軍伝習所をひらき、軍艦奉行や大目付となった人である。戊辰戦争では、函館五稜郭に息子、岩之丞と立て籠もったといわれる。

尚志は永井家に養子に出されているが、元は三河奥殿藩の第五代藩主、松平乗尹《のりこれ》の息子であった。このような経緯が、三島に、この刀との縁を感じさせたのかも知れない。

その後、船坂の息子の良雄から居合を習い始める。良雄は、いまだ未成年であったが、居合道三段であった。三島がわざわざ良雄について居合を習ったのは、居合道の大家では、修得に時間がかかり、思うように技を教えてもらえなかったからではなかったか。三島は、良雄に大森流を習った。この大森流は、関東に広くゆきわたり、〈夢想神伝流〉と呼ばれることもある。これは中山博道によって、大成されている。

中山は、明治、大正、昭和を生きて、大日本武徳会から、剣道、居合道、杖道のそれぞれの範士を授けられた武の達人であった。範士とはその最高位である。この三つの武道は、それぞれに別の体系をもっていた。

中山の学んだ居合は、長谷川英信が考案した英信流と、大森六郎左衛門正光の大森流とを合わせたものであった。昭和三十年頃までは、大森流、長谷川英信流などと、様々な名称で呼ばれていた。しかし、中山が亡くなると、弟子たちは、〈夢想神伝流〉に統一していった。

山蔦重吉の『夢想神伝流居合道』によれば、〈初伝　大森流（正座）〉が十二本、〈中伝　長谷川英信流（立膝）〉が十本、さらに〈奥伝〉として、〈奥居合（坐業）〉八本、〈奥居合（立業）〉十三本が記されている。これらはすべて型であって、居合は、刀によってその型をなぞっていく。

三島は、昭和四二年九月に「週刊新潮」の「掲示板」に中山博道の『切腹の作法』という本を、『奔馬』を書くために参考にしたいと、貸してくれる人を募ったことがあった。すぐに東京の上中里の笹井謙一という人が、この本を三島に貸し与えた。

この大森流には、七本目に〈順刀〉と呼ばれる介錯の作法がある。介錯をするものは、切腹をするものの左側、後方二歩の距離をおいて、正座する。頃合いをみて刀を抜きながら立ち上がり、介錯を行う。三島の介錯を行った森田必勝もこの所作にのっとったはずである。三島は、良雄から、この〈七本目（順刀）〉を、繰り返し習ったという。

冒頭で述べた動画サイトの三島の居合は、大森流一本目、〈初発刀〉にあたる。それは現在、全日本剣道連盟の制定居合の一本目に取り入れられており、居合をはじめるものが、まず最初に習う型である。

一年にわたる良雄の指導によって、昭和四二年、東京都の居合道連盟の初段に合格した。そして、この年の二月、三島は川端康成や安部公房、石川淳らと、中国の文化大革命に対する「声明文」を発表している。この毛沢東による政治革命が、三島ら文化人に対して脅威を与えたことは、この声明文からも分かる。文革は、一九六六年から七六年にわたって十年間、中国全土を巻き込んで起こった。社会主義の革命を推し進めるため、言論の弾圧や、古い文化遺産の破壊、そして焚書坑儒が行われた。

これがもし、日本に飛び火したとき、日本の文化が根絶やしになるばかりか、言論の自由すら危ういと三島らは感じ取っていた。

三島は、この年、空手を習い始めた。そして、『葉隠入門』を書き、みずからの武士道の理論的な根拠を示すにいたる。三島において、守るべき日本というものが明確な形で見えだしてきたのである。

文学者としての三島は、『豊饒の海』の大作に取り組んでいた。そして昭和三八年より、毎年のようにノーベル賞の候補にノミネートされるようになる。この取材が過熱するたびに、三島は複雑な気持ちになっていたに違いない。昭和四二年までに五回ノミネートされたが、受賞には至らなかった。もし、自分がこの賞を逃した時も、きちんとした辻褄あわせをしておく必要があったのだ。

それから特筆すべき事に、三島は、昭和四一年から皇居のなかにある済寧館道場で、剣道の稽古をするようになっていた。済寧館は、皇軍警察の道場である。三島が稽古のとき、白道着を付けはじめるのもその頃のことであった。

雑誌「武人」の「甦る三島由紀夫」には、楯の会の会員のものと思われる皇宮警察本部への通行証が、写真で掲載されている。会員であった福田敏夫、勝又武校らが、済寧館での稽古について、証言している。三島が楯の会を発足するのは、昭和四三年十月のことであるから、それ以降は、楯の会の会員とともに済寧館に出入りしていたことになる。

そればかりか、道場内に三島は刀を置いて、会員らに居合の稽古をさせている。不測の変がもし起こったとき、まっさきに天皇を守るということを公言していた頃である。この時期、国内でも左翼の勢いが盛り上がりをみせていた。あるいは、日本にも左翼革命が起こるのではないかということが、現実味を帯びだしていた時代である。こうした革命は、他国による間接侵略であると三島は捉えている。

5、〈菊と刀〉の幻影

四三年七月、「文化防衛論」が書かれる。ここで三島は〈文化〉というものを、〈形（フォルム）〉であり、〈国民精神が透かし見られる一種透明な結晶体〉であるとした。ここに三島独自な文化論が語られ、それが天皇と結びつけられるのである。

〈文化とは、能の一つの型から、月夜のニューギニアの海上に浮上した人間魚雷から日本刀をふりかざして躍り出て戦死した一海軍士官の行動をも包括し、又、特攻隊の幾多の遺書をも包含する。源氏物語から現代小説まで、万葉集から前衛短歌まで、中尊寺の仏像から現代彫刻まで、華道、茶道から、剣道、柔道まで、のみならず、歌舞伎からヤクザのチャンバラ映画まで、禅から軍隊の作法まで、すべて「菊と刀」の双方を包摂する、日本的なものの透かし見られるフォルムを斥《さ》す〉と述べている。

三島の文化に対する考え方は、〈菊と刀〉という言葉に集約される。〈菊〉は、天皇を中心とした〈雅〉の世界。すなわち『古今和歌集』を源流とした美意識の世界であった。ここにある月並みな歌こそが、新たな創造力によって乗り越えられることによって、文化を切り拓くと三島は考えた。そこには表現の自由がすべて保証されていなければならなかった。

さらに〈刀〉は、武士の伝統から軍隊の作法までを、すべてふくみ込んでいる。そして、〈菊〉と〈刀〉は同じ文化として、天皇が、勅撰和歌集に栄誉を与えたように、戦後の自衛隊にも栄誉を与えねばならないと、三島は考えたのであった。

彼のなかで成熟しつつあった〈文武両道〉の概念は、新たに〈菊と刀〉として、国家的なシンボルまで高められようとしていた。これは、おそらく、どの民族にも共通する〈文武両道〉という一般概念を、日本の国家を念頭に置いた〈菊と刀〉という特殊な概念に押し上げていくことであった。そこには、大きな飛躍があり、等身大の〈文武〉から、シンボルとしての〈菊と刀〉へせり上がっているのである。

昭和四三年十月十七日、ノーベル文学賞が発表された。三島ではなく、川端が受賞した。その月の二一日の国際反戦デーには、左翼による行動が活発化すると思われていた。荒れたデモによる争乱の鎮圧が警察では不可能になった時、三島は楯の会を出動させて、自衛隊が治安出動するまでの間、捨て身の楯として日本を守るつもりであった。しかし、多くの逮捕者は出したものの、自衛隊の治安出動はなかった。

しかし、一度抜き放たれた刀は、鞘にかえることはなかった。〈菊と刀〉の幻影に取り憑かれていた三島は、それを実現するためには、現憲法を変えなければならないと考えたのである。三島の中に、憲法をつくり与えたアメリカの影が明滅するようになる。イデオロギー対立のなかで、アメリカの傭兵と化そうとする自衛隊を、三島は嘆いている。

昭和四四年一二月、三島は居合道二段に合格した。といっても、それは、形ばかりの刀法をなぞったにすぎなかった。

その年の十一月、楯の会は一周年を迎え、皇居の見える国立劇場の屋上で、結成一周年のパレードを催した。その時に配布したパンフレットのなかに、彼が、これまでに追い求めてきたものの幻影がつづられている。

それは、〈この夏も三十人近い学生を連れて、私は富士裾野の兵営に行つてゐた〉と、自衛隊の体験入隊について語り出す。訓練が終わって、三島の部屋に四、五人の学生が集まった。〈野には紫いろの稲妻が映えて、遠雷がきこえ、今年はじめての蟋蟀《こほろぎ》の声が窓下にしてゐた〉という。その時、一人の学生が袋から横笛を取り出して吹き始めた。それは〈美しい哀切な古曲で、露のしとどに降りた秋の野を思はせる音楽であつた〉という。

〈私はこの笛の音を、心を奪はれてききながら、今目《ま》のあたりに、戦後の日本が一度も実現しなかつたもの、すなはち優雅と武士の伝統の幸福な一致が、(わづかな時間ではあつたが)、完全に成就されたのを感じた。これこそが私が永年心に求めて来たものだつた〉と記している。それは三島がいうように戦後の日本において実現が難しかったものであったのだろう。この時、三島のなかで、〈武〉の伝統と、〈雅〉の伝統とが、たぐいまれに合致した瞬間であったのである。

三島における〈菊と刀〉は、この時に実現したかに見えながら、それはもう浮光を掬い得たと感じた時のようにかすかな一瞬のできごとであった。それがつかの間の幻影に過ぎないと考えていたのも、他ならぬ三島自身であったのである。

（東海学園大学教授）

参考文献
『決定版　三島由紀夫全集』（新潮社）
長谷川松治訳『定訳　菊と刀　日本文化の型』（現代教養文庫）
安藤　武『三島由紀夫「日録」』（未知谷）
船坂　弘『英霊の絶叫』（文藝春秋社）
高村直助『永井尚志』（ミネルヴァ書房）
船坂　弘『関ノ孫六』（カッパブックス）
松本　徹『年表作家読本　三島由紀夫』（河出書房新社）
松本　徹『奇蹟への回路　小林秀雄・坂口安吾・三島由紀夫』（勉誠社）
『武人　甦る三島由紀夫』（晋遊舎）
山蔦重吉『夢想神伝流居合道』（愛隆堂）
堂本昭彦『中山博道　剣道口述集』（スキージャーナル）
『新文芸読本　三島由紀夫』（河出書房新社）
佐藤秀明編『日本文学研究資料新集30　三島由紀夫』（有精堂）
『三島由紀夫事典』（勉誠出版）
加地富久「三島氏の〝気魄の剣〟」（「20世紀」一九七一・二）
岡山典弘『三島由紀夫外伝』（彩流社）
『現代剣道講座』（百泉書房）
「三島由紀夫研究」（鼎書房）①〜⑮など。

ミシマ万華鏡

山中剛史

映画「美しい星」が五月に封切られる。監督・脚本は吉田大八。原作を大胆にアレンジし、舞台を現代に、主人公である重一郎をニュース番組のお天気キャスターに置き換えての映画化である。

「美しい星」のアダプテーションということで言えば、過去にもテレビドラマ化、ラジオドラマ化があったし、また最近では舞台化もなされ、変わったところでは、小説に刺激を受けたデザイナーによるファッションフォトというのものもある。世界破滅の予兆という点からは三島文学お馴染みのテーマかもしれないが、SF的設定などは異色であって、確かに他の三島作品にはない魅力があろう。

しかしアダプテーションは原作そのままというわけにはいかない。例えば、鈴木清順の映画が鏡花や百間のストーリーを滅茶苦茶にしてしまっていても、その文学世界を美事に映像化しているように、往々にして他ジャンルへの移植は原作そのままでは却って紙芝居的な陳腐な作品に終わる。原作作品というのは、だから、あくまで脚本家や監督による解釈の一つなのである。

三島作品だからという妙な壁を作らずに、漫画やアニメーションなども含めた現代的視点からの三島作品の批評的アダプテーションがもっと盛んになればと思う。そもそもアダプテーションされるということは、意欲的なアレンジを許容する幅の広さがあり、現代にも刺激を与え続けるポテンシャルがそこにあるということの証左でもあるのだから。

特集　三島由紀夫とスポーツ

意識と無意識の狭間で――二つの肉体と『太陽と鉄』――

柴田勝二

1

三島由紀夫にとって、肉体の当為性はもっぱら二つの地平で捉えられていた。ひとつは堅牢な筋肉によって覆われた、見られる対象としての静的な肉体であり、もうひとつはよどみない流れのなかで動きつつ、敵対する相手の間隙を突いて打ち倒す主体としての肉体である。前者を養う場が三十歳頃から始めたボディ・ビルディングであり、後者が発現される場がそれにやや遅れて取り組むことになったボクシングと剣道であったことはいうまでもない。興味深いのはこの二つの肉体の当為性が相互に支え合うというよりもむしろ逆行する関係にあることだ。ボディ・ビルは筋肉自体を美的な対象として培うことを目指し、その到達点はしばしば日常的な眼差しにはグロテスクにも映ることがある。一方そうしたグロテスクなまでに肥大した筋肉は当然ボクシングや剣道においては求められない。そこで必要とされるのは、後で取り上げる『太陽と鉄』（一九六八）で語られるように、グローブや剣を操る自身のリズムを保ちつつ相手の動きと歩みを合わせながら、その一瞬のほころびに反射的につけ入ることのできるスピードと鋭さであろう。ボディ・ビル的な隆々とした筋肉はそうした反応の素早さを高めないばかりか、それを阻害する条件ともなる。

この二つの肉体の逆行的な関係は三島の作品にも現れており、『鏡子の家』（一九五九）の鏡子をめぐる四人の主要人物のうち、俳優の収とボクサーの峻吉がその対比を担う形で配されている。華奢な美男であった収はボディ・ビルを始めることで見違えるような肉体を獲得していくものの、その肉体を生かすような役が与えられることもなく、醜い女高利貸しと心中する成り行きに陥ってしまう。その前段階として、喫茶店を経営する母親が彼女の会社から借金を重ね、それが返済できなくなると、会社の息の掛かったやくざ者がいやがらせに店を出入りするようになる状況が生起するが、収はそのやくざ者を排除しようとして簡単にあしらわれてしまうのである。

　収は立上がつて、男に飛びかかつた。男がコップを手に取つて、収の顔にぶつけようとしてゐる腕を、辛うじて収が払ひのけたので、コップはかたはらの壁に当つて四散した。男は収より小柄で痩せてゐたが、はるかに機敏で、豹のやうな身の動きをした。収が男の肩さきをつかまへると、男は収の顎に一発喰はせ、向ふ脛《ずね》を蹴上げて、思はずうつむく収の両頬を左右から散々擲《なぐ》つた。

　逞しい筋肉ののろい動きは何の役にも立たず、収は床にうづくまつた。　（第二部第六章）

　ボディ・ビルによって養った収の「逞しい筋肉」があくまでも〈見られる〉ための堆積でしかなく、現実に対面した相手を退けるためにまったく機能しないことが揶揄的に語られている。一方峻吉は有能なボクサーで日本チャンピオンにまで駆け上がるものの、酒場でつまらないいさかいに巻き込まれ、石で拳をつぶされて廃業に追い込まれるに至る。もっとも峻吉が負傷するのはいさかいの最中においてではなく、軽く退けられたならず者たちが、店の外で峻吉を待ち伏せをして足払いを食わせ、その拳を不意打ち的に攻撃したのだった。それも彼の不覚ではあるに違いないが、対人的な格闘競技があくまでも相手の存在を意識しつつリズムをもって動いていく身体を前提とし、それを欠いた地点では無防備な弱さを晒してしまうことを物語る挿話をなしてもいる。

　この二つのタイプの肉体のうち、三島が当初志向したものは、時間的な経緯からいっても収が実現する分厚い筋肉を備えたそれであった。「私の健康」（一九六二）という短いエッセイではその事情について、病弱であった少年期を経て、戦争時には軍事教練などで「耐久力は出来てきたが、見かけは最低」の肉体にとどまっていたが、二十代で作家生活に入ってからも胃痛に苦しめられつづけた状態を克服するべく、「三十代に入り、ここで体をガッチリ作らねば一生損をすると思ひ、ボディ・ビルをはじめ、胃がすつかり丈夫になり、全然病床につくことがなくなつた」と述べられている。すなわち三島にとって肉体的な強健さは第一に作家活動の基盤をなす条件であり、自分に欠けている筋肉の堅牢さを備えることがそれを満たす道程として考えられたということである。

　一方ボクシングや剣道といった対人競技に三島が関わるようになったのは、「実感的スポーツ論」（一九六四）で「私の肉体的自信は主観的にふくらみすぎ、むかしから私とスポーツとの間を隔ててきたあの鉄壁が、つひにくづれ去つたと信じた」と述べられるように、ボディ・ビルを継続しえたことによって、より動的な身体活動の世界への意欲が高まったことを動機としている。けれどもはじめ三島が取り組んだボクシングは三十歳を過ぎた肉体には苛酷すぎ、その後剣道と出会うことによって三島は「最も自分に適したスポーツ」（「実感的スポーツ論」）を見出すことになった。

もちろんこのエッセイでも述べられているように、実際にはバーベルなどによって筋肉を強化することは、剣道を含む他のスポーツの力量を高めることに有効であり、現在ではどの競技も積極的にウエィト・トレーニングを取り入れている。けれども『鏡子の家』での叙述が物語るように、象徴的にはボディ・ビルによって培われた筋肉とボクシングや剣道で鍛えられた筋肉は静と動の対照をなしている。「私の健康」でも「ボディ・ビルだけでは、体がコチコチになり鈍重になるやうな気がするので、週一回は剣道をやって体をほぐしスピードをつけ、汗を滝の如く流す」と述べられており、三島自身がその対比を日々の生活において意識していたことがうかがわれる。

2

こうした対照性をはらんだ二つのタイプの肉体を、相互の連関のなかで捉えるとともに、自身の本来の領域である言語表現との有機的な照応を試みようとしたエッセイが自決の二年前に発表された『太陽と鉄』である。ここで三島は自身における肉体の来歴を辿り、幼少期から言葉の世界への耽溺とともに生きてきたために、肉体が現実の「シノニム」として疎遠な存在であったものが、小説家としての仕事を進めるにしたがって「現実と肉体に対する飢渇」を強め、それを癒すべく「太陽」と出会い、「鉄の塊」との交わりを開始したという経緯を述べることから始めている。その経緯自体は三島自身の歩みと合致しており、とくに主題として語られる「鉄」との付き合いも他のエッセイでの叙述と内容的には違わないものの、これまで多少の諧謔とともに語られていたボディ・ビルの鍛錬がここではその具体性を捨象され、「鉄塊と私との、親しい付合」と表現されるように、鍛錬の道具が外界の象徴として意味づけられている。

鉄の行使がすでにしつこく暗示してゐたやうに、筋肉と鉄との関係は相対的であり、われわれと世界との関係によく似てゐた。すなはち、力が対象を持たなければ力でありえないやうな存在感覚が、われわれと世界との基本的な関係であり、そのかぎりにおいてわれわれは世界に依存し、私は鉄塊に依存してゐたのである。

三島が求めているものは、外界に働きかける「力」が外界の相手自体によって培われ、その強度が測られる感覚の確かさであり、「鉄塊」はそれを数値によって示してくれる明快さを備えた相手として「依存」の対象となる。この方向づけによって、ボディ・ビルは自己の筋肉を増強し、肥大させる対自的な営為というよりも、「鉄塊」という明確な輪郭をもった相手と関わる対他的な営為として捉えられ、ボクシングや剣道といった対人競技と連続する地平に置かれるとともに、言葉によって外界の対象を捉える言語表現という営為との異同を問いうる連続性を発生させることになるのである。

その点で『太陽と鉄』は少年期から持続されてきた表現者としての自己と、青年期の終わりから開始された肉体活動家としての自己を包括的に捉えようとする思索の試みにほかならない。ここではあえて距離のある問題同士が結びつけられ、自己の内で混在している異種の営みをそれこそ〈力業〉的に共通の地平で考究しようとする姿勢が論を貫流している。すなわち作家が言葉を媒介とする表現によって捉えようとする外部世界と、筋肉がその動きによって支配しようとするバーベルという「鉄塊」が、自己との関係において「よく似てゐた」と本当にいえるかどうかは疑わしい。作家が対峙する「世界」はより曖昧で混沌としており、「鉄塊」のような物としての具体性をもっているわけではない。また同じ具体的な相手としても、ボクシングや剣道における相手はたえず動きつつ自分を攻撃してくる不測の存在であり、自分との力関係が重量によって限定される「鉄塊」のような静的な存在ではない。

そうした差違を承知のうえで三島はそれらを〈自己と外界〉という共通した地平において連携させようとしてしている。たとえばボディ・ビルとボクシング、剣道の関係性について、前者によって「力の純粋感覚を体得」した後に、三島はそれを後者に援用する「言ひ換えへの試み」をおこなったのだったが、「力の純粋感覚への言ひ換へが、拳の一閃や、竹刀の一撃へ向かふのは当然だつた」という論理で後者の世界への踏み出しが正当化されている。「鉄塊」との格闘が喚起する「力の純粋感覚」が「拳の一閃や、竹刀の一撃」に「言ひ換へ」られるかにも疑問があり、『鏡子の家』の収と峻吉の対比的な像はむしろそれができないことを示唆していたともいえる。けれども言語表現とは対照をなす、外部世界の明確な相手との取り組みである点で両者は三島のなかで結びつけられるのである。その際言語表現と肉体活動とをもっとも隔てるものとして、そこに動員される「想像力」の有無が挙げられる。言語を媒体として「言ふに言はれぬもの」を表現しようとして、それが成就されるのは「文体による言葉の精妙な排列が、読者の想像力を極度に喚起するとき」だが、それは「物を避け、物を作る」ことにほかならず、「想像力といふ言葉によつて、いかに多くの怠け者の真実が容認されてきたことであらうか」という感慨が表明されている。

この感慨は『太陽と鉄』のモチーフと密接な関わりをもっている。少年期からの言葉への過剰な耽溺によって世界から隔てられてしまったという感覚を抱かされ、それを癒すために「太陽と鉄」との交わりを開始した三島にとって、想像力は現実の代替としてのイメージを意識に描かせる動力である点で、外界との直接的な結合を阻害する要件として眺められる。とくにこの時点の三島が志向していたのは、戦後の日本社会と鋭く対峙し、その安穏と停滞を撃つことであったために、かつて没入した、現実世界とは別個の秩序をもった言葉の華麗な城を築き上げることとは対蹠的な機能が言葉に求められている。肉体と言葉が比喩的な連続性のなかに置かれるのはそのためであった。

三島の思考のなかでは、ボディ・ビルもボクシングや剣道も、具体的で明確な相手と渡り合う活動である点で、想像力の曖昧さが侵入してくる余地のない世界として連続した地平をなすが、その上でやはり両者には対比的な性格が付与されている。つまりボディ・ビルは「鉄塊」という静的な相手と関わりつつ自己の筋肉を鍛錬する場であるために、それを意識によって明確に統御することができる。その点でボディ・ビルで培われる筋肉は言語表現における「文体」に似るのであり、実際このエッセイでは次のような表現によって文体と筋肉が連携させられている。

すでに私は私の文体を私の筋肉にふさはしいものにしてゐたが、それによつて文体は撓《しな》やかに自在になり、志望に類する装飾は剝ぎ取られ、筋肉的な装飾、すなはち現代文明の裡では無用であつても、威信と美観のためには依然として必要な、さういふ装飾は、丹念に維持されてゐた。

こうした類比が成り立つのは、文体と筋肉がともに〈見られる〉客体性を帯び、それを意識が強く対象化しうるからだが、三島の言に反してボディ・ビルによる筋肉の増強は想像力の介入する余地を残している。それは結局可視的な〈あるべき姿〉に自身の肉体を近づけていく鍛錬であり、その〈あるべき姿〉は自己の現況を補う形で視覚イメージとして想像力によって描かれているはずだからだ。にもかかわらずここで文体と筋肉がともに想像力の排除によって強化されるものとされているのは、曖昧さを排しつつ外界と関わり、対象を捉えようとする志向の反映であり、筋肉が「力の純粋感覚」を介して「鉄塊」と交わるように、「想像力の放恣」を許さない形で現実世界を明確に捉える文体が称揚されているのである。

3

しかし皮肉なことにこうした類比への執着は、文体を逆に現実世界の直截な表出から遠ざけることになる。なぜならボディ・ビルによって培われるような過剰な筋肉は現実世界を動的に生き抜くためには不要であり、それはあくまでも日常生活とは別次元の美的な価値観によって求められているからだ。したがって文体がボディ・ビル的な筋肉に似るとすれば、それはやはり文体が美的な価値観のもとに置かれるということにほかならず、その限りにおいて想像力の対象となることを免れない。実際『太陽と鉄』が発表された一九六八年において書き進められていた『豊饒の海』第二巻をなす『奔馬』(一九六七〜六八)は、剣道と革命に熱情を注ぐ「荒魂」の持ち主の青年飯沼勲を主人公としていて、『太陽と鉄』の内容と共鳴関係をなしているのは興味深いものの、この作品の文体が想像力の介入を許さないような即物的な言葉遣いによって貫かれているということは決してない。たとえばテロの決行の前に警察に取り押さえられ、裁判にかけられた勲の法廷に証人として立った老人の北崎が、「二十年前」の記憶として勲が「女連れ」で彼の宿を訪れたという辻褄の合わない話をした時、本多は一旦失笑しながら、勲の〈前世〉である松枝清顕が聡子とそこで関係を持っていたことを思い起こして戦慄する。それにつづく描写は、次のような比喩を多用した、読み手の想像力に訴える文章でなされているのである。

さうと知ると、本多にも亦、まばゆく磨き立てられた飴色の法壇と、裁判官たちの黒いおごそかな法服とが、窓外のはげしい夏の光りに忽《たちま》ち色褪せてゆく心地がした。目前にいかめしくその精巧な機構を誇示してゐる法秩序が、あたかも氷の城のやうに、その夏の光りに強く射られて、みるみる融解してゆく心地がした。北崎はたしかに、常人の目には見えない巨大な光りの絆を瞥見したのである。（三十七）

そもそも『豊饒の海』四部作は輪廻転生という、客観的には証し立てられない人間同士の連続性を主題としており、様々な傍証の集積によってそれを実感するに至る本多にしても、その信憑はもっぱら「常人の目には見えない巨大な光りの絆」といった想像力が描くイメージとして浮上してくる。副主人公の想像力の営為が四巻にわたる物語の全体像を仮構する条件となっている点で、この時点での三島が想像力の価値自体を否定していたのではなく、むしろそれに対する信奉を創作の起点としていることが分かるが、反面清顕や勲、あるいはそれにつづくタイの王女ジン・ジャン、冷徹なニヒリスト安永透といった主人公たちは総じて想像力の主体としては生きていない人びとである。とくに恋愛の情念に掴まれる清顕と革命の情念に動かされる勲は、想像力を排した地平でそれぞれの情念に烈しく使嗾されつつ、二十歳での死に到達する行動のなかを進んでいくのだった[1]。

こうした行動者たちの輪郭は『太陽と鉄』の趣旨とも軌を一にしている。ここに現れる二つのタイプの肉体行動のうち、対面する相手とのせめぎ合いのなかで遂行されるのはボクシングや剣道だが、そこでは想像力を作動させる余地のない緊迫した対峙関係のなかで、自律的な流れとリズムを具現化するに至った肉体が動いている。現に三島はこのエッセイで、「他人の想像力の餌食になり、自分が一切想像力を持たないことが筋肉の性質であるなら、私はそれを一歩進めて、自他共に想像力の余地を許さぬやうな純粋行為を、剣道のうちに求めてゐた」といった表現で、想像力の活動と対極をなす行動として剣道を位置づけようとしている。

この「想像力の余地を許さぬやうな純粋行為」の主体とな

ることによって、相手の動きの一瞬の隙を突くことが可能となるが、その時主体の身体の動きは当然意識の統御を免れている。今の引用のやや前の箇所で「染めなされた無意識の反射作用によつて肉体が最高度の技倆を発揮する瞬間に、私の肉体の純粋実験の情熱が賭けられて」いると記されるように、三島がボクシングや剣道といった対人的な競技に取り組んだのは、この「無意識の反射作用」の域で高度な身体活動がおこなわれる機構に惹かれたからである。またこの一文と対照をなす形でその前に「肉体＝力＝行動の線上に、私の意識の純粋実験の意欲が賭けられて」いるという文が配されているように、ボディ・ビルは自身の肉体を極度に意識的な統御の対象とする行動として三島を惹きつけていた。

ボディ・ビル的な鍛錬との連続性をより強くもつレスリングや柔道といったスポーツに三島が関心を示さず、距たりの大きいボクシングや剣道に惹かれるのは、明らかにその距離ゆえであり、意識と無意識の両端を行き来する感覚を両者への関わりにおいて経験することができるからであろう。もちろんレスリングや柔道においても、修練と経験の積み重ねによって、「無意識の反射作用」に身を委ねつつ相手を凌ぐ場面は現出するものの、やはり筋力に物をいわせて相手を自分の支配下に置くことで勝利を収めることになる展開に傾きがちであり、相手との揺れ動く距離のなかで相互に攻撃を仕掛けつつ、そこにできる間隙に入り込むことで相手を倒すという側面はボクシングや剣道により顕著である。その瞬間の間合いについて三島は次のように表現している。

グローヴにしろ竹刀にしろ、その打擊の瞬間は、敵の肉体に対する直接の攻擊といふよりも、正確な打擊であればあるほどカウンター・ブロウのやうに感じられることは、多くの人の体験することであらう。自分の打擊、自分の力によつて、空間に一つの凹みが生ずる。そのとき敵の肉体が、正確にその空間の凹みを充たし、正にその凹みそつくりの形態をとるときに、打擊は成功したのだ。

相互の攻撃のせめぎ合いのなかに生じる「凹み」を相手の身体が満たし、「その凹みそつくりの形態をとる」瞬間に、自分の「打擊」が成功するという事態は、「カウンター・ブロウのやう」と形容されるように当然主体的に引き寄せられるのではなく、むしろ相手から与えられるように生起する。それは練習と実戦の繰り返しのなかで掴み取られる瞬間であり、そこでは確かに主体の想像力が作用する余地は完全に排されている。サルトルが「像《イマージュ》的綜合は自発性、或いは自由性ともいい得るであろうものの、非常に強い意識をともなっている」（平井啓之訳、以下同じ）とし、その理由として「明確な意志のみが、意識の像《イマージュ》の次元から知覚の次元への横滑りを防ぐことが出来るからだ」と述べる（『想像力の問題』[2]）ように、想像力には「像《イマージュ》的綜合」をもたらす方向付けを与える意志性がはらまれており、ボディ・ビルの鍛錬においては自身の肉体の〈あるべき姿〉としての「像《イマージュ》的綜合」を備給する源泉として想像力が作動している。一方ボクシングや剣道において勝利を収めるためには、想像力を滅し、意識を無化し、相手と対峙しつつ動いていく流れに合一することによって打撃を成功させる「凹み」を見出さねばならないのである。

4

けれどもこの無意識のなかにしか成就しない身体行動の機構を探求することが『太陽と鉄』の主題であったとすれば、ボディ・ビル的な肉体はその反語的な前提にしかならず、また随所に織り交ぜられる文体への言及は余剰の議論であることになる。逆に肉体と文体の比喩的関係に主題が収斂されるのであれば、ボクシングや剣道への言及は不要であることにもなる。『太陽と鉄』の議論が錯雑とした様相を帯びているのは、本来二つの論として探求されてもよい問題を一つの論考のなかで述べているからだが、その野合的な並置にこそ三島がこのエッセイに込めた狙いがある。行動としての対照的な性格にもかかわらず、三島にとってはボディ・ビルとボクシング、剣道には連続する地平があり、その地平のなかで文体の問題への連続性が生まれているからだ。

　すなわち前節で眺めたようなボクシングや剣道における攻撃の成功には意識の無化が条件とされているが、この行動の流れのなかで自覚的な意識が滅する、すなわち〈死ぬ〉ことが、ボディ・ビルとの間に比喩的な連携を生み出すことになる。これまで触れてこなかったが、三島が自身を分厚い筋肉によって覆おうとしたのは、胃痛に苦しめられる身体的な虚弱さを克服するためという現実的な理由に加えて、「十八歳のとき、私は夭折にあこがれながら、自分が夭折にふさはしくないことを感じてゐた。なぜなら私はドラマティックな死にふさはしい筋肉を欠いてゐたからである」と記されるように、自身に「ドラマティックな死」の主体たる条件を付与するためであった。この文字通りの、あるいは比喩的な〈死〉という主題を媒介とすることによって、これらの問題性が三島のなかで束ねられているのである。さらに剣道について見れば、その竹刀は殺戮のための武器である剣を模した道具であり、武士たちの生死を賭けた闘いを想起させる点でも死への近しさを帯びている。そして「永遠に想像力に属する唯一のものこそ、すなはち死であつた」というハイデガー的な前提から、「想像力も剣も、死への親近が養ふ技術である点では同じだつた」と断言されることで、想像力を武器とする言語表現と合わせて〈言葉（文体）――ボディ・ビル――剣道〉という三者の連携が成立するのである。

　この連携は『太陽と鉄』のなかでも言及される「文武両道」の可能性を下支えするように見えるが、三島はそれに対しては否定的である。三島は「「文」の原理」においては死が抑圧される一方、「生はつねに保留され、ストックされ、死と適度にまぜ合はされ」る性格をもつことから、「むしろかう言つたらよからう。「武」とは花と散ることであり、「文」とは不朽の花を育てることだ、と。そして不朽の花とはすなはち造花である」と述べている。この表現で対比されているのは、自己を無化する瞬間に凝縮された生の昂揚を経験する行動と、自己を危機に晒さないまま永続性をもった表象を作る行動であり、「「文武両道」的人間」は究極的な場面では「その理想をどちらかの側からか裏切るであらう」とされている。ここでも「武」は死に至る行動として明確化されており、それによってこの論考における「文武両道」は、それが本来目指すはずの、精神と身体をともども鍛えることによって現実世界を果敢に生き抜いていくという理念とは別個の意味合いが付与されているのである。

三島がここで「文武両道」に対して否定的になる理由は、端的には「武」をあくまでも自己を「花」のように散らす死に至る行動として捉えているからで、そこに現実の「文武両道」的な人物との差違が現れている。たとえば宮本武蔵は誰も知るように「生涯無敗」の伝説を持つ剣術家であり、また武芸における理念と戦略を綴った『五輪書』や多くの書画を遺した文人でもあった。けれども三島が、「文武両道」の実践者としての武蔵に関心を払った形跡は見られない。それは武蔵が何よりも対決や決闘に勝って生き抜くことを目指した剣術家だったからで、『五輪書』に語られているのも、もっぱら「兵法」と称されるそのための具体的な方策であった。日々の鍛錬による修養を重んじるのは三島の武道観と同じであるにしても、それによって目指されるのは、あくまでも「鍛錬をもつて惣躰自由なれば、身にても人にかち、又此道に馴たる心なれば、心をもつても人に勝。此所に至ては、いかにとして人にま〔負〕くる道あらんや[3]」という、肉体的にも精神的にも相手に〈勝ち〉つづけることができる境地であった。

また武芸者ではないが、肉体行動と言語表現の両方に関わり、その成果を「花」という言葉で表現した芸術家に世阿弥がいる。能の世界に深い造詣を持ち、みずからもそれを翻案した現代劇集を遺した三島だが、やはり『風姿花伝』などの世阿弥の理論への深い関心は語られていない。三島が『太陽と鉄』で「花」の比喩を使う背後に世阿弥の理論を想定することはできるものの、その比喩に対する眼差しは対照的である。世阿弥が繰り返し表現の成就に「花」という言葉を充てたのは、それが〈散る〉宿命にあるからこそ、その命を少しでも長引かせ、観る者の心を動かす戦略に心を砕くからであった。周知のように世阿弥の時代において能の上演は多くの他座との競演の形を取り、そのせめぎ合いに勝つことが芸能者としての自己を生き延びさせる条件であった。「秘すれば花なり」という有名な言葉は、必ずしも際立っているわけではない表現の効果をより高めるための智恵であり、それは武蔵が武芸の勝負において「敵のおもひよらざる拍子をもつて、空の拍子を智恵の拍子より発して勝所也」（敵の思いもかけぬ拍子をもって当たり、無形の拍子を智略の拍子として発揮して勝ちを収めるのである）と語るように、観客を含む相手の意表を突くことで、その〈上〉に自分を立たせるための戦略にほかならなかった。

もっとも世阿弥や宮本武蔵も、身体行動が成就するためには主体がリズムをもった流れのなかに入り込み、意識的な統御を免れねばならないと考えている点では三島と共通している。今引用した『五輪書』の一節に含まれる「拍子」もそうした行動の流れのなかにもたらされるリズムが派生させるものであり、決して主体が自覚的に選択するものではない。演技という文字通りの身体行動のあり方を考察した世阿弥は、一層この問題を深く追究しており、役者が演技の流れのなかに入り込むことで、演技を〈している〉という意識自体が相対化される機構を考察している。たとえば『花鏡』では「せぬひま」という状態が重んじられるが、それは「油断なく心をつなぐ性根」と表現されるように、役を表現する演技の有機的な流れに合一することで、演技を「せぬ」という無意識のなかに移行しながら、「油断なく」と記される、身体を貫く緊張感を維持する境地であった[4]。

こうした身体行動における主体の意識や自覚の〈死〉を志向する側面をもちながら、世阿弥や宮本武蔵にとってはそれは何よりも〈生き抜く〉ための方策であった。一方三島にとって、ボクシングや剣道における相手とのせめぎ合いのさなかに生じる無意識は、本来極度に意識的な人間としての自己の外側に超出する境地にほかならず、それゆえ〈死〉への近接としての意味を帯びることになる。興味深いのは、そうした意識的自己の〈死〉が主体を動的な行動にいざなうという展開が三島の主要作品にしばしば見られることだ。三島作品の主人公は、他者や外界に距離を取る、あるいはそれを強いられることでイロニー的な非行動者として生きながら、その自覚が外界からの働きかけで崩壊し、何らかの情念に憑依的に捉えられることで行動者へと変じることが少なくない。年上の恋人に対して冷ややかな距離を取っていた主人公が、その恋人が皇室に輿入れすることが決まったことをきっかけとして恋愛の情念に掴まれるように烈しい行動者へと変じる『春の雪』（一九六五～六六）はその典型だが、『金閣寺』（一九五六）の吃音の主人公も、外界との距離のなかに置かれた内省的人間であったのが、大学で知り合った友人の感化を契機として、最終的には国宝の建築物に火を放つという破壊的行動の主体に変容するのだった。また『潮騒』（一九五四）の力強い行動者である漁師の主人公は、もともと知的営為とは無縁の青年として輪郭づけられている。

おそらく三島のなかには、意識的営為の圏内にある限り人間は美的観照の主体にとどまりがちであり、真に動的な行動の主体となるためにはその意識を滅しなくてはならないという認識が抱かれていた。三島が三十代になって取り組むことになったボディ・ビルやボクシング、剣道といった肉体活動は、その対比をあらためて自覚させると同時に、とくに後者において立ち現れる自覚的意識の〈死〉は、彼の表現者としての自覚を深める契機となったといえるだろう。

（東京外国語大学教授）

註1　その点で四部作を貫く傍観者としての本多の存在と、とくに『春の雪』『奔馬』を特徴づける主人公の自壊的な行動者としての輪郭の対照性は、『太陽と鉄』において語られる静的動的の二つの肉体の対比と照応しているといえる。三島が『豊饒の海』を「世界解釈の小説」と見なしていたのはよく知られるが、同時代の現実に批判的に対峙する意識に加えて、「世界」という曖昧で茫漠とした存在を「解釈」という客体化の対象とする姿勢に、「鉄塊」との交わりになぞらえられる〈自己と世界〉の関係性への志向が見られる。

2　J・P・サルトル『想像力の問題』（平井啓之訳、人文書院サルトル全集第十二巻、一九五六、原著は一九四〇）。サルトルがこの節で例にとっているのは「物真似」で、表層的には真似られる対象に似ていない物真似芸人の表現が観客にその対象を喚起させる機構について、「物真似屋の身体の上に私たちが眺めるものは、この像《イマージュ》としての対象である」と述べている。物真似芸人は対象の特徴を掴み、それを誇張して表現することで対象の「像《イマージュ》」を観客に描かせるが、それを成就させているのは「像《イマージュ》的綜合」をもたらす観客の意識的志向性にほかならない。

3　『五輪書』の引用は『宮本武蔵　五輪書』（徳間書店、一九六三）による。もっとも宮本武蔵が文人的な活動に関わるようになるのは、武芸家としての勝負から退いた晩年においてであり、『五輪書』も死の直前に書き上げられ、門人に託されている。肉体活動と表現活動を並行的におこなったという点では、世阿弥の方が広義ではあるが「文武両道」の人であったといえるだろう。『風姿花伝』などに繰り返し現れる「立合に勝つ」という表現は、能の上演がまさに〈勝負〉の場であったことを物語っている。

4　世阿弥の芸術論の引用は日本古典体系65『歌論集　能楽論集』（岩波書店、一九六一）による。『風姿花伝』でも「似せぬ位」という境地に言及されている。つまり演じる役柄になりきってしまえば、すでにそれを演じようとする意識がなくなり、その役柄〈として〉行動することになる。この境地では役柄の意識に演技者は占領されているのであり、サルトルが物真似芸人についていう「憑依」が起こっているともいえるが、少なくとも本来の主体としての意識は無化されている。三島の世界に登場する情念的行動者たちも、多くの場合は何らかの憑依を蒙った人びとである。

特集　三島由紀夫とスポーツ

肉体が見出す「日本」——三島由紀夫「太陽と鉄」覚書——

山中剛史

■「日本」の叫び

三島とスポーツとを考える時に、すぐに浮かぶのがボディビルやボクシング、そして剣道といったものである。乗馬やボディビルはスポーツというには少し特殊であるとしても、しかし、ボクシングにせよ剣道にせよ、娯楽的スポーツというよりは武道であり格闘技である。その意味では、最晩年にやっていた空手や居合抜き、また銃剣道もここに加えてよかろう[1]。オリンピックなどの観戦記はあるにせよ、三島の場合自ら参加するとなるとそれは球技や陸上といったものではない。団体競技ではなく一対一の、しかもスピードや飛距離といったものを競うというよりも道《どう》としてある種の精神性が求められる前記のようなものになる。石原慎太郎が述べたように[2]、三島が本質的に運動音痴であるならそれも致し方ないとすることも出来ようが、他方で三島が「『葉隠』入門」の著者であることを思えば、話は石原のように一面的なものではない。

では三島は武道になにを見ていたのかということになれば、体育、競技として以上のなにものかの価値をそこに見ていたようである。三島が剣道を始めてから六年近く経過した昭和三十九年十月、新聞に連載された「実感的スポーツ論」では、種々のスポーツや体育教育について語りながら、剣道をめぐっては少し趣を変えて次のように記している。少々長いが引用しておきたい。

> 剣道もはじめて五、六年にしかならないが、実は中学時代にも、一年間正課で教えられたことがあつた。当時、私の学校では、剣道、柔道、弓道、馬術がいづれも必修科目であつたが、強いられたために、どれも好きになれなかつた。なかんずく剣道独特のあのかけ声を、少年の私はきらつた。その何ともいえぬ野卑な、野蛮な、威嚇的な、恥しらずの、なまなましく生理的な、反文明的反文化的な、反理知的な、動物的な叫び声は、羞恥心にみ

ちた少年の心を恥ずかしさでいつぱいにした。あんな叫び声を自分が立てると思うとたまらない気がし、人が立てるのをきくと耳をおほいたくなつた。

　それから二十五年たつた今、今度はまるきり逆に、自他の立てるそのかけ声が私には快いのである。嘘ではなく、そのかけ声が私は心から好きになつた。これはだういふ変化だらう。

　思ふに、それは私が自分の精神の奥底にある「日本」の叫びを、自らみとめ、自らゆるすやうになつたからだと思はれる。この叫びには近代日本が自ら恥じ、必死に押し隠さうとしてゐるものが、あけすけに露呈されてゐる。それはもつとも暗い記憶と結びつき、日本の過去のもつとも正直な記憶に源してゐる。それは皮相な近代化の底にもひそんで流れてゐるところの、民族の深層意識の叫びである。このやうな怪物的日本は、鎖につながれ、久しく餌を与へられず、衰へて呻吟してゐるが、今なお剣道の道場においてだけ、われわれの口を借りて叫ぶのである。それが彼の唯一の解放の機会なのだ。私は今ではこの叫びを切に愛する。このやうな叫びに目をつぶつた日本の近代思想は、すべて浅薄なものだといふ感じがする。

一体「日本」の叫びとは何のことなのか。三島は剣道の叫び声に〈自分の精神の奥底にある「日本」の叫び〉=〈民族の深層意識の叫び〉=〈怪物的日本〉を認めたというが、では三島にとって剣道とは何だろうか。〈ここに私の故郷があり、肉体と精神の調和の理想があり、スポーツに対する私のながい郷愁が癒された思いがしてゐる〉(同前)と剣道について語る三島だが、これは単なるノスタルジアではない。それが〈近代日本が自ら恥じ、必死に押し隠さうとしてゐるもの〉という近代批判と共に、失われてしまったプリミティブなもののよすがを三島は感じ取っている。といって、具体的にそれが何かという方向には三島の筆は進まない。あくまで自ら身体を動かし剣道の稽古を重ね、その中で得た感覚的変化の話である。

　もちろん、あの吶喊のような叫び声から、三島がいわんとしているのは前近代的な武士道精神のようなものであろうという類推をたやすく招く。とはいえ、ここに記されているのは剣道の鍛錬を自ら重ねることにより、論理ではなく感覚として実感した自らの変化の理由であって、それが〈「日本」の叫び〉であるとするなら、もし三島が剣道をやっていなかったら、こうした叫びを己のうちに感じることはなかったかもしれない。では、身体を通して否応なく直面させられた「日本」、こうした実感はその後どうなったのであろうか。

■竹刀から真剣へ

三島はその〈「日本」の叫び〉を既に小説として発表して

いた。改めて述べるまでもなく、短篇「剣」（昭38・12）である。〈僕の考えを批評の形で出したのが『林房雄論』だし、小説にしたのが『午後の曳航』や『剣』で、『喜びの琴』はその戯曲ということになります[3]〉と三島が語るこれらの作品は、「豊饒の海」シリーズ発表前夜の、ある種の連続的なテーマを持つものとして見てよい。更にここに、「絹と明察」（昭39・1〜10）をも加えるべきだろう。三島は「絹と明察」で〈日本および日本人〉を描いたとしながら、〈この数年の作品は、すべて父親といふテーマ、つまり男性的権威の一番支配的なものであり、いつも息子から攻撃をうけ、滅びてゆくものを描かうとしたものです。「喜びの琴」も「剣」も、「午後の曳航」もそうだった〉（「著者と一時間」昭39・11）とも述べている。

「林房雄論」（昭38・2）から「午後の曳航」（昭38・9）そして「剣」、「喜びの琴」（昭39・2）、「絹と明察」と、「日本」および「父親の滅び」というテーマが貫かれていたとすれば、「剣」で死ぬ国分次郎も、〈自分の精神の奥底にある「日本」の叫び〉に知らず知らず忠実たらんとして近代では滅びざるを得なかった存在、あるいはまた滅び行く英雄＝「父親」的存在と見てよいだろう。確かにここには三島の「日本」というテーマの文学的展開がある。では三島のこうした「日本」をめぐるテーマはどこから出て来たものなのか。種々の要素があろうが、それこそ、三島が身体を通して感じ取った「日本」ではなかったか。

ボディビルも当初は肉体的コンプレックス解消のために始められたものであった。同じように、そもそも、〈一年もボデービルをやるうちに、私の肉体的自信は主観的にふくらみすぎ、むかしから私とスポーツとの間を隔ててきたあの鉄壁が、ついにくずれ去つたと信じた。そこで私は、舌なめずりしながらスポーツの世界へ飛び込もうとした〉（「実感的スポーツ論」）結果、至り着いたのが剣道である。

「太陽と鉄」（昭40・11〜43・6）を参照しながら、そこで〈「悲劇的な死」の中に美や「生きる価値」などを見出し〉、その文学的反映として「剣」と「奔馬」があるとする大西望は、三島作品に描かれる剣道に三つの段階があるとして、〈剣道を「見る」〉視点から〈剣道を「やる」〉視点へ、そして〈剣道の内に宿る日本の精神、または「日本」そのもの〉を見出す視点へと変化が認められるとして、「剣」と「奔馬」を比較して次のように述べている[4]。

次郎は「竹刀の勝利」を重視し、剣道そのものに目を向けている。そして実社会と自分の剣道世界を画して、剣道部の中で「剣」のために生きている。一方勲は、剣道部から飛び出し、実社会の中で「剣」を応用させる。剣道そのものに飽き足りず、「本物の危険」を求め、剣道の内なる精神つまり「怪物的日本」の存在に辿り着いたのだ。

確かに右で大西がいうように、「剣」と「奔馬」における剣のありかたには径庭がある。竹刀では人を斬ることは出来ないのだ。ただ、だとすれば次郎はなぜ死を選んだのであろうか。単に部内の軋轢によって死を決意したというわけにはいかないだろう。一方で「奔馬」の勲のありかたは、次に掲げる「太陽と鉄」の一節にそのまま符合しているといってよい。

それにしても私は、竹刀がもはや剣の直接的象徴ではないやうな時代に生きてをり、居合抜の真剣は、ただ空間を斬るにすぎなかつた。剣道にはあらゆる男らしさ美が凝集してゐたが、その男らしさがもはや社会的に無用の性質のものである点では、ただ想像力に依拠してゐる芸術と大差がなかつた。私はその想像力を憎んだ。私にとつて剣道とは、一切想像力の媒介を許さぬものでなければならなかつた。

〈「武」とは花と散ることであり、「文」とは不朽の花を育てることだ〉という「太陽と鉄」での三島の論理からすれば、剣道ですら「文」の論理であるとされてしまったとしても致し方ないだろう。しかしそれは、最早スポーツではない。ではそもそも「太陽と鉄」とは如何様なものであったのか。そしてそこでは「日本」は語られていたのか。

■橋の向こう側

単行本『太陽と鉄』（講談社、昭和四十三年十月）は枡形変形版で、アート紙の厚めの本文用紙に5号活字を用いてゆったりと活字を組み、カバーをかけた上で段ボールの函に入れるという体裁で刊行された。刊行形態を見ただけでも、それまでの他の評論集と比べ異例の贅沢さがあり、作者として別格の意味があるように思われる。カバー裏表紙面には、篠山紀信撮影になる日本刀を構えた禅姿の三島が配され、己のテキストと共にあり得べきイメージが直結するよう提示されているのも意味深である。[5] 帯の「『仮面の告白』の続編」なる惹句は、三島作品の系列の中では「仮面の告白」以来の代表作的な位置を担う作品であるばかりか、ある種の文学的告白であることをも示唆している。

いま改めて「太陽と鉄」を考える時、そこには種々のアプローチが可能であろう。三島の肉体論であるばかりでなく、それによって照らし返される文学論としても、また、〈告白と批評の中間形態〉とされているように、三島の告白的な自己批評とも考えることが出来る。いずれにせよ、「太陽と鉄」が三島自身の言葉と肉体の相克を語った書であるならば、その二元論は、文学と肉体、独創性と共同性、芸術と行動といった要素に置き換えることも出来るだろう。例えばその中でも、「私は皆とはちがう」というのが文学であれば、三島はボディビルを通して「私は皆と同じだ」という文学とは相反する栄光を手に入れたというくだりなどを読むと、饗庭孝男がいったように[6]、三島による反文学宣言のようにも捉えることが出来る。

　そして注目したいのは、「太陽と鉄」幕切れの、〈かくて集団は、私には、何ものかへの橋、そこを渡れば戻る由もない一つの橋と思はれたのだつた〉という一行である。ここでいう集団すなわち〈戦士共同体〉が架橋するもの、この〈何ものか〉とは一体何なのか。おそらくそれこそが「日本」ではないのか。

　ここで確認しておきたいのが「批評」に連載された「太陽と鉄」発表時期である。全十回連載で、第一回は昭和四十年十一月の三号。そして「戦士共同体」を語った箇所は、昭和四十三年六月の十二号に掲載された連載最終回のものである。三島の年譜と照らし合わせてみると、三島が初めての自衛隊体験入隊をした昭和四十二年四～五月のことは、初出誌で見開き二頁という連載中極端に短いもので、〈私がその後送つた一ヶ月半の短い軍隊生活〉について初めて語った連載第六回（昭42・7）としてすぐに「太陽と鉄」に反映されている。また〈戦士共同体〉が語られる最終回発表の前の二月には後の楯の会メンバーたちと三島は血判状を認め、三月には学生達を率いて体験入隊、更に四月には完成した制服に身を固め隊員らと愛宕神社へ参拝（楯の会発足記者会見は同年十月で単行本発売直前）、五月には「文化防衛論」を起稿している。[7] こうしてみると、中盤以降綴られる〈軍隊生活〉やラストの〈戦士共同体〉は、実際の三島の体験をほぼリアルタイムに反映していることがわかる。[8]〈戦士共同体〉とはいわずもがな楯の会のことだが、ここではあくまで戦士共同体である。

「私の遍歴時代」（昭38・1～5）が新聞読者向けに執筆された三島二十六歳までの青春物語であるとすれば、「太陽と鉄」は、あたかもそれを受けた形で展開される難解な批評的自伝として位置づけられるであろう。三島没後のいまから見れば、なぜ小説家が楯の会を組織するのか、なぜ自殺したのかという問いに対する文学的言明のようにすら見えてくる。三島における肉体（筋肉）が、しかしなにゆえに「日本」に接続するのかという問いは、集団＝日本、現代日本の武士集団＝楯の会とすれば、一見分かりやすい。言葉から肉体へ、肉体から集団へ、集団すなわち共同体「日本」であろうからである。が、正確にいえば「太陽と鉄」では「日本」が語られることはない。また一般発表前だったとはいえ「楯の会」という固有名詞も出てはこない。更にいってしまえば、なにゆえに「太陽と鉄」では、「日本」そのものが語られないのかという問いを立てることも可能である筈だ。

■ゾルレンとしての論理

　他の戦後作家になく三島由紀夫にあるものといえば、それは筋肉である、といえるかもしれない。作者と作品との私小説的混同を批評的に意識し、そこからの距離を担保していた三島にあっても、ボディビルのエピソードに彩られた筋肉という作家の実生活上の問題が、そのまま作品上に接続されうるとすれば――まさにそうした誤解を意図的に生じさせるような各種の働きかけを晩年の三島は精力的にこなしていくのであるが――、皮肉なことに、そうすればするほど、三島もまた私小説的な近代文学の伝統というよりも近代文学的慣例に連なることになってくる。

昭和三十年代初頭の週刊誌ダネを提供するが如きパフォーマティブな〝作家生活〟を経て、写真集『薔薇刑』や映画「憂国」での主演、また楯の会の活動と最晩年に加速していった篠山紀信撮影になる種々のフォト・パフォーマンスといったことを考えてみれば、作品評価と売れ行きが作家の人気と表裏一体をなしているという戦後日本の文学状況において、それらは「三島由紀夫」を演じるといったパフォーマンスの問題として捉えることが出来るであろう。といって、それをビジネス上のパフォーマンス、極めて打算的なイメージ操作という範疇のみのものであるかといえば、三島の場合そう簡単に割り切れるものではなかった。幾つかの拙論で考察してきたように(9)、多様な仮面を操るのはその下の素面であろうが、三島の場合、仮面はいつしか肉付きの仮面となり、操作可能な仮面の下には実は素面などそもそもなかったと気づくことになる。ミイラ取りがミイラになるごとく、自ら発信元であり自在にイメージを操作しているかのようでありながら、実のところ作られたイメージによって自身動かされていた向きはなかったか。いやむしろ、三島の場合のそれは、実在とイメージという関係が、あたかも先行するイデアとその仮象という関係ではなく、むしろその逆であったように思われるのである。

そう考えたとき、飛躍を含みながらも明確に自己の来し方と今ここに在ることについて整然と語った「太陽と鉄」というテクストの問題性が改めて浮かんでくる。こと改めて述べるまでもなく、幼少期から、「仮面の告白」でも語られる御神輿のエピソード、また作家としてデビューしてから世界一周の旅路で太陽と握手し、ボディビルを始め肉体を手に入れたことで、文学とは真逆の同苦を目指し、後戻りできない行動の世界へ渡ったことが、三島一流のレトリックで整然と述べられているのが「太陽と鉄」だが、これは素朴に自らの来し方行き方を語ったというものではない。三島自ら告白と批評の中間をいく「私批評」であると規定しているが、自らの現在の論理を開陳しながら、その論理に則るのであれば己は今までどう在ったのか、そして今はどう在り今後どう在るべきなのかという在り方の回路、そのロジックを改めてここでうち立てているともいえよう。

即ち、己はこうあるべきだと自己の人生を自己の論理で再規定し、改めて自らの在り方を再整理すること。自らの論理で築き上げられたあるべき自己像あるべきイメージを追いかけるようにして、実体としての己をそれにジャスティファイさせようという試み。そのような目論見が作者にあると捉えてみると、「太陽と鉄」は、三島自らが用意した「三島由紀夫物語」の理論編のように見えてくる。しかしこうしたやり方は、三島読者にとっては何も目新しいものではなかった。

　三島作品を振り返ってみれば、例えば「仮面の告白」での主人公の在り方や「青の時代」における主人公の造形のようでもある。実生活上でのサドマゾ的な同性愛志向を異常として苦悩していた三島が、「仮面の告白」を執筆することによって自ら同性愛者として自己規定して「生の回復」をなしたという指摘もある。[10] はたまた、「青の時代」の川崎誠は、己に課した自己統御のストイシズム「合理は拘束する」によって、生そのものをも自らあるべき論理に殉死させていたことを想起してもいい。

　いってしまえば、ゾルレンとしての三島固有の論理。まずはそれを打ち立ててから、実体としての己自身をそれに合わせ、文学のみならず実生活をもそれに沿わせること。おそらくは「太陽と鉄」を書いたこと事体がそのような性質を三島本人に強いたのであるといえる。

　とすれば、なにゆえに「太陽と鉄」で「日本」そのものが語られないのかという問いに対しても、そもそもその必要がなかったからだといえるのではないか。というのも、「日本」も楯の会も、三島にとってはその固有名詞つまり実体としてのそれではなく、それにいたる自らの論理が構築されること、それ自体が「太陽と鉄」の目的だったからである。

（大学非常勤講師）

註1　三島は晩年、全日本銃剣道連盟理事も務めていたが、それは体験入隊時の必修科目であったからである。楯の会の活動を始めてからの剣道、居合い、空手、銃剣道については犬塚潔『三島由紀夫と武道』（私家版、平26・1）が一次資料を多く掲載し非常に参考になる。

2　石原慎太郎『三島由紀夫の日蝕』（新潮社、平3・3）参照。

3　和「文学座を脱退した三島由紀夫氏――このひと」（「週刊読書人」昭38・12・2、1面）における三島コメント。

4　大西望「三島由紀夫と剣道」（「日本文学誌要」平13・7）、75頁。

5　当該書の担当編集者川島勝によれば、三島はカバーに篠山紀信撮影の褌一枚に鉢巻をして日本刀を構えた写真を用いることにこだわったという。ジョン・ベスター訳のアメリカ版、イギリス版では、篠山の写真が表紙カバーにでかでかと配されている。

6　饗庭孝男「言語表現と行為」（「理想」昭52・10）、135頁。

7　楯の会の制服完成記念として三島が隊員十一名を連れて青梅の愛宕神社に行ったことは、『決定版三島由紀夫全集42』（新潮社、平24・10二刷）の年譜には未記載だが、犬塚前掲書が当時の記念写真と共に紹介している。

8 「太陽と鉄」が擱筆したものを分割掲載したものではないことは、連載初期の本文末尾に〈未完〉とあること、体験入隊や楯の会について触れていることからも明らかであろう。村松剛『三島由紀夫の世界』（新潮文庫、平8・11）では、この最終章を富士学校の一室で書いた可能性を示唆している（510頁）。

9 拙稿「イコンとしての三島由紀夫」（「三島由紀夫研究10」平22・11）、「三島由紀夫のフォト・パフォーマンス」（「解釈と鑑賞」平23・4）、「マスコミ時代の貴種流離譚」（「三島由紀夫研究15」平27・3）。

10 井上隆史『豊饒なる仮面三島由紀夫』（新典社、平21・5）87〜88頁。

特集　三島由紀夫とスポーツ

スポーツというループについて

井上隆史

理想的な体形を維持するには、精神と肉体に対する厳しい自己管理が必要だろう。映画プロデューサーの藤井浩明さんは楯の会の制服を三島からもらったそうだが、八〇歳を過ぎても、かつてと同じように着ることができる、つまり体形が変わってない、と何度か私に自慢していた。優しい物腰で柔和な印象を与える藤井氏だが、実際には堅い信念で周囲を御してゆく人でもあったので（むしろこちらが本質だろう）、そうした性向が、自然と自己の身体にも向かっていたのかもしれない。

三島もまた厳しい克己心の持ち主だった。そういう点で二人は馬があったと思われる。だが、藤井氏が加齢とともに進む衰弱を受け入れつつ身心を制御しようとしたのに対し、三島の場合、身心を制御することは加齢に伴う衰弱の拒否を意味していた。それは時間を拒否したということでもある。そこから敷衍するなら、各種のスポーツに挑んだ三島の姿勢にも、そのような反―時間性が潜んでいたのではないか。特にボディビルはその象徴だと言えよう。

なぜ三島はボディビルを愛好したのか。動機の一つは生来の虚弱体質の改善だったが、一段深く見るなら三島固有の生の存在感の希薄さを、ボディビルによって獲得した肉体の存在によって補おうとする意図があった。だが、注意しなければならないのは生の存在感という時の「存在」と、ボディビルがもたらす肉体という「存在」とは、そもそも次元が異なり、互いに置き換え不能だということである。三島がそう気づかぬわけがない。すると、ここに働く数式は、生の存在感の希薄さというマイナスに、ボディビルによって得た肉体というプラスを足す加算ではないことになるだろう。むしろそれは、前者のマイナスに反―時間性というもう一つのマイナスを掛け合わせてプラスを産み出そうとする、乗算の魔術だったのだ。

魔術である以上、人間の基準から見れば病理学的なものであることは免れない。生活者として言えば、結局のところ乗算の数式は破綻せざるを得ないだろう。だが、重要なのは三島が病理を病理のままでは終わらせなかったことである。その死を、切腹という人間行為の系譜の中に位置付けることにより、これを紛れもない文化的表象の一つとして昇華したのだ。

ところで、三島にとってボディビルが反―時間性という点で負価を帯びていたことについては今述べた通りだが、そもそも現代において、ボディビルを行うこと自体、負の結果を導くリスクを避けがたい。いや、そもそもボディビルは本質的に負の営為なのだ。こういうことを考えさせる論考を目にしたので、紹介しよう。Vallet GUILLAUME の Corps performant bodybuildé et identité sexuée masculine : une congruence ? で、その趣旨は、ボディビルによって作られた身体と男性の性的アイデンティティは本当に一致するのか？　いや、しないであろう、というものだ。¿ *Interrogations* ? 誌の N°7 (décembre 2008) に発表されたものである。

同論文によれば、現代は「象徴的去勢」の結果として、男性の性的アイデンティティが著しく不安定になった時代である。不安に駆られた男性はアイデンティティの拠り所を肉体に求めるが、それは美と健康と身体遂行能力を統合し、個のアイデンティティと宿命をコントロールするような肉体でなければならない。こうしてボディビルへの傾倒が促されるが、そのような肉体のあり方の本質を端的に象徴するものがある。一九八〇年代の一連の映画、すなわち「ロッキー」「ランボー」「ターミネーター」だ。これはスクリーン上の絵空事ではない。一部の現代人は既にそのような存在と同一化しつつあり、スポーツにおけるドーピングなどはその一例であろう。だがその行き着くところ、エロティシズムを含めすべてが人工化、テクノロジー化され、かつその効果は、常に「見られ」「確かめられ」、社会的に是認されることによって保証されなければならなくなる。これは、性的アイデンティティの安定性の確保という当初の目的に照らすならば、むしろその達成を一層困難にする事態である。このようにして人は、決して終わることのない強迫行為のループ（輪）から抜け出せなくなる。

GUILLAUME は大略そういうことを述べている。現代においてスポーツについて考える場合、その社会心理学的リスクの問題を避けて通ることはできないのだ。それは、現代が、衰弱を受け入れつつ心身を制御したように見える藤井さんのやり方ではもう対応できない時代であることを意味している。三島は誰よりも早くこの険道に足を踏み入れていた。あるいは強迫行為の果てにアイデンティティが粉々になる前に自死を選んだとも言うべきかもしれない。

しかし、もし自死を選ばないとしたら、他にどのような道が残されているのか？　今考えねばならないのはこうした問いである。

（白百合女子大学教授）

鼎談

「こころで聴く三島由紀夫Ｖ」アフタートーク

近代能楽集「卒塔婆小町」をめぐって

■出席者　宮田慶子・松本　徹・佐藤秀明（司会）
■平成28年8月11日
■於・山中湖村公民館

三島由紀夫文学館・山中湖村教育委員会主催「こころで聴く三島由紀夫Ｖ」が平成二十八年八月十一日、山中湖村公民館で開かれた。

リーディング「卒塔婆小町」は、演出・宮田慶子、出演・春風ひとみ、牧田哲也、寺内淳志、坂川慶成、鈴木麻美、永澤洋、岡崎さつき、加茂智里、草彅智文。引きつづき「アフタートーク「卒塔婆小町」をめぐって」を、宮田慶子（新国立劇場演劇芸術監督・演出家）、松本徹（三島由紀夫文学館館長）、佐藤秀明（近畿大学教授・三島由紀夫文学館研究員）で行った。

佐藤　観客の皆さん、本当に集中して聴いていただきました。ありがとうございました。暑いですから、ここからは煽いだり、飲み物を飲んだりして聞いて、後でご意見やご質問をいただけたらと思いますので、よろしくお願いいたします。

それでは、まず演出をしてくださった宮田慶子さんから、ザックリとしたところ、「卒塔婆小町」について、いまお思いのことを伺いたいのですが。

宮田　終わって、本当にほっとしています。今回でリーディングは五回目になりますが、これまで「いつかは「卒塔婆小町」をやらなければいけないんだろうなあ」と思いながら来ました。一番ハードルが高く、ちょっと気の重い作品でした。

アフタートーク会場風景

やはり三島さんの『近代能楽集』の中でも一番優れた作品だと、ずっと言われてきていますし。それにいろんな方々によって上演されて来ています。美輪明宏さんがずっとなさってらっしゃいますし、平幹二朗さん、壤晴彦さん、また、多くの女優さんがなさってきています。どうやっても敵わないところ、届かないところがあるだろう。うーん、どうしょうと思い続けたのですが、今回はもう気にしないでやろう、私たちのリーディングによる形をつくればいいと、いや、それよりもこの作品にきちんと向き合って勉強させていただくつもりで、とにかくやろうと、まあそんな思いを重ねました。いやあ、本当にね、大変でした、これ。やっぱ難しいですね。昭和二十七年一月に発表されているので、二十六歳でお書きになっているんですね。その辺またお話頂けると思いますが、考えられないですよね。この時代の青年たちは戦争を乗り越えて、すばらしい個性をもっていらっしゃったとはいえ、三島さんのこの天才ぶりは群を抜いてるなということがこの作品と向き合ってみてよくわかりました。ただし、その素晴らしい部分と、若書きと言ったら大変失礼ですけど、思い切り飛躍しているとこがあってですねー、いいですかこんな一方的にずっと喋っていて。

佐藤　いえ、どうぞ。大事な問題点です。

宮田　もう一言二言台詞を交わしておいてくれると、ここ流れが楽なのにな、というのが実は演劇的にはちょっとあったりします。そうするとよりスムーズでお客様にもわかっていただきやすく、気持ちよく世界が飛んでいけるんじゃないかなと思うところがあったりします。でもこの発想自体はすごいなと。それには手が届かないけれど、とにかく手を伸ばした、まだまだ指先から先、さらに大分距離があるけれども、一応伸ばしてみた、ということになればいいなと思ってやらせていただきました。

佐藤　ありがとうございました。大変な劇風だと仰ってましたけれど　松本さんは、今日のリーディングのご感想、印象の率直なところはいかがでしょうか。

松本　私はですね、大学生になっていたと思うのですが、大阪におりまして、大阪城の前、大手前会館で文学座による初演を見ているはずなんです。それ以来、この戯曲の上演をかなり見てきています。その中で蜷川幸雄演出の舞台が忘れられませんが、しかし、今日のは、リーディングという形式で一緒にすることはできないかもしれませんが、ちょっと凄い芝居、うれしい舞台でした。なによりもですね、可憐な小町さんに逢うことができた。それも単に日本一の美女というだけではなく、時間を越えた永遠の美女ですね。そしてまた、それに対峙する詩人ですが、三文詩人であったのが「美しい」という一言のために命をかける本物の詩人となる、その一時に立ち会うことが出来ましたね。その点で有難く、うれしく、今日は一番後ろの席にいましたので、あまり周りを気にせず、ずっと涙を流していました。そのことは、宮田さんには言いたくないな、思いながら、真っ先に申し上げてしまいました。そしたら、いい歳をして、と……。

宮田　いえいえ（笑）。そんなこと言ってません。

松本　いい歳をして、とは私自身の言葉でした。ところで、今までの印象的な小町役は、女性よりも男ですね。そして、最近では男が演じるもの、というような風潮になっていたと思います。実際に現実の女性が持ちがたい迫力、存在感が要求される役なんでしょう。ところが今日は春風さんだった。女性ならではの魅力を存分に発揮、かつ、迫力、存在感も十分でした。例えば、最初は野太い老婆の声から始まりますが、それがいつの間にかかわいらしい女の声に、そうかと思うと、年齢を超越した迫力ある声にと変わる。それとともに、頭からすっぽり被ったショールを実に上手く使って、場面展開する。そして、小町と詩人にして深草少将二人の間の会話だけによって、この世ではあり得ない奇跡の瞬間が出現するんですね。それが僕たちの胸をぐさりと突き刺すんですね。

宮田　ありがとうございます。

佐藤　先ほど宮田さんがあげてくださった、平幹二朗、壤晴彦、それから美輪明宏、まあこの方々を全部男性と言ってしまっていいのかどうかということもあるんですけれども、そういう人たちがやってきた。ところが今回は春風ひとみさんを使った。それが松本さんの琴線に触れたわけですけれども、男性をとはお考えにはならなかったんですか。

宮田　考えなかったですね。もちろんある種、様式というのは男性でやった方が出てくるかなと思ったんですけれど。じゃあ、ストレートにやってみたらどういうことになるんだろうと思って、そこに興味があったんです。勿論、そもそもやれる俳優さんがいらっしゃらないと無理なんで、春風さんが口説けたら実現できるんだけどと、思いながら出演交渉したんです。そうしたら、快諾いただいた。

佐藤　よかったですね。ちょっとすごかったですよね、あの声の変わり具合は。鳥肌が立つような思いがしましたけれども、可憐なとおっしゃいましたか、そのところをもう少し言ってみてください。もう思いっきり褒めちゃってください。

松本　もっともっと褒めたいですが、可憐を説明しろとは、無理難題ですよ。

宮田　やっぱりね、宝塚の娘役でいらしたんで、あの声が。もちろん今は女優さんとして大活躍、ミュージカルもストレートプレイでも、一人舞台でも賞をおとりになっていますし、本当に素晴らしい女優さんです。殊にあの声の透明感、これはやっぱりなかなかないですよ、演劇界にも。

松本　そうだと思います。

宮田　後半の特に老婆と娘とが混在して、行ったり来たりするところはいかがでしたか。娘が段々と老婆に戻ってくるんだけど、また時々フッと娘の声になって、また老婆の声になって。あのテクニックはすごいです。わたしもすごーいって言うしかないです。

松本　宮田さんにそこまで言わせる、凄さ。

佐藤　テクニックとおっしゃいましたけれど、演出する側としては、どういうふうに意図を伝えられたんでしょうか。その声を変える部分ですが。

宮田　基本的には春風さんにお任せしたんです。例えば、語尾の「だよ」っていっているときは老婆ですし、「なのでしょう」とか、「です」とかのところは娘でという、基本的ルールはあるんですが。あとは多分、稽古の中でさんざん挑戦してくださって、切り替えをして、あえてズラすところも意図的に作って最終的にここにおさまったと。

佐藤　この台詞は老婆の声で、この台詞は娘の声でというふうに指示されたわけではない……。

宮田　まず、やっていただいて。

佐藤　春風さんにやっていただいて、それOKという感じですね。

宮田　そうです。それでOK出しました。基本的な構成はとれていると思ったので。本当にそれが素晴らしかったですね。リーディングはね、ほんとに台詞の力だけで楽しんでいただくものなので、台詞がしっかりしている俳優さんにお願いしているわけですけど。春風さんのかわいらしい声はね、だーい好きなので。なんて品が良くて、かわいらしいんだろうと。

松本　それでいて言葉の隅々まで声が届いていていて、意味がくっきりと浮かび出てくる。
宮田　そうなんですよね。
佐藤　ここで俳優さんたちに入っていただきましょう。どうぞお入りください。
（会場：拍手）
佐藤　では、春風ひとみさんに一言、聞いてみたいですね。演じてみていかがでしたか。
春風　本日は暑い中、ありがとうございました。皆様、大丈夫でした？　わたしも汗をいっぱいかいてしまいましたけれども。三島さんの『卒塔婆小町』をリーディングでってお話を頂いたときは震えました。嬉しいのと、さてこの文体は私が肉付け出来るのかな、と。でも、宮田さんでしたので、これまで何本もやらせて頂いているので、もう預けてしまえば大丈夫かなと思って挑んでみました。
宮田　何でそんなに美しい声なんですかって、ここにおられるお二人が、今……。
春風　えっ、そうですか？
宮田　そういう話の流れだったの。
松本　これまで感心した舞台の小町役は、いずれも男だったんですよ。それが今日初めて女性で、可憐な小町さんにお会いできてね、僕はほんとうに感激しています。
春風　ありがとうございます。ト書きで色っぽい声でとか書いてあるので、まあ、意識しないでふーっと時空がこう捩じれていけばいいかなと、そのことはすごく繊細にやらなければいけないかなというふうには思いました。
宮田　娘の声とね、老婆の声との切り替えはどうしたんですかという話で、基本的には春風さんにお任せしていますって。
春風　はい、そうですね。宮田さんにそのところは、自由にさせて頂いて、お稽古のときにいろいろと自分でここをこうかなこうかなと工夫して、だんだんと自然になってくるところで落ち着いたかな、というところです。やはり視覚的なところが少ないので非常に難しかったですけれども、挑戦が出来て楽しかったです。
宮田　柔軟な挑戦に感謝です。
佐藤　老婆から娘に代わる時、普通の舞台では腰を伸ばしたり、衣装を変えたりするわけですが、今回は本当に声だけでなさった。リーディングですからそうなったんですが、この声だけで場を持たせる、そこに賭ける何かがあったんじゃないかと思ったのですが、いかがでしょうか。
春風　そうですね、おばあさん役に私は、すごい憧れがありまして、若い時から早くおばあさん役がやりたいと思っていたので、そこら辺はいいのですが、ただ、声だけで演技をするというのはとても難しく……、そこに入るのにはエネルギーがいる。座っていて、こう腹の底から沸き上がるものを出していかなければならない。そのためにものすごく時間がかかりました。初めて本を頂いて読んでいると、よくある「縁側のおばあさん」のコントみたいになっちゃって。ですから、そこを乗り越えるのにすごく時間がかかりました。三島さんの文体がとても美しく、そこに自分がどう入っていけるのか、という点でもかなりノッキングは起こしました。でも本当に楽しかったです。

佐藤　松本さん、何か喋りたいことないですか。

松本　多分、僕が一番年寄りだから、ちょっとつまらない補足をしておこうと思うんですが、モク拾いというのは、ご存じの方も大分いらっしゃるような気もしますが、半分以上はご存じないと思うんです。当時タバコは貴重品で、タバコの吸い殻を捨てる、それを拾い集めて一本に巻いて売るのが商売として成り立ったんですね。僕なんかまだ中学生でしたから、学校に行くのに駅のホームで電車を待っていると、男達が煙草を吸って線路に捨てるでしょ。そしたら細い竹竿の先に針を付けたものを持った男がいて、すっと伸ばして刺す。そんなふうにして集める。公園のベンチの周囲なんかも、拾うのにいい場所だった。その公園のベンチですが、当時は重要な意味をもっていました。若い男女が二人だけで過ごせる場所が、ここだったんですね。今日と違って、他にはなかった。だから、日が落ちると公園のベンチに密かに来て、二人だけの場所とする。それがごく自然な風俗現象でした。そういう時代をきちんと踏まえて三島さんはこういう芝居を作っているんですね。その場所ですが、日比谷公園です。それも帝国ホテルの隣にかつて鹿鳴館がありましたから、公園内のその向かいあたりです。やがて三島さんは、皆さんもご存じの『鹿鳴館』を書きますが、その鹿鳴館が、ここにまず出てきます。そして、小町と深草少将がステップを踏むのですが、劇作家三島にとって、鹿鳴館は、大事な場所なんですね。華麗な舞台で、スターが演じる芝居を書くのを可能にした場所、と言ってよいでしょう。その手始めの戯曲を、華麗な大劇場で活躍し続けて来たスターが、いまここで演じてくださった。その点でも、意味深く思われます。そして、その役が小野小町なんですね。日本の歴史は、何千年か何万年になるかもわかりませんが、最も輝かしい美女です。永遠の美女です。その美しい女性のことを最近はマドンナなんて言っていますが、マドンナはキリストのお母さんですね。小町さんはお母さんではありません。掛け値なしの美女なんです。そういう役を的確、華麗にやっていただけて大感激するのは当然だろうと思います。宮田さんがお笑いになっているようですが。

宮田　うふふ。いえ、松本館長の嬉しそうなお顔を拝見できて幸せです。

佐藤　もう一つ、先ほど同じ文学館研究員の山中剛史さんと喋っていたら、今の若い演出家は「ちゅうちゅうたこかいな」がわからない。だから、変なアクセント、リズムを付けて「ちゅうちゅうたこかいな」をやっているそうです。今日出て頂いた若い方はみなさん存じだったのでしょうか。

宮田　私と春風さんは、「ちゅうちゅうたこかいな」は聞いたことありますよね？　おばあちゃんとかが言ってましたよねっていう世代です。他の若い世代は、知らない。そこで調べてくれました。ちゅうちゅうは二つ、重なるという重が元なんじゃないかと言われているとか。それで、重って二、四、六、八、十ですよね。タコかいなは、私はどう考えても、関西弁の突っ込み入れてんのかと思ったんですが、それともちょっと違うとか、いろんな事を調べてくれました。イントネーションは幸いやっぱり知っている世代でした。たこの足が八本で、それにプラス二つで十という話でした。

佐藤　というようなことで、昭和二十六年に書かれた戯曲ですから、その頃は普通に通っていたことがなかなか通らなくなっています。日比谷公園については同じ年に三島は『禁色』で書いていて、男女の場所とホモセクシャルの人たちの場所とが上手に別れていることを記しています。ちゃんと取材しているんですね。ところで春風さんは娘役をずっとやってこられて、恐らく今まで演じた中で最高齢の役を演じたのではないでしょうか。

春風　そうです。実はこのお稽古をさせていただきながら、もう一本舞台をやっていたんです。ミュージカルだったんですけれども、そちらは七十九歳でした。七十九が終わった途端に九十九歳が待っていまして、ワクワクしました。

佐藤　変な言い方ですけど、化け物ですよね、当時の九十九歳というのは。つまりありえない老婆ですが、それを地上に下ろしてこなくてはいけない、自分の肉体に下ろしてこなくちゃいけない。そういうところがあったと思うんですけれども、そのありえないキャラクターやるんだったら男がやっても、ある種のリアリティーをつくれると思うんですけれど、それを生身の女性がやるというのは、逆に困難ではないかと思うのですが、いかがなものでしょうか。

春風　私の中ではそこの部分は困難ではなかったです。女の人ってやはりひとりの人を好きになったり、執念とか、すさまじいものがあると私の中では思っているんですね。だから、やっていて、すいませんって思うくらいぞくぞくしながら、ガーッと引き寄せられていきました。

松本　そういう女優さんを相手に演じた男役の方はどうだったんでしょうね。掛け合いというんですかね、凄かった。非常によかったですね。

牧田　ベンチのところから始まって、鹿鳴館になると声が変わる。稽古途中、春風さんがいろいろ試されていて、小町になってからまた老婆になって、最後は小町と老婆の間を行き来されて、なんかもうあり得ない世界、あり得ない事が目の前に起きていて……。最初は少し冷静に見られたんですが、稽古途中とか、通したときに、なんだかわからなくなる。そのわけのわからないうちにも、引っ張っていただいて、すごくありがたいと思いながら、演じてさせていただきました。

佐藤　宮田さんに伺いたいんですけれども、牧田哲也さんが演じた詩人は分が悪いですね、とんちきと言われたり。でも老婆と対等になるところがあって、老婆に負けないわけですね。そこのところは演出をされる側としてはどんなふうにお考えになっていましたか。

宮田　牧田さんはみなさんご覧のように非常に爽やかだし、力強いし、牧田さんでなければ作れない詩人とは？　と、ずっと稽古中に探りました。詩人といっても、とてもロマンティストで女性的な詩人から、益荒男ぶりを発揮する方もいらっしゃる。幅があります。でも最後に真直ぐ自分の気持ちから君は美しいと言うのを望むのはどういう詩人だろうなと考え、牧田さんとお話ししたんです。三島さんがとてもお好きな海のモチーフが出てくる、町の中に帆一杯に風をはらんで帆船が入ってくるという幻想は、三島さんが震えるように大好きなイメージだと思うんですね。それを真っ直ぐに、陽の光を浴びるような思いで語れる詩人、というんですかね。じめじめしたタイプではない。そんなことを牧田さんと話しました。春風さんの中でこうだんだんと固まって見えてくるものがあり、とても素敵だなあと思いつつ、並行してそんなことを考えました。その強ささえあれば、たぶん、ぐわーっと迫ってくるような老婆と、対等のやり取りができるのではないか、と思いましたね。

佐藤　そのところを牧田さんからもう一度、伺いたいんですけれども。

牧田　いやあ、絞られました（笑）。

佐藤　詩人は、老婆を単なるホームレスの婆さんだと思っているわけですね。それで話をしてみると、ただ者じゃないと気づいて、気づいた時には引きますすよね。引いたあとにもう一回、君は美しいと言って、死んでもいいというところまで今度は自分を迫り出させて行く力が必要になると思うんですけれども。詩を商売にもできない詩人でありながら、どこかにそうしたパワーを生み出す何かを持てるのではないかと私は思うんですけれども、牧田さんはどういうふうに思っていますか。

牧田　詩人は詩人で、この日比谷公園にやって来るまでにいろんな事があって、自分に対するもどかしさのようなものがあっただろうと思います。詩人としてこの自分はどうか、いろいろ思うもののどうしても言葉にできないとか、いろいろな葛藤を抱え、すごく孤独でいる。どこまで解釈を話していいのかわからないですけど、本当にもう死んでもいいと思うぐらいの時にそこに立った。そして、たまたま老婆と話してみたら、自分の中からも言葉がどんどんと出てきて、自分を開花させてもらった、というか、自分の中から力も沸き上がってきて……。僕はすごく不器用な人間なんですけれど、お芝居やらせてもらっていて、人間として持っているものが、なにかの瞬間に開花するということはあるだろうと思うんです。パッと出た言葉がものすごい何にも代え難い、素敵な言葉になる、そんなことがこの何十分弱の時間の中でがっと出せたらなあ、そんなことを思いながら演じさせて頂きました。

佐藤　そういう詩人なんですね、わかりました。せっかくですから皆さんに、一言ずつ演じた印象を伺いたいと思います。

宮田　今回のお二方をはじめ、みんな、普段はバラバラの事務所に所属、バラバラの集団のなかで活動しているんです。もちろん春風さんも牧田さんもです。後のメンバーは、一番新しくて今年デビューした新人です。新国立劇場に俳優の養成を行なう演劇研修所がございまして、そこで三年間、朝から晩まで修行するんです。その三年の修行を終えて巣立った俳優たちです。中には去年、一昨年もこのリーディングに参加したメンバーがいます。ちょっと手を上げてください。今回二回目というメンバーが三人いますね。少しだけの台詞でも演じる俳優としては一緒なんです。一から人物とか時代背景とか考えないといけないし、今回のカップル役の場合は、どういう付き合いをしている二人なんだろうとかを考えるんです。

松本　わかります。台詞の多い少ないは、また別なんですね。そのことを今日伺ったのは、よかった。その点をきちんと押さえているから、それぞれがそれぞれの存在感を出していたのだと思います。これは大したもんですよ。

宮田　良かったねー。ありがたいです。ありがとうございます。

（会場：拍手）

佐藤　お名前をおっしゃっていただいて、役柄や稽古の印象とか感想をお願いします。

永澤　ト書きをやらせていただいた永澤洋と申します。ト書きというかたちで、一番気にかけたのは、お客様との橋渡しになるような存在であればいいなということでした。例えば、一番最後で詩人が倒れて死んでしまう、そして老婆がベンチに座ってうつむいているというところで、どのような速度で、どのような強さで、どのような気持ちで言えばよいのか。そのようなことを考えてやっていました。皆さんにそれがもし伝わっていたのであれば、すごく嬉しいなと思っております。

坂川　男Cを演じさせていただきました坂川慶成です。僕は老婆と詩人とは対照的な存在なんだなと思っていまして。鹿鳴館に出てくる男たちはどこか陶酔しているような俗っぽい、そういう役割を演じられたらと思い、そのためにはどういう言い方をすればいいのか、稽古中みんなで話し合いながら探っていました。もしそれが伝わっていればよかったと思います。

寺内　男Bと巡査をやらせていただきました寺内淳志と申します。今、坂川君に言われちゃったんですけど、カウンターを打つと言いますか、詩人であったり、老婆であったり、美しさに対してどういう価値観を自分は持っているのか、僕の役がどういう距離にあるのか、そんなことに拘ったりしながら、稽古を繰り返してきました。

宮田　彼は、巡査役でものすごく私からダメ出しされました。

寺内　そうです。難しかったです。皆さんが創り上げた世界が現実の公園に戻って、何だよこれは、というところをうまく出せたなら、と思っていたのですが。

宮田　あの詩人と老婆の世界に対抗できるほどの、俗っぽいお巡りさんを要求していたんです。

草彅　公園のカップルの男と、鹿鳴館の男性の役をやりました、草彅智文です。今回はリーディングということで、本来だったら舞台に出てない間も舞台上にいて、全部見られている意識がすごいありました。そこで、まずちゃんと存在して、そのうえで役として存在するよう、稽古中から意識してやることに努めました。三島先生の言葉がすごく大きくて、強いので、うわべだけの技術ではできないとわかって、とりあえず役者として存在するのが大事だなと思って取り組ませていただきました。

加茂　公園の女の役と女Aの役をやらせていただいた加茂智里です。毎年、三島由紀夫さんのリーディングが行われていて、二日前くらいにゲネプロを新国立劇場でやっているのを毎年見ていて、憧れていました。今日こうしてこの舞台に立てて、皆さんの前で一緒にこの空間を過ごして、すごくいっぽい吸収できました。稽古に入ったときは役が決まってなかったのですが、何回も読んでいくうちに、サラーっと宮田さんが、うん、これでいこう、みたいな感じで。

宮田　そうそう。稽古中にオーディションじゃないですけど。この二、三年ずっと生徒として見ていたんで知ってるんですけども、やっぱり読んでみないとわからない。台詞の音って三島戯曲の場合とても大切だと思っていて、みんなの声質をあらためて聞いてから、割り振りを決めていたと思います。

鈴木　鹿鳴館の女Bと、鈴が途中鳴っていてそれをやりましたが、あれはワルツの音を表していてそれをやりました、鈴木麻美といいます。舞台の上にいて、草彅君も言っていたんですけれど、結構、お二方の応酬を聞きながら、強く触発されていました。しかし、それだけでは自分がお客さんになってしまうし、だからといって、「私はここにいます」と強く出ますとお二人の邪魔になるし、その思いの間で戦っていましたが、すごく楽しい時間でした。台詞だけなんですけど、お客さんが耳を澄まし、役者の人たちも耳を澄まして、いろいろなものを想像して、すごい素敵な時間を味わえたことがいい経験になりました。

（会場：いい鈴だったよ（笑）。）

鈴木　ありがとうございます。鈴に関して言いますと、とても奥が深いと思いました。角度とか、鈴は四つ付いているんですけど、その四つのバランスが合いますと、すごいいい音色になったりします。

宮田　暑くて、途中で業務用のうるさい扇風機をつけようかなって思ったんですけど、せっかく皆さんが耳を澄まして聴いてくださってるのにと、ちょっと葛藤したんですけど、今彼女が言ったように、皆さんがこう入り込んで聴いてくださると、舞台上でもわかるんですね、ピリピリとわかるんです。そういう意味で、暑い中、皆さんが静かに聴いて下さったのは、本当に感謝です。やっぱり演劇空間は、一緒に創るものだなって本当に実感させて頂きました。

岡崎　女Cを演じました岡崎さつきと申します。今回、出番も少なかったんですけれども、その中で自分は何をやれるのかなって考えていた時に、三島さんの書いた言葉の一つ一つを大切に発することだな、と思ってやりました。やっぱり私たちが普段使っている若者言葉とか、現代語とか、そういうものを当時の社交界の人たちは使わないので、そこに集まる女性が、男性の前でどんな言葉を発するのか、自分よりきれいな女性が目の前にいたらどんな言葉を発するのか、どんな語尾の柔らかさなのかとか、そういうことを考えながら言葉一つ一つを大切に演じました。

佐藤　ありがとうございます。では、会場の方で、何か聞いてみたいという方、お願いします。

質問1　ほぼ毎回来ています。また月一回は三島先生のお墓か文学館に再現された書斎に行っています。前に行ったら、両切りピースの入ったピースの缶が置いてあったんですね。そして先週行ったらなかったんです。どうしたのかなあと思いました。質問ですが、牧田さんと草彅さんが、膝に手を置いてリーディングしていたんですよ。ほかの方はみんな両手で台本を持っていたのですが、草彅さんは手を膝に置いた時と置いてない時があったんです。意識的なのかそうでないのか。

宮田　多分、本人は、あんまり自覚していないと思います。基本的には、台本を両手で持つというルールというわけではないのですけど、みんながあまり勝手な恰好をしないよう、リーディングなので、余計な表現が入らないように一応そうなっているんです。ただ、感情が高まっていくと、片手が勝手に動くのはいいかなって思っています。たぶん二人はそうなっていたかと思います。別に芝居がやりやすければいいと思って、本人にまかせていました。

草彅　鹿鳴館の男の時は意識的に置いていました。こうぴしっとというか、紳士っぽい感じの時なんか……。

宮田　居心地がね、うん。

草彅　はい。居心地がいいというか、やりやすかったらいいなと思ってちょっと意識的に置いていました。

宮田　牧田さんは意識してないよね。

牧田　僕なんか動いてしまうというか、稽古中もすごく動いてしまったので、ちょっと抑えてという気もあり、まあ、あと、深草少将の時はなるべくきりっとなるようなイメージではいたんですけれど。

質問2　大変すばらしいリーディングで感動して聴いておりました。特に老婆の役は、時空を超えるような思いをする、大変すばらしいものだったと思いました。わたくしが聴きたいのは、その台詞の中で、老婆が詩人に自分の乳房をまさぐらせるくだりがありました。やはり乳房っていうのは、女性の象徴でもあろうかと思います。そこをまさぐらせるということは、いかに老いたことへの証を肉体的に掴み取らせようということかと思うんですよね。その台詞をどういうふうに受け止めて、語られていたのか。女性の皺になった乳房をつかむときの詩人の気持ち、それをどう理解されたのかな、それをお聞きしたいと思います。

牧田　そうですね、どういう言葉を使ったらいいのか……。

宮田　でも、詩人の方は、無くなってしまった胸でなく、幻想の胸を掴んでいるんだよね。

牧田　そうですね、本当に、僕の経験の中でも……。

宮田　言ってもいいのかな（笑）。

松本　こんな質問をする人がいけないんですよ（笑）。

佐藤　今日、牧田哲也ファンが何人かいらっしゃるんじゃない（笑）。

牧田　ああ。来ていただいています。

松本　三島さんは、心底、老いを嫌悪しましたね。それでいて、その老いのただ中に居座る小町を、これ以上ない見事さで描きました。そのところがこの年になった僕の身にも迫って感じられますね、この場面では。それとともに、幻想の域に踏み込んでしまうんですね。

佐藤　このあたりで役者さんたちには、舞台からは降りていただこうと思います。拍手でお送り願います。

（会場：拍手）

佐藤　ところで公園のベンチの男女ですが、ニワトリが卵を産むかだとか、なんて趣味の悪いネクタイだろうとか、終電車に遅れてしまうとか、そういった話が、ポンポンと出てきますね。それがこの老婆と詩人との掛け合いと拮抗するようなな、釣り合うようになっているというお話になったかと思うんですけれども、釣り合うぐらいに俗っぽさが必要なのか、その辺のところをお話しいただけますでしょうか。

宮田　そうですね、なかなか難しいところですけれども、まず老婆と詩人の考え方の違いが一つありますね。現実を見なければ生きている甲斐はないのだという老婆と、そうではない、もっと美しいものも見なければと語る詩人と、そこに一つの対立があります。しかし、詩人は老婆の世界に巻き込まれていく。しかし、さっき、巡査のところでちょっとお話し申しあげたのですけれど、老婆も、世界は美しいほうがいいに決まってると思ってるのではないか。だからその俗っぽさを全部乗り越えたところにしか、本当の愛がないと思っているから、また百年待つ気になるんだと思うんですね。だから、老婆の求めてるものって、現実を見据えた、とても冷徹なリアリズムとも取れますけど、決して彼女はそれを望んでいなくて、その先にある美しいものを望んでいる。いや、それさえ超えるようなものを望んでいるんじゃないかと、私は解釈しているんです。そこは、皆さんは専門家だからいろいろお考えがおありと思いますが……。そうですねえ。しかしながら現実には、美しいものもあることさえ気がつかないまま、生き終えていく人がいっぱいいて、それで済んじゃうのが人生なのかもしれません。その対比は出したいなと。全然気がつかないで済む人とどっちが幸せかと言ったら、どっちが幸せかわかりませんが、その対比は出したいなと。

佐藤　老婆は退屈するくらいでないと生きてる甲斐がないんだと、言います。それから、ニワトリが卵を産むとか、趣味の悪いネクタイを締めるとか、終電車に遅れるとかっていったところに拘るところに、人間は生きるのであって、ぽあんとしたロマンティッククラブの中に入り込んでいる人間は、実は死んでいるのだというようなことを言いますが、そこから今の宮田さんのお話になってくると思うんですね。それに対して、ロマンティッククラブという世界こそ素晴らしいんじゃないか、というのが詩人で、そこで対話が行われるんですが、詩人はそれよりももっとすごいところへ、つまり、君に命を懸けてもいいぐらいのところへ行ってしまいます。老婆の方はそう言いながら、実は美しいものに対して、つまり平穏に生きる、生活に生きるだけが生きるということなんだって口では言いながら、ちょっと違うんじゃないかみたいなことですよね。これちょっと、松本さんに振りたいと思うんですけど、どういうふうに受け止めますでしょうか。

松本　うーん、あなたの問いは常に難しい。

（会場：笑）

松本　僕は単純明快で、ただ、永遠の美女にお会いできるかどうか、奇跡の一瞬が出現するかどうか、そこに全部絞って考えていて、そんなところはあまり。

佐藤　それでは問いを変えますけれども、奇跡の一瞬が出現して、そして詩人は幸福のうちに死んでいきますが、それをですね、今度は警察官が単なる行き倒れのようにしてぞんざいに扱うわけです。詩人は高揚して最高の幸福のところで死んでいくんですが、それは端から見ればですね、つまらない単なる酔っ払いの職業を持たない男が泥酔して死んでしまって、ぞんざいな扱いを受けるという、ここのところにですね、高揚したものに対して、この扱いというのは、どういう評価、つまり三島はどういうふうに評価するつもりで、書いたのでしょうか。

松本　当然の報いでしょう。三島さんだって、自分が自決した後、その自分の死体がどんなふうに処理されるぐらいのことは、よくよく考えていた。もしかしたらこの時期から考えていたんじゃないかなと、ちょと思いたくなるんですね。考えすぎですかねえ。

佐藤　「卒塔婆小町」は、昭和二十六年の二十六歳の頃の作品で、ギリシャに行く前です。ですから健康ということが、三島の中に浮かび上がってくる時なので、普通の生活をしたいという気持ちが、強くなってくるので、長生きをした老婆の方に重心が行っています。ですから詩人をあんな風に殺してしまって、あんなふうにぞんざいに最後扱っています。しかし、あのぞんざいさが、かえって逆に、俗物には詩人の凄さはわからないだろっていうふうにこの芝居では見えてしまうではないか思っていたんですけれども。

松本　この詩人は最後に死ぬことによって、本物の詩人になり、詩人として救われているんじゃないですか。だから、俗世間からは邪険に扱われるんじゃないですか。

佐藤　詩人は主観のなかでは救われているんです。でも全体としてはですね、老婆はやめなさいと止めますね。詩人は、止められても突っ走ってしまいます。突っ走って行ったあげくが、素晴らしい死とはならない。つまりロマン主義を貫徹したものの、命を懸けて何かをつかんだというには見えないように創ってある芝居ではないかと思うのですけれども。

松本　なるほどねえ。誰の目にも素晴らしい死に方なんて誰にもできないでしょうよ。三島さんのあの最後がはっきり語っていることだと思うんですけれども。ある人にとってはまあ、無残な死に方、無駄な死に方をされたという評価ですね。あの当時は盛んにそう言われましたね。そう言われることは、三島さん自身、川端に送った手紙で言っていますね。世の中の笑いものになるのを覚悟しているわけですよ。だから、ある意味でこれは本当の詩人の宿命なんだという認識があるんじゃないかなあと思うんですけどね。

佐藤　今、松本さんは詩人の死を冷徹に見る目があることをおっしゃった。しかしそれは一方では、詩人がかなり称賛されているというか、詩人の死に方が認められているというか、そのようにも聞こえます。宮田さんは演出されるにあたって、この詩人をどういうふうに、つまり、作品の中でどういうふうに評価されているのかとお考えになられるでしょうか。

宮田　そうですね、別にケチつける気はないんですけど、三島さんが二十六歳でこれを書かれたんで、それは素晴らしいと思うし、戦後のこの時代、演劇界はリアリズム演劇がほとんどだったですから、なかなか、能の不条理な時空が飛ぶようなところが取り入れられなかった。そんな時代だったんですね。その中でいち早く能の形を演劇の中で取り入れたという意味では素晴らしいと思うんです。ただ、今日も最初にお話しさせていただいたように、もうちょっと台本で説明しといてもらえると、その辺は解るのになって実は思っていて、この詩人が普段どういう詩を書いていたのか、ほんの二行でいいからほしかったとかね。そうすればもうちょっと具体的に見えると思うんですね。

彼が目指していたのは、最後の「君は美しい」という一言でいいと思うんですね。あれが最高のストレートな心の叫びに聞こえればいいとは思うんですけれども、じゃあ一体、この詩人はそれまでどういうところでもがいていたのか。さっき牧田さんが説明していましたけども、何が嫌になってこの公園に毎日来てるんだろうね、と。この間から見てるんだけど、婆さん君は何でベンチを他のカップルから奪うんだって言っているっていうことは、詩人自体も何日も前に来ていて、婆さんがモク拾いをしながら公園をうろうろしている様子をただ見ているわけですよ。そうすると、そのベンチでカップルがいちゃついた姿を見ていたのとは違う。一体詩人は何をしてたんだろう。

今日は酔っぱらって、よりによって何で今日、老婆に声をかけたかっていうと、我々演劇のほうで考えると、あるリミッターを、つまり、限界点や境界線を超えたからこそ、新たなる行動をとるっていう、まあ一つの考え方があるわけですね。毎日やって来たのとちょっと違うから、何かが今日あったに違いない。彼女に振られたとか、仕事にあぶれたとか、まあ色々ある。あんまり詩人と女性関係をくっつけると、話が安っぽくなるから、そうじゃなくてもう少し自分の詩作上というんですかね、芸術上の悩みで、それがある人から拒絶されたとか。例えば、もし、わからないけど、何かの賞の選考に引っかかっていたのが、やっぱりだめで落とされたとか、なんかそういうことが例えばあったとかっていうことがないと老婆と話はしないだろうね、というようなことを、牧田さんとずいぶん話をしました。

松本 その通りですね。それからこの老婆もね、普段何を考えているかもね、残念ながらこれだけでは十分わからないんです。実は言葉足らずです。だからそのあたりをもう少し、三島さんには考え、書いておいていただけなければ、完璧な作品とはいえない。

宮田 モク拾いっていうのは、モクを集めて商売したり、もちろん具体的にはそうなんですけど、このモクって、我々のチームとしては、退屈を集めるっていう言い方をしてたんです。カップルたちが愛をささやいて、お互いが欲望のままにお互いの体をまさぐって、抱きしめ合って、でもあるピークが来ると、そのベンチの上でシラケた時間が来るわけじゃないですか。その時に、男たちは煙草を吸うんです。そこで女が、あのねー、わたし今日ねー、何とかねーと、ワクワクしながらウキウキしながら喋っても、男たちは大体へー、あっそう、ううん、こうやって煙草吸っているんだろうと。それで、たぶんベンチの周りにはいっぱいたまるから、きっと老婆のモク拾いの場所としてはすごくおいしい場所だろうと。そうするとこれは、愛情の倦怠とかね、愛情は成立しないとかね、そういうことの象徴がこのモクなんだって、そういう解釈でやっているんですね。だから、周りのカップルたちは、私が演出するんだったら、やたら煙草を捨てるとかということをたぶんするかなあとか言いながら。退屈すると男は煙草を吸うみたいなことが断片だけでもあると、「ちゅうちゅうたこかいな」の意味がわかるのにねと思ったりします。そういうところがまあ、演出で補っていくこともできるのですけれど、ほんのちょっとあくびした、何よ、さあ行くよというところ、私だったらばらばらにするなとか、せめて今ある台詞で全部のカップルの退屈具合みたいなのが出てくるといいのかなあと思ったりしました。演出の仕事っていえばそうなんですけど、もうちょっと書いていただいて、それから、お婆さんあなたは一体誰なんですと、途中で詩人が言いますが、あそこが大飛躍してるんですよ実は、台本的には。あそこでどうしても詩人の気持ちの本当に「一体あなたは誰なんだ」ていうエネルギーがたまるところまでなかなかいかないんです。あそこら辺が、もうあと台本だとたぶん四、五〇〇字あると、楽だなあとは思いまして、何か文句をつけて終わりになりましたけど。

佐藤　いや、そこがですね、肝心なとこじゃないかという感じがします。というのは、宮田さんは、一種、探偵のように戯曲を読む。つまりこの人の背後には何があったのか、この人の性格はどうだったのかというようなところを想像しながら読んでいくというようなことをどっかでおっしゃっていたのを記憶しているんですけども。それをうまく拒絶してるみたいなところがこの戯曲にはありますね。そこに何かこう物足りなさとともに、却って象徴性が出ているというようなところがある。詩劇ですから。それが、プラスでもありマイナスでもあるんじゃないかと思うんです。そんな感じがしております。

ご質問がありましたら、あとお一人はお受けできると思います。

質問3　宮田さんはすごく質にこだわる方で、新国立劇場で緞帳が降りたとたん、ダメ出しにすっ飛んでちゃったという感じがあるんですが、今回の鈴は私の耳にはワルツには思わなかったんですね。なんとなく卒塔婆の、諸行無常みたいな寂しさとかなんか、そういうものをすごく感じたんですけども、それでよろしいのでしょうか。

宮田　いやいや、素晴らしいとり方をしてくださってます。どういうものを入れようか、リーディングなのでね、ヨハン・シュトラウスでもかければ話は早いかもしれないけど、逆にそうでない方が、皆さんの想像力をいろんなふうに膨らましていただける。だったら、ワルツのリズムでと。もしかしたらこのワルツが、あの世へいざなうワルツかもしれない。そんなふうに考えて、いろいろなものを叩いてみたりしたんですよ。結局、鈴に落ち着きました。なのでそれを感じ取っていただけたので、とっても嬉しかったです、ありがとうございます。

佐藤　残念ですけれども、もう時間になりました。閉じなければなりません。本日は遠くからお越くださった方もあり、また、暑い中を身じろぎもせずに聴いていただき、ありがとうございました。それから宮田さんをはじめ、若い方々からベテランの方による、素晴らしいリーディングを披露していただきまして、ありがとうございました。皆さん拍手をお願いいたします。

（会場：拍手）

宮田　ありがとうございました。

■プロフィール

宮田慶子（みやた　けいこ）

演出家、新国立劇場演劇部門芸術監督。

昭和三二年（一九五七）東京生れ。学習院大学国文学科を中退、青年座研究所を経て、青年座に入団。「セイムタイム・ネクストイヤー」で平成二年文化庁芸術祭賞、「MOTHER」で平成六年紀伊国屋演劇賞個人賞、「ディアー・ライアー」で平成一〇年度芸術選奨新人賞を受けるなど、受賞多数。オペラ「沈黙」を手掛けるなど幅広く活躍、三島作品は「朱雀家の滅亡」を平成一九年と二三年の二回演出。

山中湖文学館便り
館長の交代

三島由紀夫文学館が開館したのは、平成十一年（一九九九）で、初代館長は、三島由紀夫とともに雑誌「批評」の同人として活躍、没後は『評伝三島由紀夫』などでその業績を顕彰するなどされた佐伯彰一氏でしたが、健康上の理由で平成二十年（二〇〇八）に退かれ、同年四月から私が引き継ぎました。その佐伯さんと奇しくも同じく九年間を勤めたところで、私も館長職を退くことにしました。なにしろすでに八十三歳、近く八十四歳になります。いまのところ健康に問題はありませんが、生じてからでは遅いと考えた上でのことです。

この九年間、各方面からさまざまなご支援を頂きました。数え上げれば限りがありません。殊に在任の後半は、専任の学芸員が不在という事態が続きましたが、当館の研究員の佐藤秀明・井上隆史・山中剛史の三氏と、職員の方々の努力によって、どうにか乗り切ることが出来たのは、有難いことでした。

次の館長は、その研究員の一人、佐藤秀明氏です。当館開館の準備期から係わっていて、私の在任期中は全面的に助けてもらって来ました。後顧の憂いはまったくありません。

今後とも変わらぬご支援をお願い申し上げます。

（松本　徹）

三島由紀夫の生誕地

佐藤秀明

三島由紀夫の生誕地が長らく分からなかった。二〇一四年に、ほんの気まぐれで若い研究者の田村景子氏を誘って初めてこの辺りに足を踏み入れてから、何度もここを訪れた。本稿は、三島の生誕地についての調査結果の報告である。しかしこの報告が、そこに住む人たちの迷惑になることには配慮しなければならない。そこで本稿では現在のその場所を明示することは避けようと思う。とはいえ、本稿と現地とを照合すれば、場所が分かるようにはしておく。また、煩雑ではあっても検証の過程も示しておきたい。それにもいくらかの意義があると考えるからである。

検証に使った三島由紀夫のテキストは、三島独特の華麗で硬質な文体が開くバーチャルな世界ではなく、実体を伴う記憶が書かれているはずである。実体から抽象されたことばの仮象を、再度都市空間の歴史に着地させて、幼年期の感受性を育んだ環境の一端を再現してみようというのが、本稿のもう一つの目論見である。

大抵の年譜では、三島由紀夫＝平岡公威《きみたけ》は、東京市四谷区永住町二番地、現・東京都新宿区四谷四丁目二十二番に生まれたと書かれている。永住町二番地は自宅で、公威は、母・倭文重《しずえ》の実家でも病院でもなく、倭文重の嫁ぎ先で生まれた。「――かうして私が生れたのは、土地柄のあまりよくない町の一角にある古い借家だつた」と『仮面の告白』（河出書房、昭和24・7）にはあり、家の内外の描写が続く。小説より信頼度の高いのは、父・平岡梓が書いた『倅・三島由紀夫』（文芸春秋、昭和47・5）で、そこには「倅は大正十四年一月十四日の晩、四谷永住町の自宅で生れました」という記述がある。

しかしそれが、現在のどこに当たるのかを知る人がいないのだ。「四谷四丁目二十二番」は範囲が広いのである。三島が自決した後、楯の会の制服を着た人が、現在四谷四丁目の町会長をしている坂部健氏の自宅を訪ねてきて、「お宅が三島先生の生誕の地なので、碑を建てさせてほしい」と言ってきたことがあったそうだ。昭和二十一年に転居してきた坂部氏は、場所を特定する根拠が曖昧なので断ったという。山岡鉄舟を研究し、町の歴史にも詳しい坂部氏も、三島の生誕地がこの近くだと知るだけだった。ＮＨＫが三島由紀夫の番組を制作する際に、生まれた家を教えてほしいと訪ねてきたとも坂部氏は言った。結局分からず、近辺の風景を説明もつけずに写していたが、それは筆者も見ていて、どの辺りの風景なのかすぐに理解した（「昭和の虚無を駆け抜ける――三島由紀夫」Eテレ、２０１５・１・24放送）。同時に、一度会ったことのある担当ディレクターの梅原勇樹氏も分からなかったのだなと思った。区立新宿歴史博物館で尋ねても、埒が明かなかった。三島由紀夫を研究している友人知人に聞いても、知っている人はいなかった。本稿を自己否定するようだが、三島が生まれた場所を特定できたからといって、三島の作品や思想が深く理解できるわけではない。所番地だけ分かっていればよいのだ。研究者が調べ考えることは他にたくさんある。

ただ、安藤武氏の『三島由紀夫の生涯』（夏目書房、１９９８・９）が、次のようにこの界隈を描写していて、それには舌を巻いた。安藤氏は独特の調査能力を持っていてすぐれた報告をものするが、しかし、どうしてこのような細密な事実を得られたのかが不明であるし、またいくつかの誤りも含まれていて、率直に言ってすべてを鵜呑みにはできない。やや長くなるが必要な部分を引用しよう。

> 三島由紀夫は都会っ子であった。
>
> 生まれは四谷駅方面から来て甲州街道大木戸新宿四谷四丁目の交差点右一つ手前の横丁角で、馬面《うまづら》の女が馬肉を売っているところを曲がる。道を挟んで両隣にやり手の老婆が営業している木賃宿が並び、その宿は新宿界隈で夜の商売をしているゲイ・ボーイの定宿で、一種の男《だん》娼窟《しょうくつ》を形成していた。その横丁は学習院初等科を卒業するまでの通学路であった。中等科にあがると同時に渋谷大山町に転居したが、祖父母は引っ越さずにいた。三島は祖母の言いつけで週末には祖母の家に泊まりに行っていた。色白の可愛い美少年の彼は、その道を通るたびに男娼に冷やかされたりしたのではないだろうか。
>
> その頃の地元の人達はこの横丁を豚屋横丁《ぶたやよこちょう》と言っていた。風が吹けばゴミが舞い上がり、雨になれば道はぬかるみ、横丁に並ぶ住居は傾き、建物も朽ちるに任せた。その豚屋横丁の中頃の狭い急坂の路地を左に折れた奥《ママ》に二階建ての借家が平岡家であった。ここの一角は四谷永住町二番地で田安家のお屋敷町であった。現在は落ち着いた商店街がある田安通りは四谷四丁目二二番地である。昔日の町並みはないが戦争中に建った緑色の屋根を持つ古い木造二階屋の建物の一部を見ることができる。これが、三島由紀夫の原風景であった。

著者には失礼ながら、まず誤りを指摘しておきたい。平岡家は、公威が学習院初等科二年生に進級する前に（昭和八年三月から四月初めにかけての時期に）、ここから四谷区西信濃町十六に転居している。戸主は祖父の平岡定太郎で、一家を挙げての転居である。したがって、公威が永住町にいたのは、誕生から八歳までとなる。さらに祖父母は同年八月に、息子・梓の家から二、三軒離れた家（番地は梓の家と同じ）に引っ越し、公威は祖父母の家に住むことになる。両親が渋谷区大山町十五番地の家に転居し、公威を引き取るのは「中等科にあがると同時に」（安藤武氏）だが、毎週一回泊まりに行った祖父母の家は、永住町の家ではない。

　四谷四丁目二十二番が、徳川家御三卿の一つである田安家の別邸跡だったこと、また、甲州街道のここには四谷大木戸が置かれ、江戸に入る人や荷物が検められたことは知られている。この界隈を「豚屋横丁」と呼んでいたのは、坂部健氏も知っていた。豚肉と鶏肉を商う店があったためであるという。豚や鶏は馬肉とは一緒に扱わないから、あえて「豚屋」と言った。木賃宿もあったという。坂部氏の記憶は戦後のことだが、正月には木賃宿に漫才師が宿泊していたという。「ゲイ・ボーイの定宿」もありえたかもしれない。「土地柄のあまりよくない町の一角」という『仮面の告白』の記述は、露悪趣味でも朧化でもなかったのではないか。しかし、新宿通りから奥に入った住宅地には、官吏である平岡家や医者、軍人、著名な音楽家が住んでいたから、懶惰な場末といった場所ではなかった。この辺りは、昭和二十年五月二十四日の空襲で焦土と化し、戦争中に建った家が残っていたとは考えられないと坂部氏は言う（後に名前の出て来る鈴木武徳氏もそう言っていた）。幸いなことに、戦中戦後を経ても、道路や路地はほぼ戦前の地図のままに残っている。

　さて、「その豚屋横丁の中頃の狭い急坂の路地を左に折れた奥に二階建ての借家が平岡家であった」というところが肝心だ。「左に折れ」る「路地」は確かにある。「左」つまり西に下る坂ではあるが、「急坂」とは言えない。それにしても、何をもとにして「横丁」（田安通り）の「中頃」の「坂」になっている「路地」を「左に折れ」ると確定したのだろうか。この路地の「奥」に平岡家があったと書かれているが、『仮面の告白』に書かれたように練兵から帰る兵隊が「門前」を通ったことを考えれば、この家の敷地は、田安通りに面していたように思われるのだが。

　というわけで、安藤氏の精細な記述にもかかわらず、腑に落ちない点は残っていた。そんなとき、「週刊新潮」の「掲示板」に何か書きませんかと誘われ、次のような短文を載せてもらったことがある（２０１６・３・24）。「掲示板」は、読者に情報提供を求めるページである。その全文を引用してみよう。

　三島由紀夫の生誕地／佐藤秀明　本誌「掲示板」には、かつて三島由紀夫も寄稿しました。新潮新書『三島由紀夫の言葉 人間の性《さが》』を編んだので覚えています。ところで、三島の生誕地がはっきりしません。現・新宿区四谷4丁目22番。新宿通りから北に成女学園の方に入った辺りです。大正14年から昭和8年までいました。本名は平岡。「坂の上から見ると二階建であり坂の下から見ると三階建」（『仮面の告白』）の大きな借家でした。坂は花園町方向へ下りる坂です。間接情報でも構いません。御教示を。

ここに書いた「坂は花園町方向へ下りる坂です」という一文は、三島の文章を読み、何度もここを歩いた経験からそう判断した。安藤武氏の「豚屋横丁の中頃の狭い急坂の路地を左に折れた」とある路地と重なるのだが、今ではそれは誤りではないかと考えている。この点については後述する。

では、かつての永住町二番地と現在の四谷四丁目二十二番はどういう関係になるのだろうか。『新宿区地図集』（新宿区教育委員会、昭和54・3）に、大正元年発行の「四谷区全図」（森寺勇吉編纂、博文館）があり、永住町二番地の場所が分かる。同書所収の昭和十六年発行の「四谷区詳細図」（地形社編、日本統制地図）にも永住町二番地の番地が記載されており、両方の地図を見比べると、町名番地に変化はない。現在の地図で言うと（図1）、新宿通りを新宿駅から四谷駅に向かって東に行き、新宿御苑を右（南）に見て過ぎたあたりに外苑西通りと交差する「四谷四丁目」の交差点があり、そこから二十メートルほど行ったところに「四谷四丁目」のバス停がある。最寄りの駅は、地下鉄丸ノ内線の「四谷三丁目」である。駅を出て、今の説明とは逆に新宿通りを西に行ったところである。そのバス停近くの細い道（田安通り）を北へ向かって入って四百メートルほど行くと、靖国通りにぶつかり、成女学園中学・高校がある。かつての永住町二番地は、新宿通りの市電の停留所（現在のバス停）から入って一区画を過ぎた道の両側であり、靖国通りの手前あたりまでの一帯であった。

年譜に書かれる現・新宿区四谷四丁目二十二番は、図2の地図で確認することができる。この地図は、新宿歴史博物館所蔵の「沼尻地図」と呼ばれている住宅地図で、「昭和十二年四月実測　吉本金一／昭和一五年六月第一回修正　沼尻」という注記があり、都市製図社が作製したものである。それによると、各家に「22」の数字が付された一帯が四谷四丁目二十二番に当たり、永住町二番地の一部で、新宿通りから北に入って来た田安通り（地図の上方＝東の通り）の西側であることが分かる。四丁目二十二番には、三十七軒の家や商店や医院があり、三島の生まれた平岡家は、ここのどこかにあったと絞られるのである。この地図の下方（西）にある大きな交差点は、現在では外苑西通りの大木戸坂下の信号のある交差点で、北の隅にある亀屋、大丸屋などの先（北）は、拡張された靖国通りの富久町の交差点で、この交差点を歩道橋で渡ると成女学園中学校・高校がある。

「三島由紀夫の生誕地」と書いてきたが、その家は、樺太庁長官を務めた祖父の平岡定太郎の家である。定太郎は、いつからここに住んだのであろうか。先に答えを言うならば、おおよそ大正八年からである。というのは、『日本紳士録』

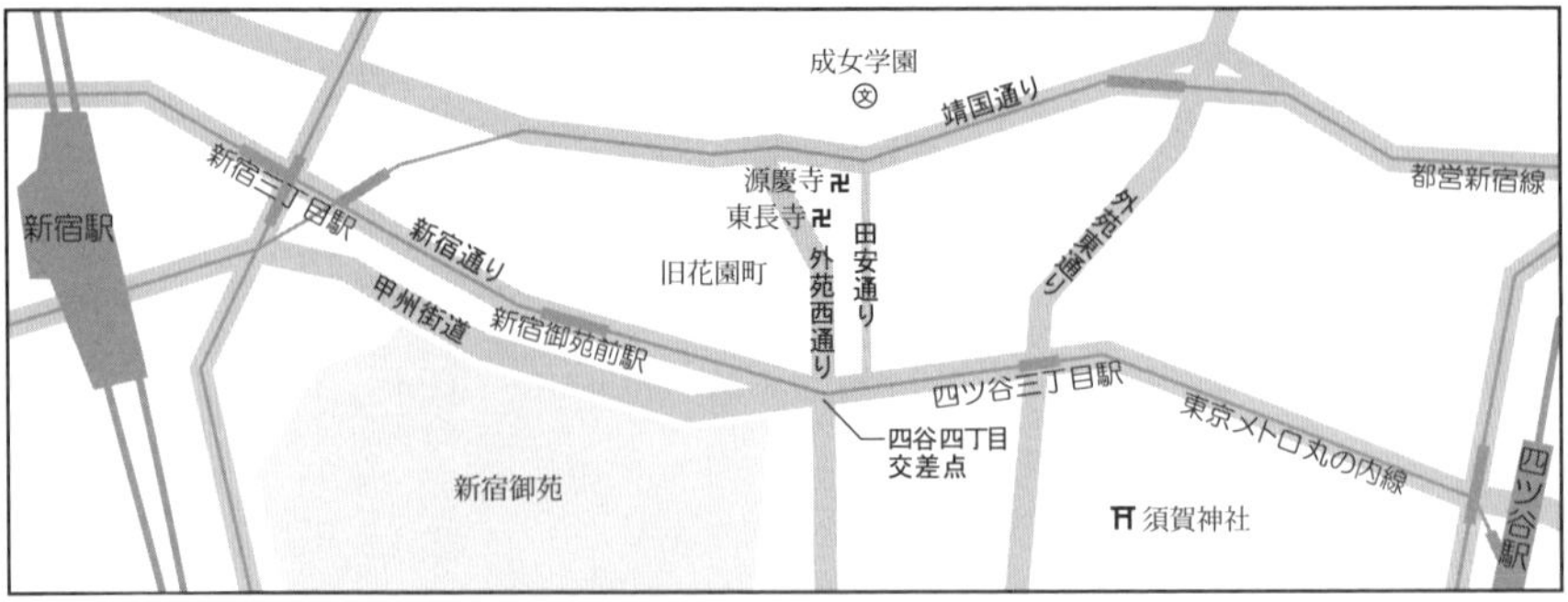

図1　現在の四谷新宿通り

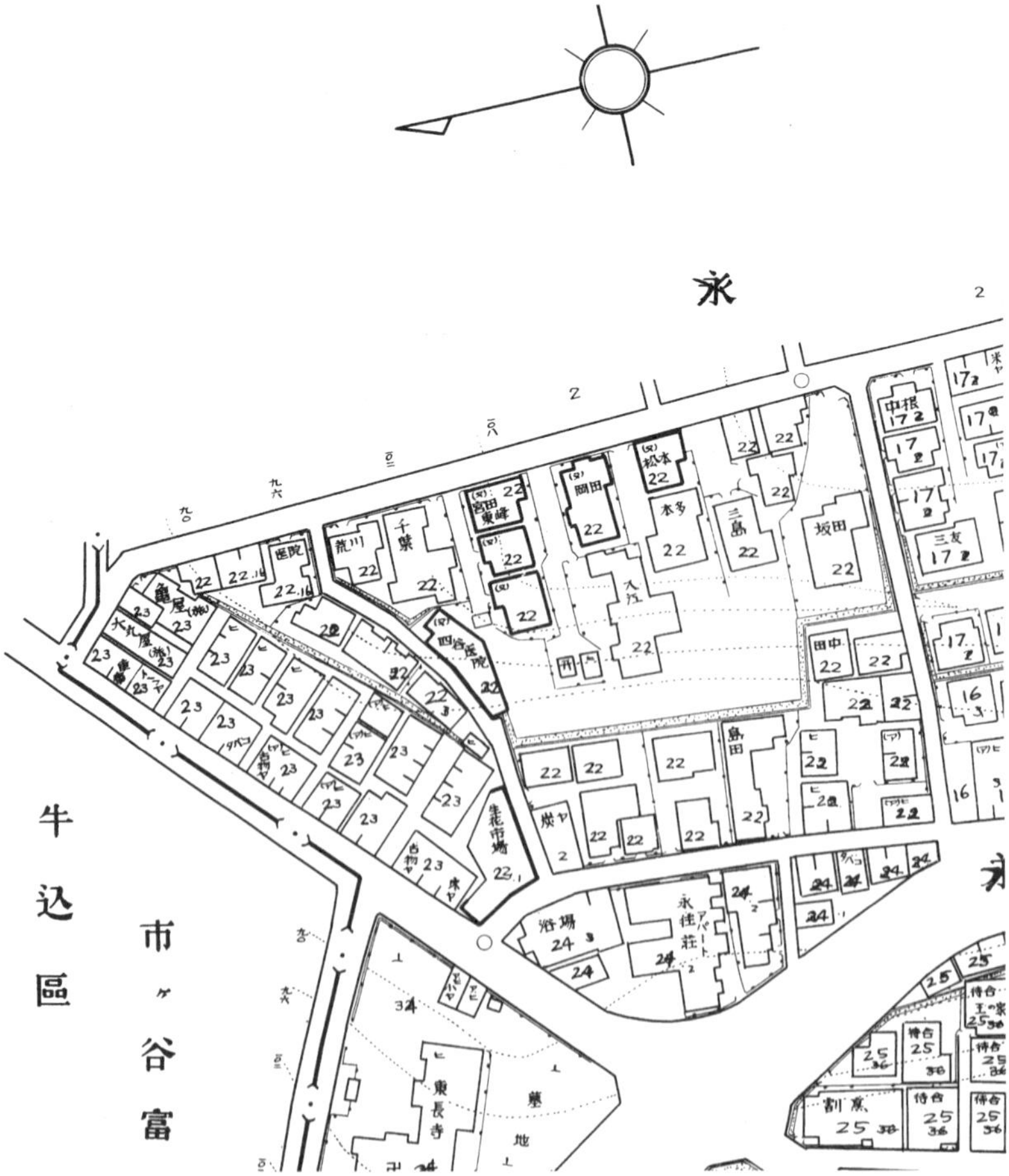

図2　四谷「沼尻地図」（新宿歴史博物館蔵）

大正八年三月三十一日の第二十三版における平岡定太郎の住所は「麹町富士見二ノ四」で、同じく『日本紳士録』大正八年十二月三十日の第二十四版（この年の『日本紳士録』は、二度出版されている）では、「四谷永住二」に替わっているからである。記載のための調査から発行までの期間を考慮に入れねばならないが、平岡家がこの家に入居したのは、大正八年頃と見て間違いあるまい。当時の定太郎がどういう境遇にあったかというと、『仮面の告白』には「その（「私」の誕生の──引用者注）十年まへ、祖父が植民地の長官時代に起つた疑獄事件で、部下の罪を引受けて職を退いて」と書かれている。樺太庁長官は、大正三年六月五日付けで依願免官となっていた（「樺太日日新聞」大正3・6・7）。「私の家は殆《ほとん》ど鼻歌まじりと言ひたいほどの気楽な速度で、傾斜の上を辷《すべ》りだした。莫大な借財、差押、家屋敷の売却、それから窮迫が加はるにつれ暗い衝動のやうにますますもえさかる病的な虚栄──。おそらく麹町の家は持ち家で、それを売却して「暗い部屋がたくさんあ」る「古い簞笥のやうにきしむ家」に引き移ったのである。当時の定太郎の肩書は、大正八年三月の『日本紳士録』では「日本牡蠣、南洋製糖各（株）代表取締役」、同年十二月では「蓮華鉱山（合）代表」となっている。『仮面の告白』に言う「祖父の事業慾」が窺われる肩書である。

三島が「鼻歌まじりと言ひたいほどの気楽な速度で」と書いたのは、家族の危機を「鼻歌まじり」に感じていなかったことを表していると思われる。精一杯の強がりを籠めたからこそ、祖父から三代目の「気楽」さを衒うことができたのであろう。むしろここに読みとるべきは、孫にも伝播した深い屈託であり、その重苦しさがこの家を居丈高で暗い家として表現させているのである。『仮面の告白』に描かれた永住町の家は、このような心情を差し引いて受けとめなければならない。

大正八年からの住まいとなると、大正九年七月に東京帝国大学法学部を卒業し、農商務省に入省した梓は、この家から大学に通い、官吏生活をスタートしたことになる。そして、梓は、大正十三年四月十九日に橋倭文重と結婚し、この家に十九歳の花嫁を迎え、翌年一月には第一子・公威の誕生を見たのである。第二子・美津子は昭和三年二月二十三日の誕生、第三子・千之は昭和五年一月十九日の誕生なので、三人の子はともにこの家で生まれた。一人息子の大学卒業、就職、結婚、孫の誕生を経て十四年住んだこの家は、当主の定太郎と妻の夏子にとっても思い出深い家だったにちがいない。『仮面の告白』には「古い借家だつた」と書かれていたが、この家は、関東大震災にも耐えたのである。

では、この家は、沼尻地図にある三十七軒の家のどこになるのであろうか。それを検証する前に、三島由紀夫の作品をもとに、この家と地所の様子を見ておこう。三島の生まれ育った家については、『仮面の告白』のほかに「紫陽花」（生前未発表、「昭和十五年一月三日」の日付がある。『決定版三島由紀夫全集』第26巻に収録）、「童話三昧」（生前未発表、「十五、三、一四」の日付がある。『決定版三島由紀夫全集』第26巻に収録）、「私の永遠の女性」（「婦人公論」昭和31・8）に書かれている。

『仮面の告白』には、こう書かれている。

こけおどかしの鉄の門や前庭や場末の礼拝堂ほどに広い洋間などのある・坂の上から見ると二階建でありながら坂の下から見ると三階建の・燻《くす》んだ暗い感じのする・何か錯雑とした容子の威丈高な家だつた。暗い部屋がたくさんあり、女中が六人ゐた。祖父、祖母、父、母、と都合十人がこの古い箪笥《たんす》のやうにきしむ家に起き伏ししてゐた。

まず注意しておきたいのは、「坂の上から見ると二階建でありながら坂の下から見ると三階建」という外観である。同様のことが「童話三昧」にも書かれている。「わたしの生まれた家は坂の上にあつて、下り坂の途中から曲る小道にまたがつてゐたので表から見れば地階つきの二階建だが、裏手からは三階だつた」。「下り坂の途中から曲る小道にまたがつてゐた」という家は、図2の沼尻地図からは見出せず、説明の意味が分かりにくいが、坂の上を「表」と言い、坂の下を「裏手」と言っているのは理解できる。新宿通りから北に入った田安通りは、図2で言うと、岡田家あたりから下り坂になっている。そうなると三島の生家は、岡田家から北のどこかと言えそうだが、ことはそう単純ではない。この辺りの土地は、北に下っているだけでなく、西にも下っているからである。二十二番地の南端の坂田家の南側に、東西の路地がある。人が歩く程度の細い道で、途中には階段もあるから自転車の通行も難しい。この路地が東から西に下っているのである。路地は、岡田家と宮田東峰家との間にもあるが、ここは現在はマンションの敷地に組み込まれていて存在しない（路地の先に稲荷社があり、それを遷したので、地元の人はこの路地を記憶している）。また、宮田東峰家と千葉家との間にも路地がある。現在はこの路地の突き当たりに東京消防庁四谷寮があり、この敷地内に下に降りる階段があるので、昔はこの路地の先が坂だったかもしれないという想像をかき立てる。さらに、荒川家と医院との間にも路地があり、この路地はカーブを描きながら西方に下っている。

このような地形から、「坂」が北に下る坂なのか西に下る坂なのか決めがたく、家屋が二階にも三階にも見える「坂」を特定することは難しい。したがって「坂」から三島の生家を確定することはできない。

この坂は、『仮面の告白』で回想される汚穢屋と出会った坂である。「午後の日ざしがどんよりとその坂をめぐる家々に射してゐた。私はそのだれか知らぬ女の人に手を引かれ、坂を家の方へのぼつて来た。むかうから下りて来る者があるので、女は私の手を引いて道をよけ、立止つた。／（中略）／

坂を下りて来たのは一人の若者だつた。肥桶を前後に荷ひ、汚れた手拭で鉢巻をし、血色のよい美しい顔と輝く目をもち、足で重みを踏みわけながら坂を下りて来た。それは汚穢屋――糞尿汲取人――であつた」。よく知られたこの場面に、「坂」ということばが四度も繰り返し出てくる。また、「童話三昧」には、「今のおはなしで読んだ尼さんがその坂を上つて来ないかと、ぼんやり待つたあげくの果、待ちくたびれて忘れて了ふのだつた」という記述もある。「私の家は殆《ほとん》ど鼻歌まじりと言ひたいほどの気楽な速度で、傾斜の上を辷《すべ》りだした」という記述とも呼応して、家に面した坂は、幼い三島にとってオブセッショナルな場《トポス》だったように思える。

『仮面の告白』には、夏祭りの一団が庭に雪崩れ込んできたことが書かれている。「幼年時。……／私はその一つの象徴のやうな情景につきあたる。その情景は、今の私には、幼年時そのものと思はれる。それを見たとき、幼年時代が私から立去つてゆかうとする訣別の手を私は感じた」と、充分な間合いを取って書き出され、制御の利かなくなった神輿が庭を踏みにじり、「私」は神輿の担ぎ手たちの「世にも淫らな・あからさまな陶酔の表情」を見たと記される。神輿担ぎが三島にとって長年の夢となり、ボディビルで鍛えた体で、実際に自由が丘の熊野神社の神輿を担いだときの「陶酔」（「陶酔について」）については、触れるにとどめておこう。

この祭りは、「紫陽花」によると、須賀神社の夏祭りで、『仮面の告白』にもあるが、祖母が万遍なく祝儀を配っていたことで、本来の道順を変えて練りに来たのである。須賀神社は、新宿通りを南に渡った、四谷三丁目駅と信濃町駅との中ほどを東に入ったところにある。『仮面の告白』には「子供の神輿」も通ったとあるので、神輿は神社神輿ではなく町神輿だと地元の人は言う。神輿は八方担ぎと言って、担ぎ手たちが同一の前方を向くのではなく、神輿の外を向いて担ぐので、進行方向の統御が難しい（実際には、事故防止のため前方を向くことが多いように思う）。東西の路地には入れるだろうかと聞くと、入れないことはないが危ない、というのが地元の人の答えだった。気になっていたのは、「紫陽花」に「花園町にぬける坂道を威勢よく練りまはした」と書かれていることで、花園町（現在はこの地名は使われていない）は永住町の西に当たり、そうなるとこの「坂道」は、町の東西を抜ける路地を言うのではないかと思ったからである。しかし、「威勢よく練りまはした」のであれば、「花園町へぬける坂道」は路地ではなさそうだ。するとこの「坂道」は花園町へはやや迂路になるが、田安通りになるのではないか。「週刊新潮」に「坂は花園町方向へ下りる坂です」と書いて、本稿で訂正しようとしたのはこの理由による。「賽銭箱がとほりすぎ」「子供の神輿が軽佻に跳ねまはりながら行きすぎると」（傍点、引用者）とあることからすれば、三島由紀夫の家は田安通りに面していて、路地の奥でないことは確かである。

作品を読んでは歩くということを繰り返した挙げ句、「週刊新潮」の「掲示板」に先の文章を載せてもらったところ、一件だけレスポンスがあった。それは旧知の、『決定版三島由紀夫全集』の編集担当だった宮西忠正氏からである。「読んだよ」というメールで、それに続けて、「四谷四丁目」のホームページがあって、そこで馬場照子さんという方が、学習院初等科に通う三島由紀夫を見たと語っているというのである。このメールには気持ちが高ぶった。というのは、「照子」という名前に覚えがあったからである。三島由紀夫は体が弱く、自由に外で遊ばせてもらえず、祖母の夏子が選んだ女の子とだけ家の中で静かに遊んだというのは有名な話だ。その女の子の一人が、「照子」という名前だったのである。「紫陽花」に「近所の山崎といふ家の照子と云つたか、健康さうで、頭のよいので評判だといふ少女がよく家に上つて、おまゝごと、お家《お》ちごつこ、正月には羽子つき双六《すごろく》、歌留多《かるた》といふ調子、一寸《ちよつと》大きな音を立てたり、安玩具《おもちや》の蒼蠅《うるさ》い音をさしたりすると、早速女中がとんで来て、おばあさまがお止しなさいと仰言《おつしや》つてらつしやいます……それは〳〵静かな遊びだつた」とある。これで三島の生誕地が分かるばかりでなく、もっと詳しい情報も得られると思ったのだが、残念なことに馬場照子氏は、山崎姓ではなく三島の家は知らないと、間に入ってくれたホームページ担当の小林辰充氏を通じて伝えてくれた。

——こんな失敗談を書くのは、本稿の後に続くかもしれない物好きな探求者の労を省くためにほかならない。しかし、人と人の繋がりは、ありがたいものである。四谷四丁目の小林辰充氏と何度かメールのやり取りをしていると、同じ町内会の根岸弥之《みつのぶ》氏がメールをくださって、根岸氏のご母堂が通う眼科医の鈴木院長が三島由紀夫をよく話題に上せるので、生まれた家を知っているかもしれないと、助け船を出してくれたのである。早速、鈴木氏に沼尻地図と現在のゼンリンの住宅地図のコピーとを添えて、三島由紀夫のいた家を教えてほしい旨の手紙を出した。すると、問題は一気に氷解したのである。電話で伺ったところによると、氏は「三島の家は、千葉さんの家です」と、沼尻地図の記載を用いてずばり断定したのである。筆者は、大きな家だというので、坂田家、入江家、島田家を予想していたのだが、豈図らんや予想は覆された。

千葉さんは、千葉躬春《みはる》という人だという。千葉躬春は、「ミハルス」というカスタネットの前身を作り普及に努めた舞踏家で音楽家。ミハルスは戦前の音楽教育に採り入れられた。平岡家が西信濃町に越した後に入った人だという。息子の千葉馨氏はホルン奏者で、ＮＨＫ交響楽団の首席奏者を務めた。宮崎駿監督のテレビアニメ「アルプスの少女ハイジ」のテーマ曲の出だしは、千葉馨氏のホルンである。この地には、宮田ハーモニカバンドで有名な宮田東峰もいて、宮田と千葉の間の路地を入った奥の、宮田家から数えて三軒目には、歌手の霧島昇も住んでいたという。隣家の荒川は、退役軍人だったという。

　鈴木眼科の院長・鈴木武徳氏の話を整理しておこう。鈴木氏は、千葉家の隣の隣、沼尻地図に「医院」と書かれている家に生まれた。家は、歯科医だった。現在は住まいもクリニックも、別のところにある。昭和十二年生まれの鈴木氏は、直接三島を知っているわけではない。母親が平岡家のことを覚えていて、公威が三島由紀夫であったことも知っていたという。それというのも鈴木氏のご母堂は、三輪田出身だからである。三島の母・倭文重も三輪田出身で、三輪田は卒業生の繋がりが緊密な女学校として知られている。母親同士の交際があったと思われる。「平岡さんでは、お祖母様の言いつけで、お子さんを近所の子どもとは遊ばせなかった」と言っていたのを鈴木氏は覚えている。鈴木氏の家が三島の家の隣の隣であること、氏の話が具体的であったこと、ご母堂が三輪田出身で、倭文重との繋がりが強かったと思われることなどから、鈴木武徳氏の証言は信憑性が高いと判断できる。

　とはいえ、三島由紀夫の生誕地を証言したのは鈴木武徳氏しかいない。信憑性は高いが、別視点のセカンドオピニオンを提供してくれる人はいないだろうかと、鈴木氏に相談したところ、兄の鈴木和徳氏を紹介してくれた。鈴木和徳氏も、筆者の質問に「千葉さんのところです」と即答した。外科医の氏も武徳氏と同じく沼尻地図に「医院」とある家に、昭和十年に生まれた。したがって直接三島を知っていたわけではない。しかし、「学習院に通っていた平岡さんのうちの子」のことは、両親から聞き、それが後の三島由紀夫であることは、両親がよく話していたことだったという。

　鈴木和徳氏、武徳氏の話から、三島由紀夫の生誕地は、沼尻地図に「千葉」と書かれた家であることは確定してよいと思う。後日、この土地の所有者に伺ったところ、三島由紀夫が住んでいたことは「聞いていた」とのことだった。なお、敷地面積は約九十八坪だという。古くて重苦しい感じの家ではなかったですか、と鈴木和徳氏に聞くと、そういう印象は残っていませんね、むしろモダンな家という感じだったと答えた。

　三島由紀夫は、育った家を次のように描写していた。

　古りた木肌に木目ばかり艶《つ》やゝかに流れた櫺子《れんじ》の出窓を右に、引違へ、格子戸の内玄関、その一間許《ばか》りが麗々しく門の正面に向つて、窓から右へ、明治趣味な、鎧《よろひ》戸《ど》めいた木造の洋間つゞき、ところ〴〵ペンキの剥《は》げたのが三つか四つの窓を連ねた右はじは洋風の大玄関になつてゐたが、中庭にひき比べて、門と家の棟とに区切られた地所は、四角にだゞつぴろく、崩れ跡のある左、煉《れん》瓦《が》塀《べい》に沿うて、確か樫《かし》が五六本、棟の┓形に囲まれたひと隅には、山茶花《さざんか》の年を経て、五月蝿《うるさ》いやうに鬱蒼と、葉をつけて広がつてゐるのが、〔…〕(「紫陽花」)

十五歳の少年が泉鏡花のパスティーシュを気取って書いたもので、家の構造は理解しにくい。ただ、格子戸のはまった内玄関が門に向かっていたこと、その門は「唐草模様の鉄門」(『仮面の告白』)で(この鉄門は、学研の『現代日本文学アルバム 三島由紀夫』に収録された写真に、幼時の公威と一緒に写ってぃる)、これまでの考察から田安通りに向いていたこと、洋間があり、内玄関とは別に「洋風の大玄関」があること、門と家の間は「四角にだゞつぴろく」、ここに祭りの一団が雪崩れ込んできたことは想像できる。しかし、沼尻地図には、それほど広い庭は描かれていない。

四谷四丁目のホームページ委員である小林辰充氏が、のちに述べる〝現場検証〟の後、鈴木武徳氏のインタビューが取れたと連絡してきた。筆者が要望していた家の様子について、鈴木氏は、千葉さんのお宅に上がったこともあると言い、次のように話してくれたという。「佇まいは洋風の造りで、おおきな庭があり、門は、道路から2、3段の階段があってその上に車が入れるほどの幅の大きな門があったそうです。門は田安通り側に向いており、記憶では鉄扉ではなく木だったのではないかとのこと。その大きな門は普段は開かずの門として閉ざされていて、すぐ横に通用門があり、そこから出入りしていたそうです。周囲の塀はコンクリートのようなもので出来ていた。庭にはひと目で海外の物と分かるような植物が植わっていて、池もあったのではないかと。他の住宅とはまったく違う様相だったらしいです。洋館は、一部にガラスを多様した「テラス」のようなものがあったようで、近所でも洋風の建物はこの千葉さんのお宅だけだったと」。兄の和徳氏の言った「モダンな家」という印象と合致する話であり、神輿が雪崩れ込んだのが想像される「おおきな庭」にも言及していた。

沼尻地図にある千葉家は、現在は四階建て全八戸の小振りなマンションとその西側にある個人住宅になっている。マンションの入り口は、田安通りの坂に面している。二〇一六年五月の晴れた日に、四谷四丁目の町会長・坂部健氏、町会のホームページ委員の根岸弥之氏、小林辰充氏、竹田香織氏と検証のためにこの辺りを歩いた。三島が書いていた「坂」は、屋敷の東側にある田安通りに間違いない。「自転車では上れないですね」と竹田さんが言う。それほどの勾配でもあるまいと思ったが、見れば距離もあり、一気に上るのは苦しそうだ。勾配はアスファルト道路になる以前と変わらないと、坂部さんは言う。とはいえ、この程度の勾配で、「坂の上から見ると二階建でありながら坂の下から見ると三階建」になるのだろうかと思っていると、根岸さんが面白い景観を見つけた。隣家の宮田東峰の家跡には、現在木造のアパートが建っているが、このアパートの北側、つまり坂で下っている側は、地階が物置になっていて、三階に見えるのである(写真1)。

写真2は、坂の上から見たアパートで、二階建てである。かつての平岡家が、このように見えたことを示す眺めである。平岡家跡に建つマンションは、勾配による落差を補正した様子が見て取れる。

四谷区永住町の家は、新宿駅周辺の喧騒からさほど遠くないところにあった。四谷駅も遠くない。市電の走っている新宿通りの大木戸の停車場から奥に引っ込んだ静かな住宅地である。「紫陽花」では、隣家の松村さんで三味線の稽古をしているのが聞こえると書かれている。松村さんは坂の下方だとあるから、沼尻地図では荒川家に当たる。「私の永遠の女性」には、近所に琴の師匠の家があり、「琴の音が流れて」いたとも書かれている。「童話三昧」では、二階の窓から「お寺の森が見え、下手《しもて》の医院で雨戸を閉ざす音」が聞こえるとある。「お寺の森」は、三島の家から丁度真西に当たる曹洞宗の東長寺か、東長寺の北隣にある浄土真宗の源慶寺のものか。雨戸を閉ざす音がするのは、三島由紀夫の生誕地を教えてくれた鈴木和徳氏、武徳氏兄弟の生まれた歯科医院か、段差のある西隣の四谷医院か。初めての小説らしい小説「酸模」(「輔仁会雑誌」昭和13・3)に描かれた、奇妙に高い塀のある市ヶ谷刑務所は、成女学園のすぐ北側にあった。煌びやかな都市の光りと暗部、そして喧騒と静寂が交錯する町で、三島由紀夫の幼年時代は過ごされた。

「わたくしは夕な夕な／窓に立ち椿事を待つた、／凶変のだう悪な砂塵が／夜の虹のやうに町並の／むかうからおしよせてくるのを。」──十五歳のときの詩「凶《まが》ごと」である。この「濃沃度丁幾《のうヨードチンキ》を混ぜたる、／夕焼の凶ごとの色」は、西に一高キャンパス(現在の東京大学駒場キャンパス)や下北沢を控えた十五歳のときの渋谷大山町(松濤)の家よりも、花園町や新宿駅方面を臨む永住町の家の、

写真1　旧宮田東峰家跡

写真2　旧宮田東峰家跡南側

「童話三昧」にあった二階の窓からの心象風景のように思われる。この詩が書かれたのは、永住町の頃を回想した「紫陽花」執筆の十二日後、「童話三昧」の二ヵ月前の昭和十五年一月十五日である。夕闇ともなれば、「夜の虹のやうに」新宿駅周辺の明かりが灯った。「凶ごと」の予感は「夜の犇《ひしめ》きで閨《ねや》にひゞいた」と詩にはあるが、人工的で淫靡な都市の光景を子どもが「閨《ねや》」で感じ取る様子は、別のところで次のように記されている。

夜、私は床の中で、私の床の周囲をとりまく闇の延長上に、燦然《さんぜん》たる都会が泛《うか》ぶのを見た。それは奇妙にひつそりして、しかも光輝と秘密にみちあふれてゐた。そこを訪れた人の面《おもて》には一つの秘密の刻印が捺《お》されるに相違なかつた。深夜家へ帰つてくる大人たちは、彼等の言葉や挙止のうちに、どこかしら合言葉めいたもの・フリーメイソンじみたものを残してゐた。また彼等の顔には、何かきらきらした・直視することの憚《はばか》られる疲労があつた。触れる指さきに銀粉をのこすあのクリスマスの仮面のやうに、かれらの顔に手を触れれば、夜の都会がかれらを彩る絵具の色がわかりさうに思はれた。

『仮面の告白』からの引用である。三島由紀夫の作品に漂う享楽と受苦、夢と現実とが混在し、絶望的な隔絶感を醸し出す原型は、幼年時代の永住町の家で育まれた感受性によると言ってもよいだろう。

（近畿大学教授）

＊現地の検証に加わってくれた四谷四丁目町会の方々に感謝申し上げます。町会のホームページのURLは、http://www.yotsuya4.com/で、ここに鈴木武徳氏と筆者へのインタビューがアップロードされている。

資料

三島由紀夫と武道

犬塚　潔

第一章　三島由紀夫と剣道

はじめに

「三島由紀夫と武道」を考える時、真っ先に頭に浮かぶのは剣道である。剣道着姿の三島の写真は週刊誌をはじめ、種々の雑誌に見ることができる。（写真１a、b、c）

写真１ａ

写真１ｃ

写真１ｂ

昭和38年10月、三島は剣道を題材にした短編小説「剣」を「新潮」に発表している。この作品は、同名の小説集[1]（写真2）に収められ、さらに昭和39年3月、市川雷蔵主演で大映にて映画化された。（写真3a、b）「剣」の主人公、国分次郎は、大学剣道部の主将で、剣道の道に全身全霊で打ち込んでいる。剣道部の夏の合宿は、西伊豆の漁村で行われた。合宿の最初の訓示で、次郎は水泳を禁じた。合宿の一日、次郎が留守の間に、部員は規則を破り海で泳いだ。合宿は終り納会の夜、宴席から途中で姿を消した次郎は、稽古着の腕に竹刀を抱え仰向きに倒れて死んでいた。

何故、国分次郎は死なければいけなかったのだろうか。この謎は、「剣」という小説の主題そのものでもある。評論家は、この主題に向かって論を組み立てなければならない。しかし、評論家は描写やストーリーに焦点をあて、この問題をさける傾向が見られる。それほど、この問題は納得のいく説明が困難なものと考えられる。ところが、楯の会会員は違う。三島先生に直接質問することができるからだ。ある会員が、「先生、剣の国分次郎は何故死んでしまうのですか」と質問した。すると、三島は「うーん、まぁ自尊心だろうな」と答えたという。昭和43年に三島は、円谷幸吉の死を「それは傷つきやすい、雄々しい、美しい自尊心による自殺であった。私はかつて全く同じようなケースの自殺を、『剣』という小説で描いたことがあるが、小説のように純粋化された事例が現実に起ったことにおどろかされた[2]」と記している。

昭和44年11月3日、楯の会一周年記念パレードの際に来賓者に配布した小冊子「『楯の会』のこと[3]」（写真4a、b）に、三島は剣道を始めた動機を「私は或る内面的な力に押されて、剣道をはじめた。もう十三年もつづけている。竹の刀を使ふこの武士の模擬行動から、言葉を介さずに、私は古い武士の魂のよみがへりを感じた」と説明している。

写真2　初版本　函

第三回楯の会体験入隊

楯の会体験入隊時にも、剣道の稽古は行われた。第三回楯の会体験入隊は、昭和44年3月1日から3月29日まで、陸上自衛隊滝ヶ原分屯地で行われた。この体験入隊に参加した三期生・川戸志津夫の体験入隊日誌にはこんな記載がある。「きょうは三月九日の日曜日で休日と云う事で教練もなく、午前中先生の剣道の稽古を拝見したほかは只無為に時を過ごした」この時の写真が残されている。（写真5a、b）一枚は、三島が稽古着を着て正座している写真、他の一枚は三島が左方に首を向けて、いずれかを見ている写真である。三島の視線の先には何があったのだろうか。この

写真３ｂ

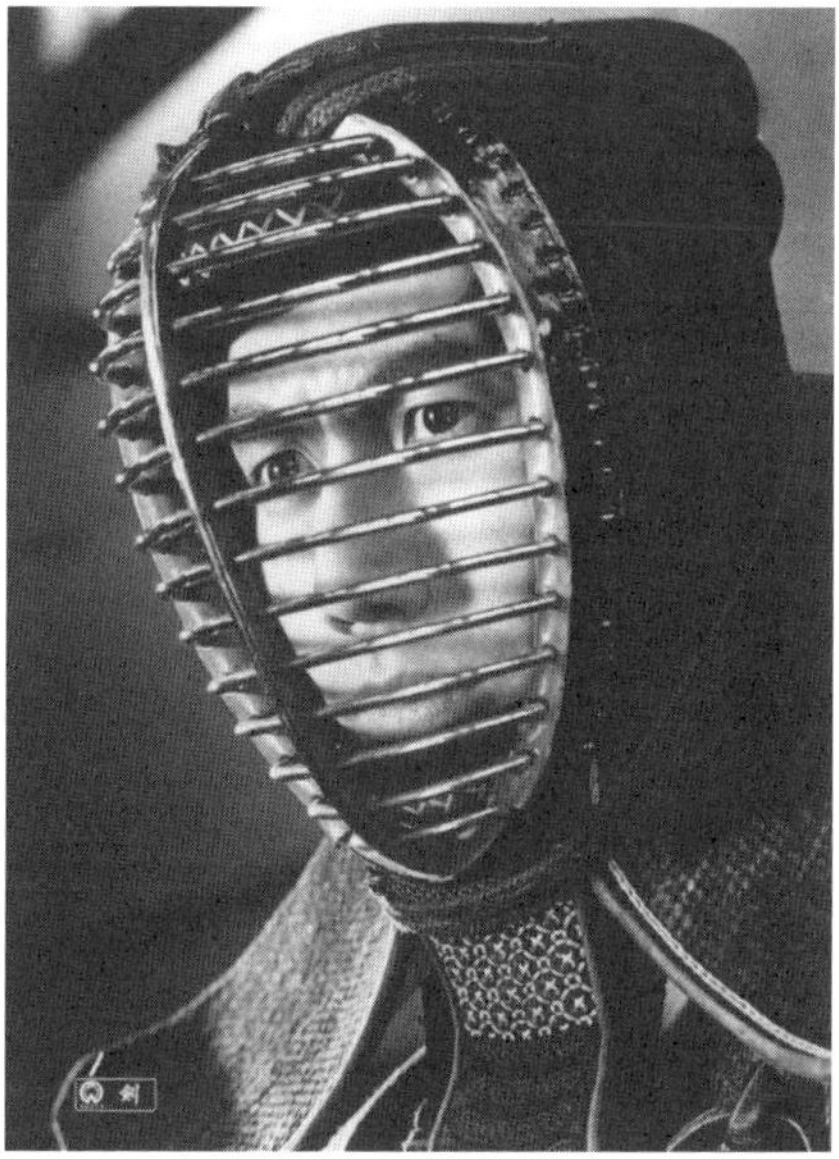

写真３ａ

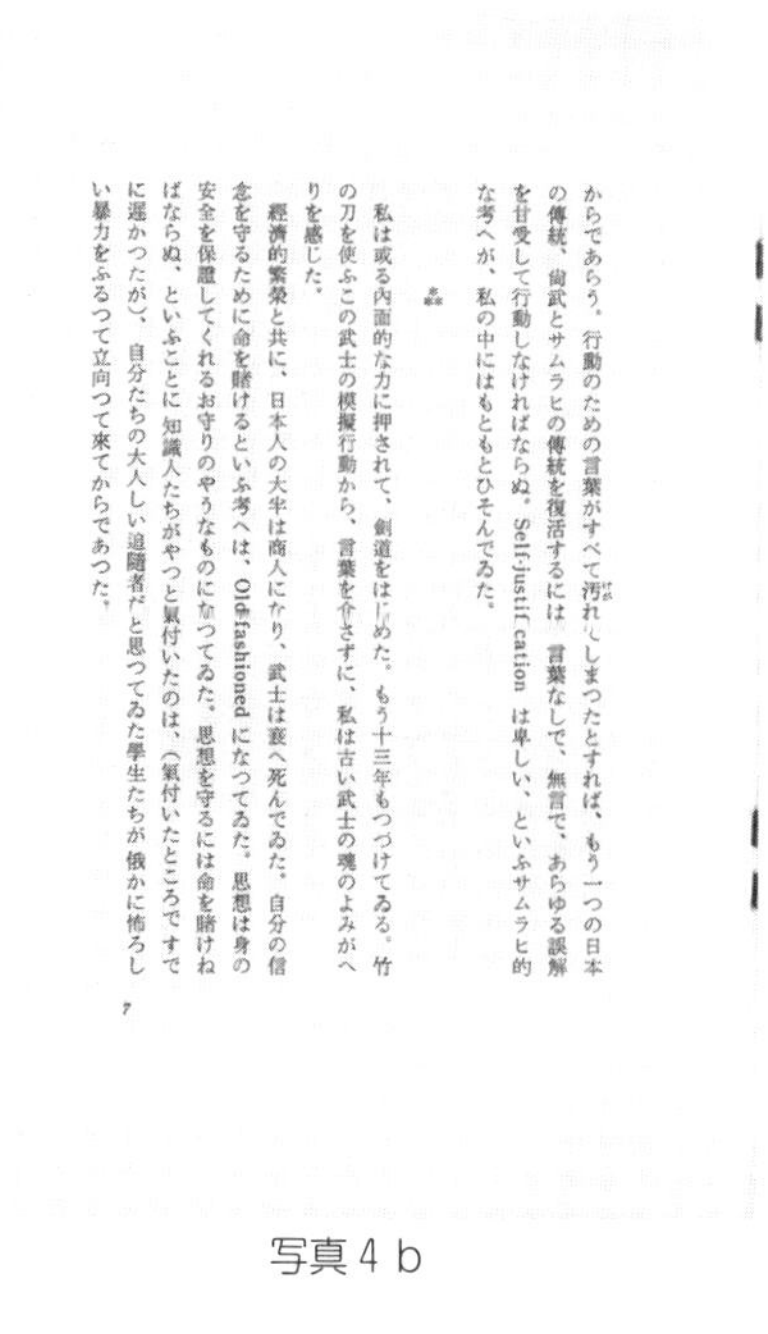

からであらう。行動のための言葉がすべて汚《けが》れてしまつたとすれば、もう一つの日本の傳統、尙武とサムラヒの傳統を復活するには、言葉なしで、無言で、あらゆる誤解を甘受して行動しなければならぬ。Self-justification は卑しい、といふサムラヒ的な考へが、私の中にはもともとひそんでゐた。

＊

私は或る內面的な力に押されて、劍道をはじめた。もう十三年もつづけてゐる。竹の刀を使ふこの武士の模擬行動から、言葉を介さずに、私は古い武士の魂のよみがへりを感じた。

經濟的繁榮と共に、日本人の大半は商人になり、武士は衰へ死んでゐた。自分の信念を守るために命を賭けるといふ考へは、Old-fashioned になつてゐた。思想は身の安全を保證してくれるお守りのやうなものになつてゐた。思想を守るには命を賭けねばならぬ、といふことに知識人たちがやつと氣付いたのは、（氣付いたところですでに遲かつたが）、自分たちの大人しい追隨者だと思つてゐた學生たちが俄かに怖ろしい暴力をふるつて立向つて來てからであつた。

7

写真４ｂ

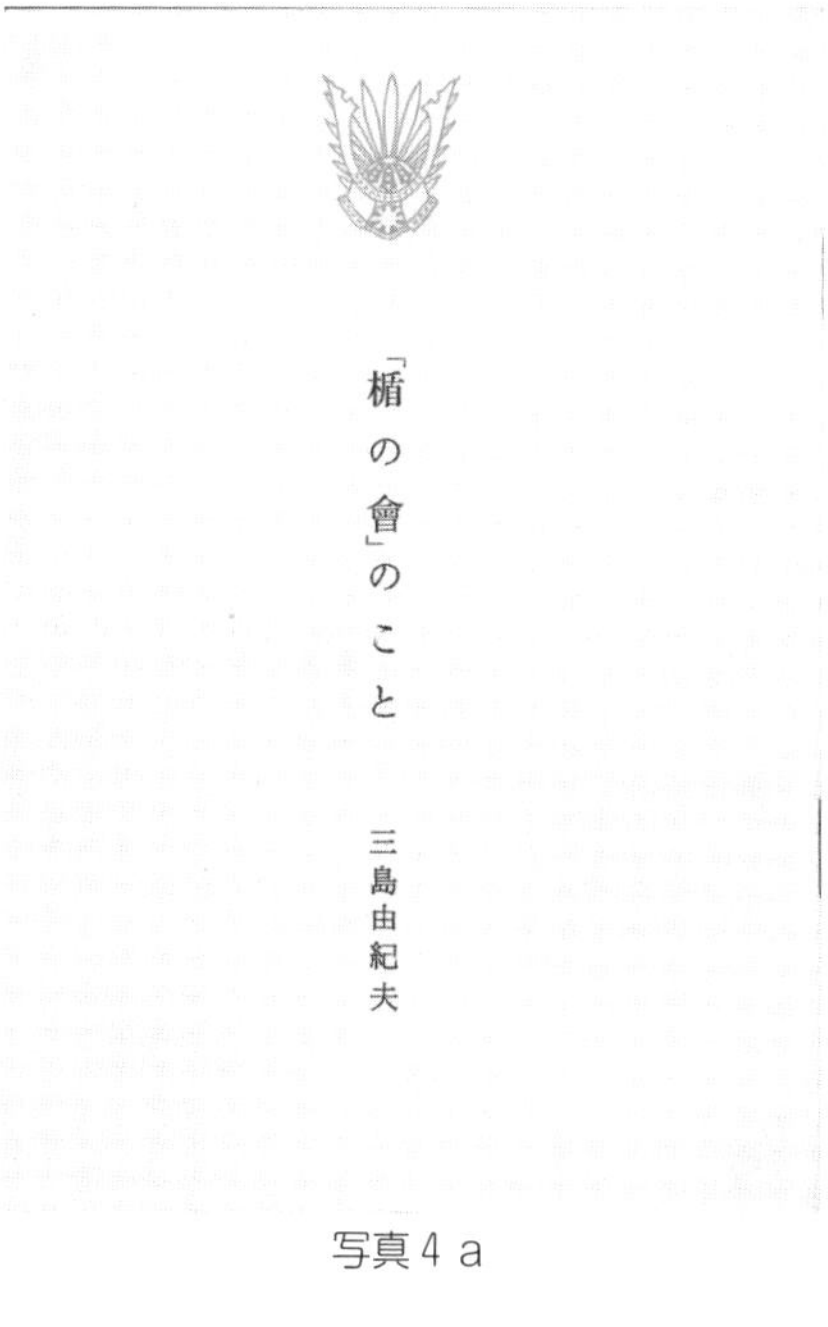

「楯の會」のこと

三島由紀夫

写真４ａ

写真５ａ

写真５ｂ

写真を見て私が不思議に思ったのは、稽古中にもかかわらず、三島が面も胴もはずしていることであった。何故、三島は防具をつけていなかったのだろうか。

この時のことを三期生・栗原智仁がこんな風に語ってくれた。栗原は剣道初段であった。剣道の稽古をしたいと思ったが防具を持ってきていなかった。すると三島先生が「私の防具を使いなさい」と指示された。先生の防具を拝借し面をつけた。栗原は三島由紀夫の面をかぶった時の、コロンの香りを強烈に記憶しているという。何故、三島は栗原に防具を貸したのだろうか。剣道をある程度やったことがある人ならわかるだろうが、自分の防具を他人に貸すことは通常あり得ない。何故なら、防具は洗うことができないからである。特に面には汗が滲み込んでいる。1年間使用した面には1年分の稽古の汗が滲み込んでいるだろうし、三島が10年間同じ防具を使用していたとすれば、三島の10年分の稽古の汗が滲み込んでいるのである。他人の使用した防具を借用することも考えにくいが、自分の防具を貸すという行為も同様に考えにくいことである。栗原は三島先生が「使いなさい」と言ったと簡単に言うが、防具がないなら他の隊員と同じように見学することも可能なわけで、この三島の行為は栗原に対する特別待遇以外の何ものでもない。

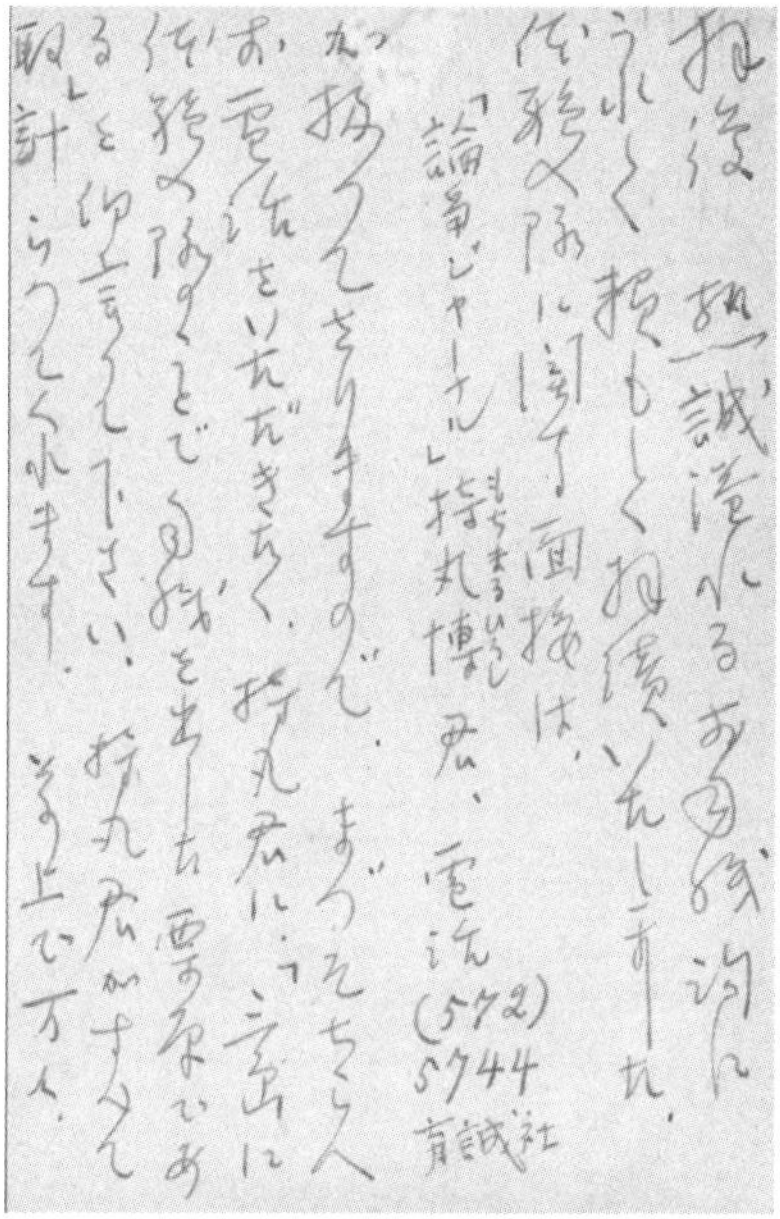

写真6

昭和43年8月22日、栗原は、毎日新聞夕刊に掲載された「わが『自主防衛』―体験からの出発」を読んで感銘し、三島に手紙を書いた。手紙は巻紙に毛筆でしたためられ、「『自分の国は自分で守らなくてはならない』とする先生の御意見には全く同感です。ついては私も体験入隊に参加したい」という内容が含まれていた。すると三島から返信が届いた。（写真6）三島は「熱誠溢れるお手紙洵にうれしく頼もしく拝読いたしました。（略）[4]」と記している。消印は昭和43年9月6日であった。このことを聞いた栗原の父親は「三島由紀夫がお前に葉書をくれるわけがないだろう」と言ったが、目の前には三島由紀夫自筆の葉書が厳然と存在していて、信じないわけにはいかなかった。栗原が三島からの葉書を受け取ったのは、第二回体験入隊が終了して間もなくのことである。この時期は「楯の会」という名はまだなく、祖国防衛隊と呼ばれていた。昭和43年10月5日、楯の会結成記者会見が行われた。そして、平凡パンチに楯の会が紹介されて、会員募集の記事が掲載されたのは、昭和43年11月11日号のことであった。

体験入隊以前に、三島自身から葉書が届くことだけでも異例なことである。栗原以外に、このように葉書をもらった方がいただろうか。三期生の頃には楯の会の人選や体験入隊者への連絡などの事務手続きは、三島の葉書に書かれているように、全て持丸博により周到に行われていたからである。

栗原は理科系で、楯の会会員のほとんどが文科系で、民族派のグループに属している中で異例の存在であった。栗原は体験入隊前に三島邸に招かれた。初対面の折、三島は「栗原さんは、私の尊敬する栗原中尉と同じ名前だ。これも人と人との縁なのだよ」と言った。栗原は頬を染めた。体験入隊を前にして栗原は三島に年賀状を出した。三島から届いた年賀状（写真7）には、「御年賀状ありがたう。一月中に、三月入隊組全員の親睦を計り、二月は旧会員に紹介したいと思ひます。頑張って下さい。期待してゐます」(4)と書かれており、栗原は身の引き締まる思いがした。昭和44年3月、第三回楯の会体験入隊が行われ、楯の会会員となった。

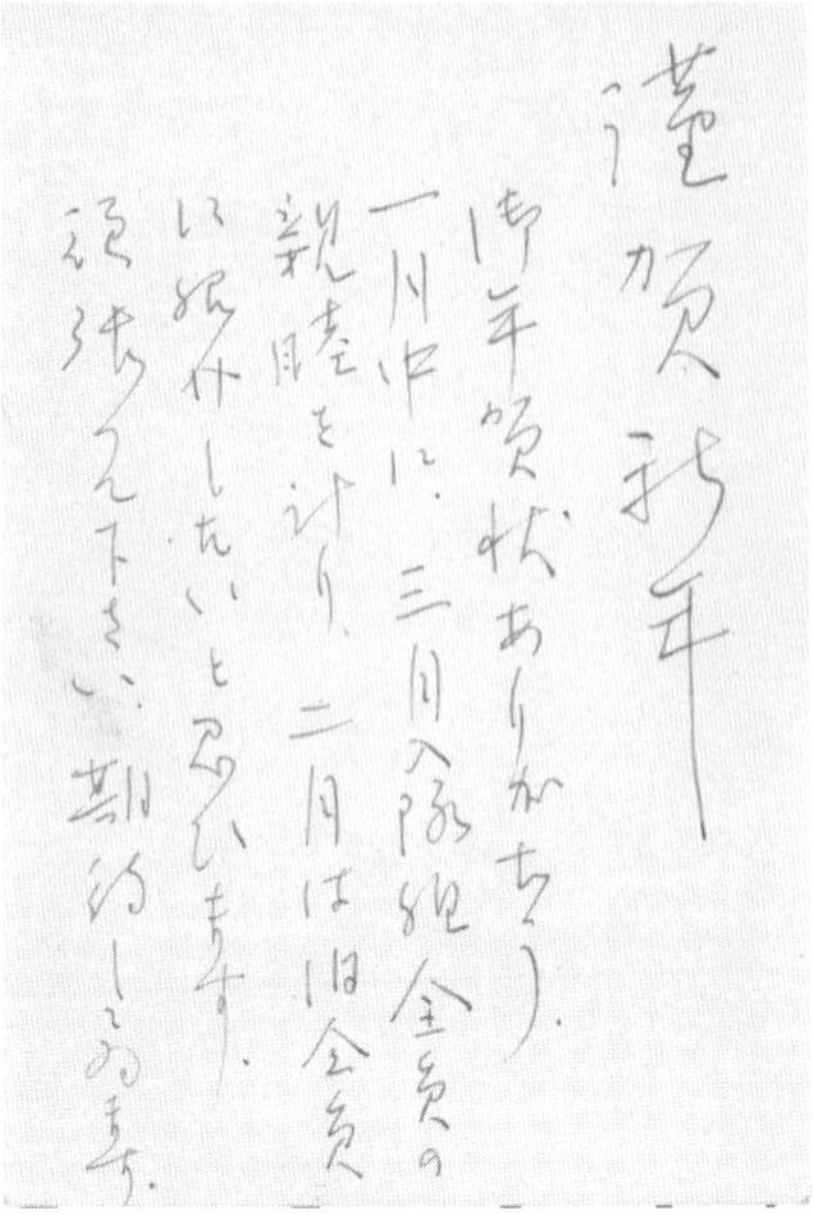
謹賀新年
御年賀状ありがたう。
一月中に、三月入隊組全員の
親睦を計り、二月は旧会員
に紹介したいと思ひます。
頑張つて下さい。期待してゐます。

写真7

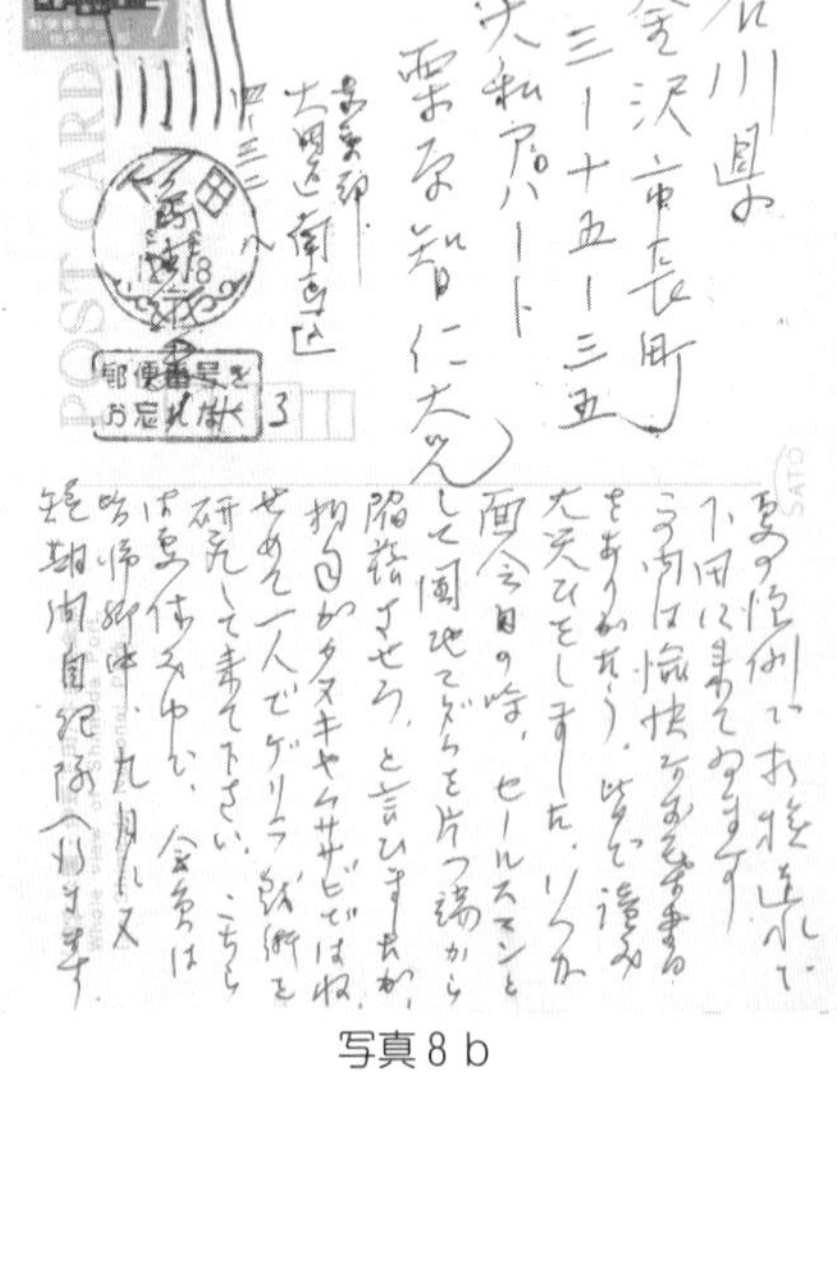

写真８ｂ

写真８ａ

昭和44年8月、第四回体験入隊が終了すると班編制が行われ、68名の隊員は7班に分けられた。栗原は下山班に配属された。

昭和45年3月、大学を卒業し就職した栗原は、卒業会員となりOB班に配属された。昭和45年8月、栗原からの暑中見舞いが、下田東急ホテルに滞在中の三島に届けられた。ちょうどその時、楯の会会員らが遊びに来ていた。葉書を読んだ三島は「栗原っておもしろい奴だなあ」と言って、会員の前で早速返信の絵葉書（写真8a、b）を書いている。「夏の恒例で家族連れで下田に来てゐます。この間は愉快なお葉書をありがたう。皆で読み大笑ひしました。いつか面会日の時、セールスマンとして団地マダムを片っ端から陥落させろ、と言ひましたが、相手がタヌキやムササビではね。せめて一人でゲリラ戦術を研究して来て下さい。（略）[4]」

持丸博の記憶では、栗原は「凛とした青年」であり、三島はとても気に入っていたそうである。第三回楯の会体験入隊中に書かれた三島の「暁の寺」創作ノートに、「characters」というタイトルで三期生の特徴が書かれている。三島は栗原を「無口の大きな目の美男、剣道好き、寡黙、しかし、澄んだ素直な性格[5]」と記している。

写真5bは、教官の説明に皆一斉にそちらに顔を向けたようにも見える。私には、三島の視線は、三島の防具をつけた栗原に向けられているようにも思えるのである。

第一回世界剣道大会

私の大学の剣道部の納会の折、「年賀状を整理していたら、三島由紀夫さんの写真がでてきた」といって、師範が写真を見せてくださった。（写真9）三島の垂には「日の丸」がついている。

写真9

第一回世界剣道大会の写真であった。第一回世界剣道大会は、昭和45年4月5日、東京の日本武道館で団体戦が行なわれ、4月10日、大阪市立中央体育館で個人戦が行われた。

師範は当時警視庁勤務の45歳、この時、柳家小さん師匠と三島由紀夫の付き人であった。小さん師匠と三島は東京・武道館で行われた団体戦の紅白試合に出場している。パンフレットが残されていて、（写真10a、b、c）大会参与の項にも三島の氏名が確認された。五代目柳家小さんの本名は小林盛夫で、「紅白試合組合せ」20組目に「清原義賢（ブラジル）六段　54才―小林盛夫（日本）六段　52才」が確認される。一方、三島の対戦は、15組目で「黄永春（中華民国）五段44才―三島由紀夫（日本）五段44才」が確認される。（三島はこの時45才であったが、44才と記載されている）

三島は、試合のことをドナルド・キーンに書き送っている。

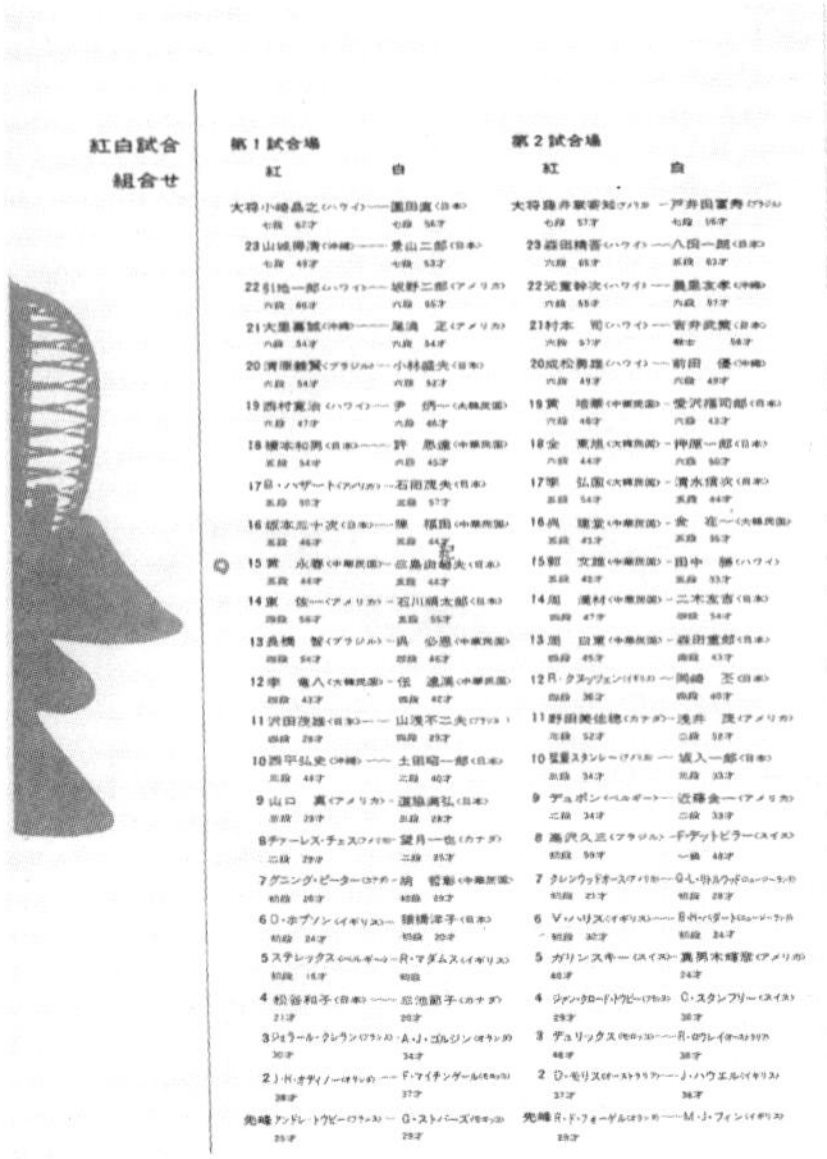

紅白試合
組合せ

第1試合場

	紅		白	
大将	小崎晶之〈ハワイ〉	七段 62才	園田直〈日本〉	七段 56才
23	山城得清〈沖縄〉	七段 49才	景山二郎〈日本〉	七段 53才
22	引地一郎〈ハワイ〉	六段 66才	坂野二郎〈アメリカ〉	六段 65才
21	大里喜誠〈沖縄〉	六段 54才	尾浪 正〈アメリカ〉	六段 54才
20	清原義賢〈ブラジル〉	六段 54才	小林盛夫〈日本〉	六段 52才
19	西村寛治〈ハワイ〉	六段 47才	尹 炳一〈大韓民国〉	六段 46才
18	榎本和男〈日本〉	五段 54才	許 思違〈中華民国〉	六段 45才
17	B・ハザート〈アメリカ〉	五段 50才	石田茂夫〈日本〉	五段 57才
16	坂本三十次〈日本〉	五段 46才	陳 福田〈中華民国〉	五段 44才
15	黄 永春〈中華民国〉	五段 44才	三島由紀夫〈日本〉	五段 44才
14	東 弦一〈アメリカ〉	四段 56才	石川晴太郎〈日本〉	五段 55才
13	長橋 智〈ブラジル〉	四段 54才	呉 必恩〈中華民国〉	四段 46才
12	李 亀八〈大韓民国〉	四段 43才	伍 遠漢〈中華民国〉	四段 47才
11	沢田茂雄〈日本〉	四段 28才	山浅不二夫〈ブラジル〉	四段 29才
10	西平弘史〈沖縄〉	三段 44才	土田昭一郎〈日本〉	三段 40才
9	山口 真〈アメリカ〉	三段 29才	渡辺義弘〈日本〉	三段 28才
8	チァーレス・チェス〈アメリカ〉	二段 29才	望月一也〈カナダ〉	二段 25才
7	グニング・ピーター〈[illegible]〉	初段 26才	納 哲彰〈中華民国〉	初段 29才
6	D・ホブソン〈イギリス〉	初段 24才	猪橋洋子〈日本〉	初段 20才
5	ステレックス〈ベルギー〉	初段 16才	R・マダムス〈イギリス〉	初段
4	松谷和子〈日本〉	21才	庄池節子〈カナダ〉	20才
3	ジェラール・クレラン〈フランス〉	30才	A・J・ゴルジン〈オランダ〉	34才
2	J・H・オディノー〈イタリア〉	38才	F・マイチンゲール〈モロッコ〉	37才
先峰	アンドレ・トウビー〈フランス〉	25才	G・ストバーズ〈モロッコ〉	29才

第2試合場

	紅		白	
大将	[illegible]	七段 57才	戸井田富秀〈ブラジル〉	七段 56才
23	森田精吾〈ハワイ〉	六段 65才	八田一朗〈日本〉	五段 63才
22	児玉幹次〈ハワイ〉	六段 55才	[illegible]〈沖縄〉	六段 57才
21	村本 司〈ハワイ〉	六段 57才	吉井武驚〈日本〉	教士 58才
20	成松勇雄〈ハワイ〉	六段 49才	前田 優〈沖縄〉	六段 49才
19	黄 培華〈中華民国〉	六段 46才	愛沢福司郎〈日本〉	六段 43才
18	金 東旭〈大韓民国〉	六段 44才	押原一郎〈日本〉	六段 50才
17	李 弘国〈大韓民国〉	五段 54才	清水猿次〈日本〉	五段 44才
16	呉 建宣〈中華民国〉	五段 41才	金 在一〈大韓民国〉	五段 35才
15	郭 文雄〈中華民国〉	五段 42才	田中 勝〈ハワイ〉	五段 33才
14	周 瀧村〈中華民国〉	四段 47才	二木友吉〈日本〉	四段 54才
13	周 日東〈中華民国〉	四段 45才	森田重郎〈日本〉	四段 43才
12	R・クヌッツェン〈イギリス〉	四段 36才	岡崎 [illegible]〈日本〉	四段 40才
11	野田美佳穂〈カナダ〉	三段 52才	浅井 茂〈アメリカ〉	二段 58才
10	[illegible]スタンレー〈ハワイ〉	三段 34才	城入一郎〈日本〉	三段 33才
9	デュポン〈ベルギー〉	二段 34才	近藤金一〈アメリカ〉	二段 33才
8	高沢久三〈ブラジル〉	初段 59才	F・デットビラー〈スイス〉	一級 48才
7	クレンウッドホース〈アメリカ〉	初段 21才	G・L・リトルウッド〈ニュージーランド〉	初段 28才
6	V・ハリス〈イギリス〉	初段 30才	B・H・バダー〈ニュージーランド〉	初段 34才
5	ガリンスキー〈スイス〉	40才	[illegible]〈アメリカ〉	24才
4	ジャン・クロード・トウビー〈フランス〉	29才	C・スタンフリー〈スイス〉	38才
3	デュリックス〈モロッコ〉	46才	R・ロウレイ〈オーストラリア〉	38才
2	D・モリス〈オーストラリア〉	37才	J・ハウエル〈イギリス〉	36才
先峰	R・F・フォーゲル〈オランダ〉	29才	M・J・フィン〈イギリス〉	

写真10 b

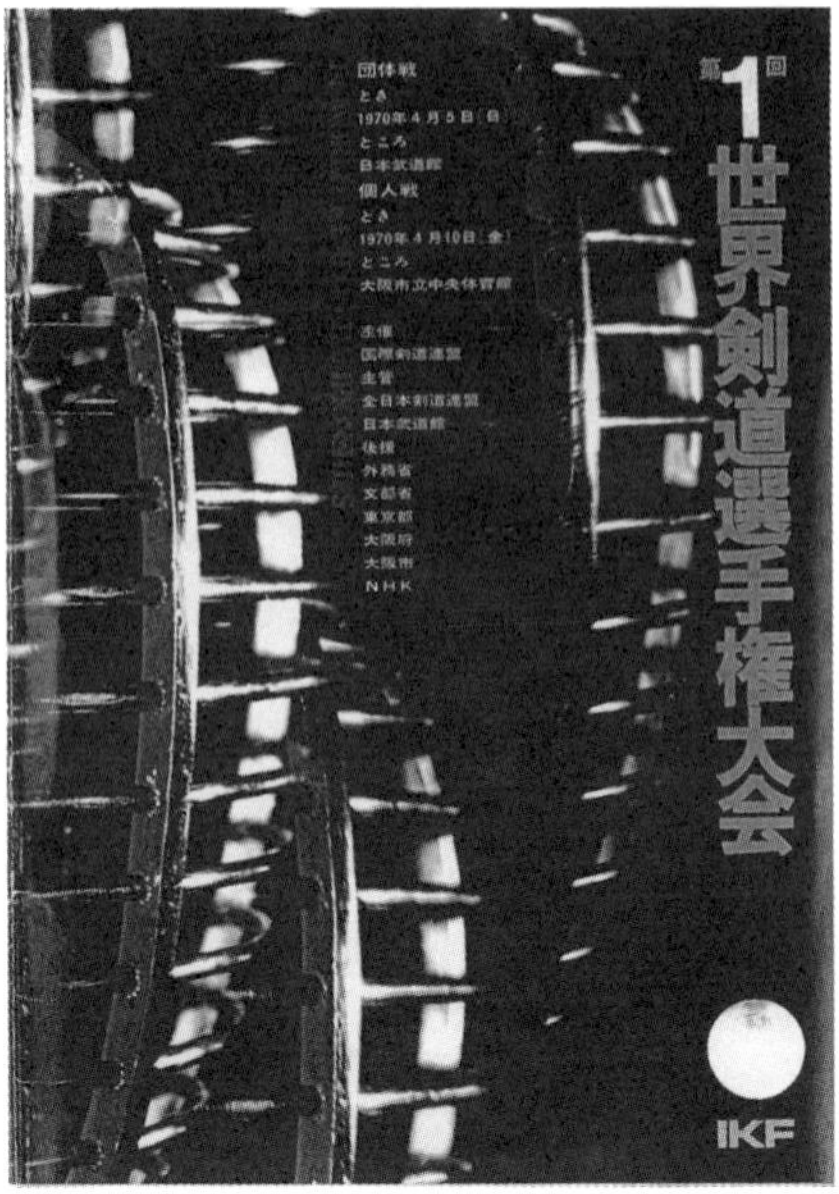

第1回
世界剣道選手権大会

団体戦
とき
1970年4月5日(日)
ところ
日本武道館
個人戦
とき
1970年4月10日(金)
ところ
大阪市立中央体育館

主催
国際剣道連盟
主管
全日本剣道連盟
日本武道館
後援
外務省
文部省
東京都
大阪府
大阪市
NHK

IKF

写真10 a

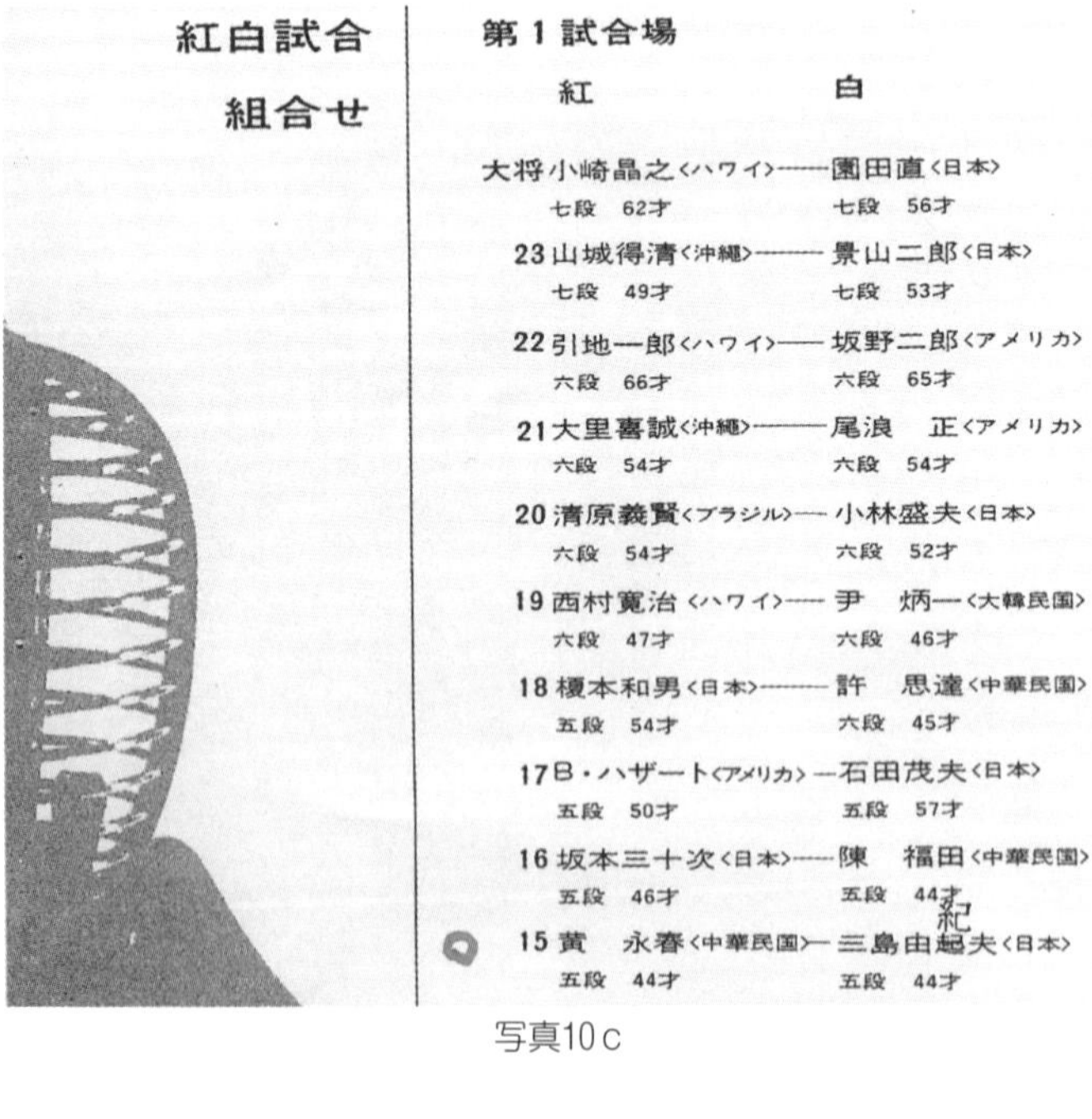

紅白試合
組合せ

第1試合場

	紅		白	
大将	小崎晶之〈ハワイ〉	七段 62才	園田直〈日本〉	七段 56才
23	山城得清〈沖縄〉	七段 49才	景山二郎〈日本〉	七段 53才
22	引地一郎〈ハワイ〉	六段 66才	坂野二郎〈アメリカ〉	六段 65才
21	大里喜誠〈沖縄〉	六段 54才	尾浪 正〈アメリカ〉	六段 54才
20	清原義賢〈ブラジル〉	六段 54才	小林盛夫〈日本〉	六段 52才
19	西村寛治〈ハワイ〉	六段 47才	尹 炳一〈大韓民国〉	六段 46才
18	榎本和男〈日本〉	五段 54才	許 思違〈中華民国〉	六段 45才
17	B・ハザート〈アメリカ〉	五段 50才	石田茂夫〈日本〉	五段 57才
16	坂本三十次〈日本〉	五段 46才	陳 福田〈中華民国〉	五段 44才
15	黄 永春〈中華民国〉	五段 44才	三島由紀夫〈日本〉	五段 44才

写真10 c

「（略）このあひだ、世界剣道大会といふのが武道館であって、台湾の五段と試合をして、お互ひに胴をとって、引分けになりました。台湾はなかなか強いです。イギリス人で二刀流のとても巧い人がゐました。こんな派手な場所で試合をするのははじめてで、多少固くなりましたが、勝負といふのは、やはりすばらしい緊張感があります。試合のはじまる前の十五分くらゐの気分は何ともいへません。

どうもだんだん知能が低下して、教養のある話題がありません。お出でになるころまでに、少し仕入れておきませう。では一日も早い御来日を持ちつつ　匆々

四月十六日　　三島幽鬼亭

鬼韻先生」

第二章　三島由紀夫と空手

空手道場への入門

昭和43年3月刊の「空手道新教程形シリーズ1平安四段」[1]（写真1a）に、三島由紀夫の「推せんのことば」（写真1b）が掲載されている。三島は「私は中山正敏先生の門に入って、半歳に充たないヒヨッコであるが、親しく先生の指導を受けて、その周到な分析、卓越した理論に深く敬意を表してゐる。（略）」と記している。

この推せんのことばは「空手道新教程形シリーズ2平安三段・平安二段」[2]（写真2a、b）にも再録されている。

この大会に、同行した楯の会会員はいなかっただろうか。私の渉猟しえた範囲では確認できなかった。もし、この大会に同行した方がいらしたら是非お話を伺いたく、お願い申し上げる次第である。

註1　三島由紀夫：剣、講談社、1963
2　三島由紀夫：円谷二尉の自刃、産経新聞夕刊、1968
3　三島由紀夫：「楯の会」のこと、1969
4　三島由紀夫：栗原智仁宛書簡。決定版三島由紀夫全集第38巻、新潮社、2004
5　三島由紀夫：暁の寺創作ノート、三島由紀夫研究⑩、鼎書房、2010

また、昭和43年6月開催の第11回社団法人日本空手協会「全国空手道選手権大会」のプログラムには、三島の文が掲載されている。三島は「空手を学びたいと思ったのは、昨年の初夏であったが、日本空手協会へ伺ったところ、まず第十回の大会を見ろ、ということであった。あるいは、これを見て、わが身をかえりみて味噌汁で面を洗って、出直して来い、という親心であるかと思われた。（略）私もこの大会を見てから何とかその道の入口にでも辿りつきたいという決意を固めたのであった[3]」と記している。これらの記載から、三島が空手道場に入門したのは、昭和42年夏頃

と推測される。

一方、中山正敏は、昭和45年12月5日（金）、豊島公会堂で行われた「三島由紀夫追悼の夕べ」にて挨拶している。この「三島由紀夫追悼の夕べ」はカセットテープに収録され、昭和46年1月8日にタイセイ・グローバル社から発売された。（写真3）中山は「私は、空手協会の主席師範をしております中山でございます。

写真1 a

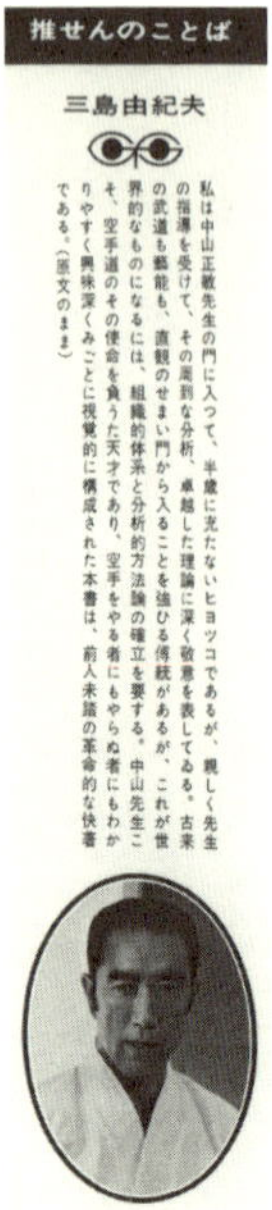

写真1 b

三島さんとは4年間のお付き合いで年数的には短期間のお付き合いだと思います。しかしながら、毎週1回、4年間欠かさずに必ず稽古着を着られた三島さんと、同じ道場でもって汗を流した、そういう点では非常に深い付き合いであると信じます。三島さんが道場に入門されたのは42年の2月であります。4、5名の若い青年諸君とともに参られまして、『空手の修業をしたいから、よ

写真2 a

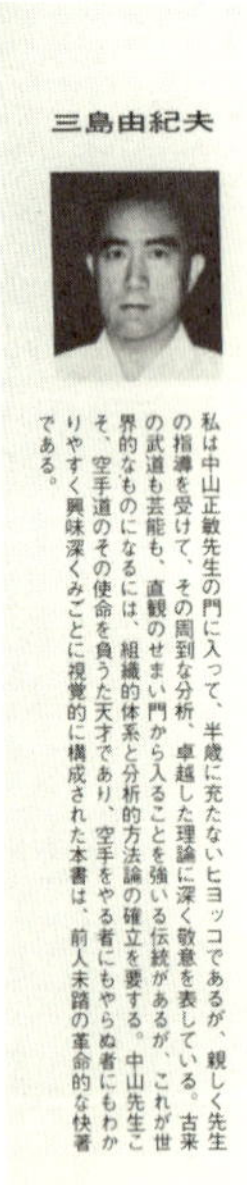

写真2 b

写真3

ろしくお願いします』という御挨拶でした。（略）[4]」と語っている。

中山の記憶を参考にすると、三島が入門の意向を中山に伝えたのが昭和42年2月で、第10回全国空手道選手権大会（昭和42年6月）を見た上で入門し、実際に稽古を開始したのは、夏頃になったと推察される。「4、5名の若い青年諸君」とは楯の会の会員ではなく、ボディビルの仲間であったと考えられる。中山は「43年11月には楯の会の若い元気な学生諸君が20名ばかり加わりまして、三島さんの指示のもとに稽古に熱烈に励んでおられます」と語っており、空手の稽古に楯の会会員が参加したのは、第2回体験入隊が終り、「楯の会」の名称ができてからのことであった。

中山正敏宛三島由紀夫書簡

三島由紀夫全集第38巻に収録された中山正敏宛の書簡の中に名刺に書かれたものがある。「先日お話し申上げました学生の懇親会の件、二十四日（水）十二時半より、市ヶ谷自衛隊門外市ヶ谷会館にて午食会をいたしますので、御出席賜われば幸甚です。入口に『体験入隊の会』と名札を出しておきます。中山先生[5]」

「二十四日（水）十二時半」に行われた「体験入隊の会」とは、昭和43年7月24日（水）に行われた会のことである。三島由紀夫全集ではこの書簡（名刺）は、昭和45年のものになっているが、昭和43年が正しい。「体験入隊の会」という呼称は、「楯の会」ができる前に使用されていた名称であり、昭和43年10月5日には、「楯の会」という名称が正式に発表されている。案内のハガキが残されている。「元気で研鑽をつまれていることと思います。さて、この八月再び多くの同志を得て第二次体験入隊を実施する手筈となりました。ついては、新入隊者諸君の壮行会を兼ね、三月入隊者との懇親会を催したく思います。また、この会を長く続けていくための会名や活動についても諸君のご意見を伺いたいと思います。全員の参加を望みます。記　日時　七月二十四日（水）十二時三十分より　昼食会　場所　市ヶ谷会館（国電市ヶ谷駅下車）三島由紀夫」（写真4）

第2回体験入隊の壮行会を兼ねたこの会は楯の会の例会に相当する。ハガキには「全員の参加を望みます」とあったが、後の楯の会一期生21名中、参加したのは16名であった。

第12回社団法人日本空手協会「全国空手道選手権大会」

この大会プログラム（写真5 a、b）では「大会参与」の「協会相談役」の項に「三島由起夫」の名前が確認できる。三島の名前は「紀」が「起」に間違えられている。また、プログラムには、大会に寄せた三島の文が掲載されている。「初夏の風光る季節になると、空手着の白い清潔な光りにますます精気が加はり、斗志が夏の積乱雲のように湧き起り、全日本空手道選手権大会の開幕の近いことが、道場にいて、ひしひしと感じられる。（略）去年の大会におけると同じく、今年の大会においても、私は卵以前の卵にすぎないが、いつか大空を翔ける鳥になることを夢みている点では人後に落ちぬ。名選手たちの飛鳥の名技を見ると、鳥になって早く大空を翔けたいという思いは、空手をはじめた十五才の少年も、すでに中年の私も、少しもかはるところはないのである」

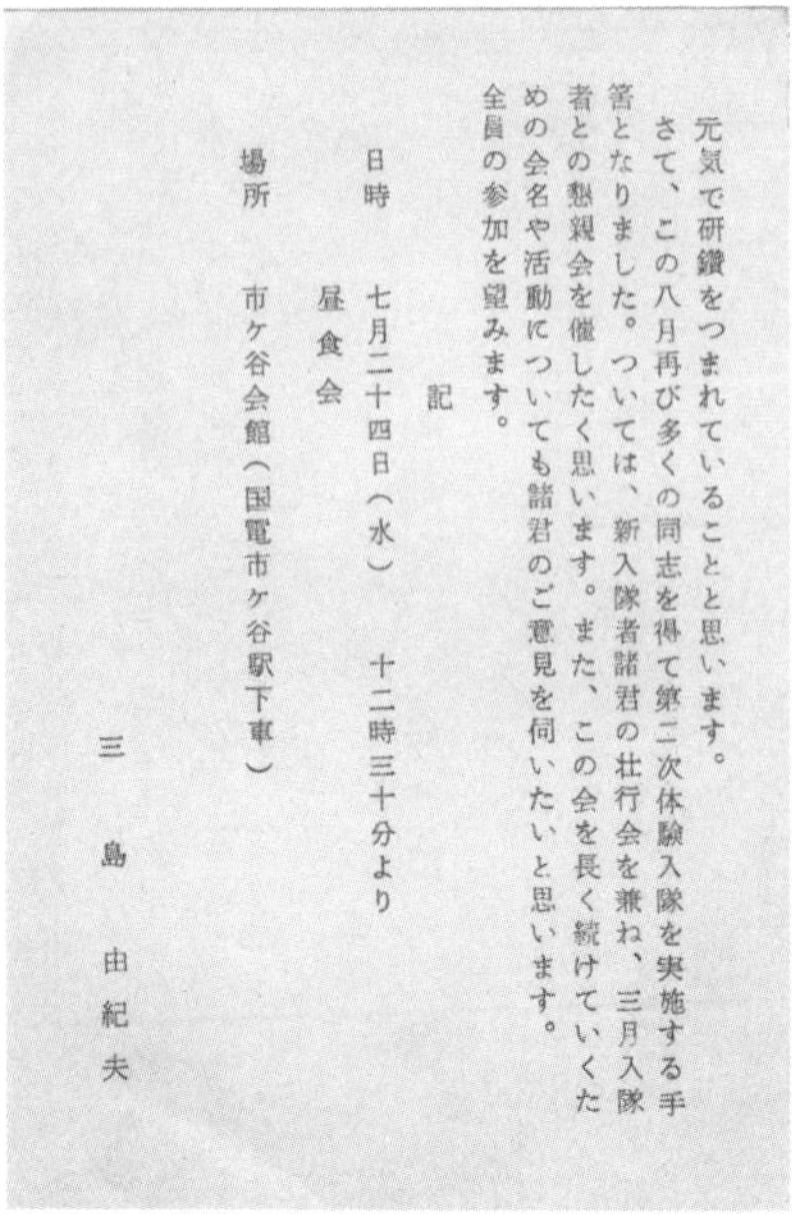

元気で研鑽をつまれていることと思います。
さて、この八月再び多くの同志を得て第二次体験入隊を実施する手筈となりました。ついては、新入隊者諸君の壮行会を兼ね、三月入隊者との懇親会を催したく思います。また、この会を長く続けていくための会名や活動についても諸君のご意見を伺いたいと思います。
全員の参加を望みます。

記

日時　七月二十四日（水）　十二時三十分より
昼食会
場所　市ケ谷会館（国電市ケ谷駅下車）

三島由紀夫

写真4

第13回社団法人日本空手協会「全国空手道選手権大会」

この大会プログラム（写真6 a、b）でも「大会参与」の「協会相談役」の項に「三島由起夫」の名前が確認できる。ここでも三島の名前は「紀」が「起」に間違えられたままになっている。

第13回社団法人日本空手協会「全国空手道選手権大会」の第2日目、昭和45年6月20日（土）大会プログラムには「試合と演武」の項に「演武、基本組手（楯の会）」の記載がある。（写真6 c）三島と楯の会会員による演武、基本組手が行われた。「三島由紀夫追悼の夕べ」において、中山師範は「過去2年間は入場行進だけで終わっておりましたのですが、本年は楯の会も三島さんの指示のもとに、指導のもとに演武をやりました。最初は、三島由紀夫演武ということで、みんな武道館の中がざわめいておりました。しかしながら、だんだん演武が重なるにつれて、シーンと静まりかえるような烈々たる気迫がうかがわれてまいります。特に圧巻であったのは森田青年と三島さんが乱取り（写真7 a、b）をやって、その真剣な気迫には、満場思わず拍手喝采というような場面がございます」と語った。昭和45年6月20日（土）の演武の際、演武の行われる3日前（6月17日）に初段に合格した三島は、楯の会会員より贈られた黒帯を捲いている。（写真7 c）

楯の会が演武を行った第13回「全国空手道選手権大会」のプログラムにも、大会に寄せた三島の文が掲載されている。三島が楯の会会員とともに稽古に訪れた際、原稿の依頼があった。三島は、締め切りはいつかと聞いて余り時間がないことを知ると、「それじゃ、今書こう」と言って、会員たちが見ている前で、さらさら

大会特別顧問

	日本武道館会長	全日本空手道連盟会長
	正力松太郎	笹川良一

大会顧問（協会顧問）

新井　裕	倉内喜久雄	二階堂惣四郎
石川正臣	源田　実	野田武夫
上田常隆	伍堂輝雄	丹羽兵助
植村甲午郎	斎藤　昇	原　健三郎
小幡久雄	笹山忠夫	浜田裕生
大神　一	治良丸友恒	馬場重記
奥村綱雄	須田俊策	早川　崇
奥　康太郎	砂原　格	橋口　隆
正親見一	関谷勝利	藤川貞夫
小川一平	高橋多津	福田篤泰
加藤大弦	高見三郎	松下幸之助
柏村信雄	田中角栄	宮下明義
亀山孝一	田中良男	宮本吉夫
門屋亀吉	田沢吉郎	村井三郎
片岡　謙	友枝　参	山田康晴
桑原英雄	任田新治	湯川聖也
木村篤太郎	中曽根康弘	渡辺英夫
北村　隆	永田敬生	

大会参与（協会参与）

阿竹仙之助	下川　潔	満居昭彦
伊東豊次	新宅安二	山岸一一
池田　巌	杉浦鎮夫	楊　名時
岩瀬政次	杉山　薫	梁　三永
大門八郎	住吉繁之助	
金山泰祚	関根光雄	（協会相談役）
河上　邃	高根滝次	小川忠悳
儀間真謹	中沢　培	大林　清
工藤雷介	福井　哲	藤井朝夫
栗城清志	益谷　充	三島由起夫
五条堀利男	三富栄司	水上　進
志鶴英鳳	三雲満三郎	宮沢正幸

－6－

写真５ｂ

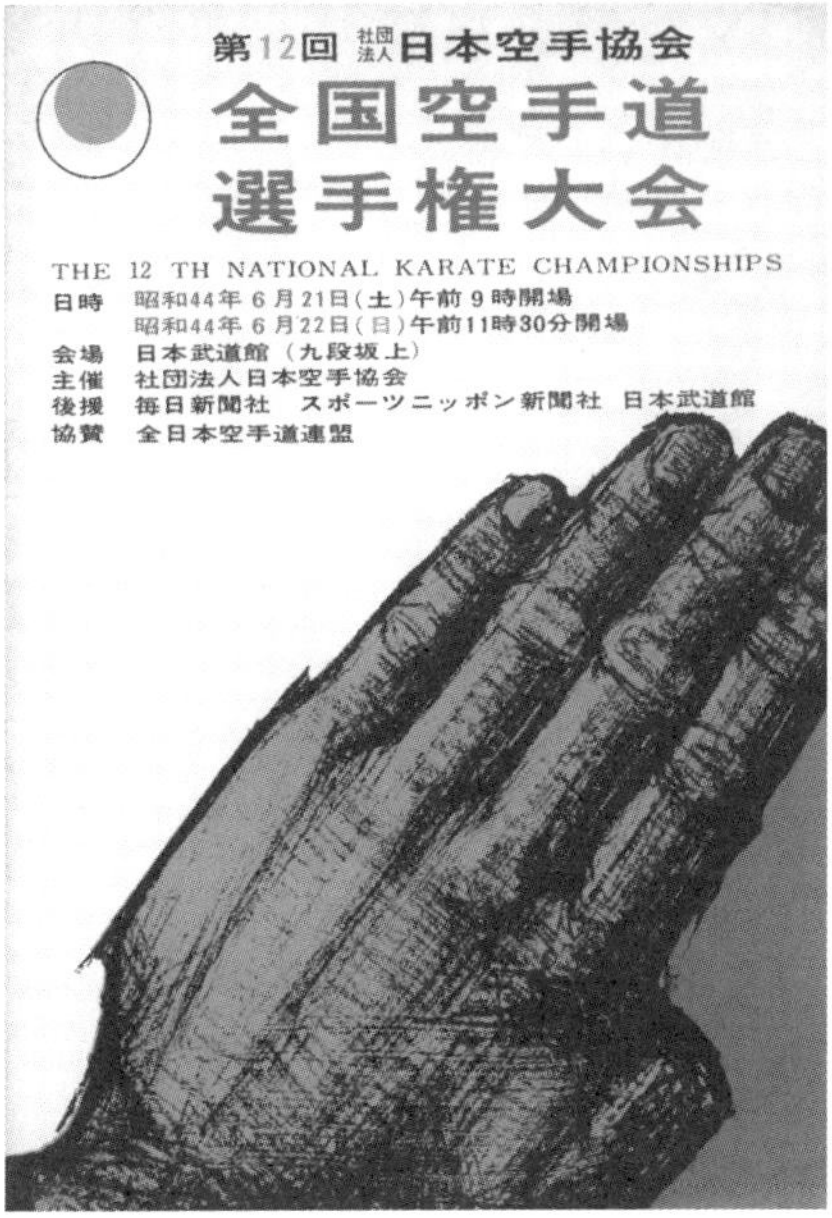

写真５ａ

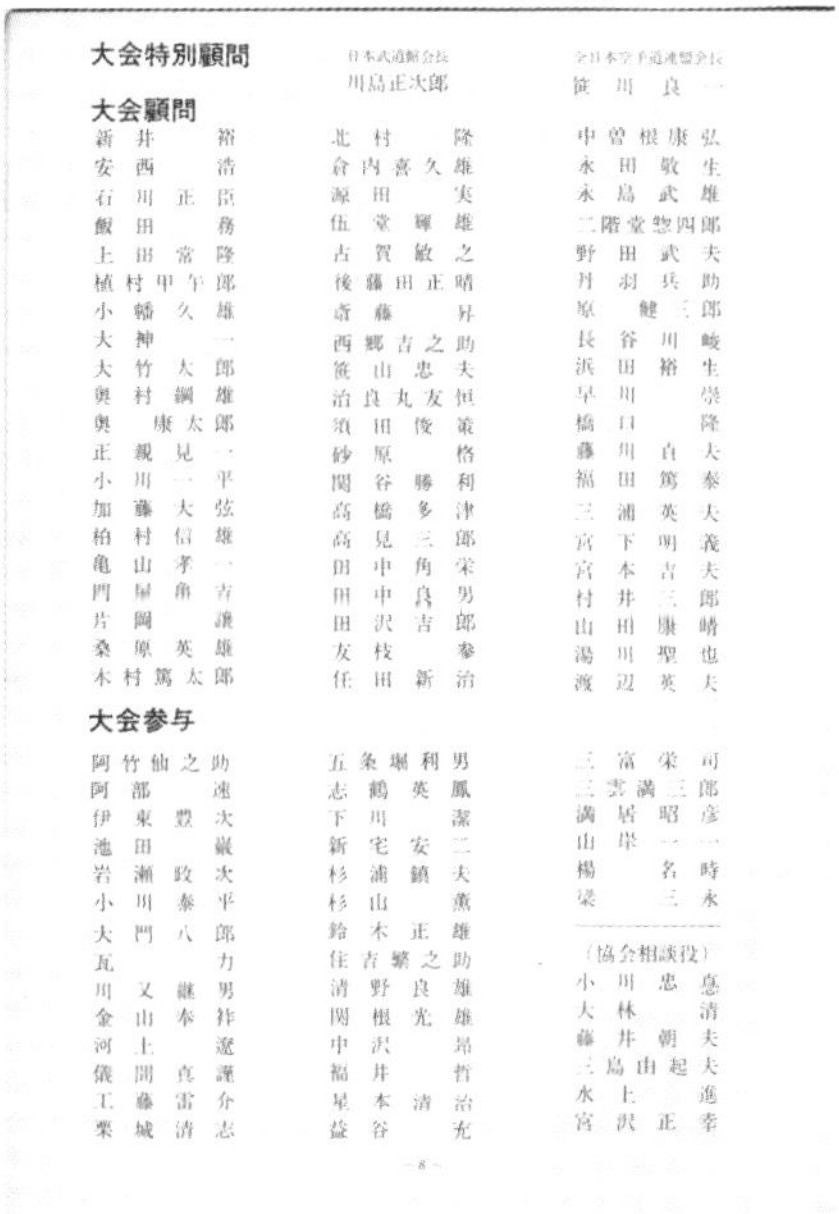

大会特別顧問

	日本武道館会長	全日本空手道連盟会長
	川島正次郎	笹川良一

大会顧問

新井　裕	北村　隆	中曽根康弘
安西　浩	倉内喜久雄	永田敬生
石川正臣	源田　実	永島武雄
飯田　務	伍堂輝雄	二階堂惣四郎
上田常隆	古賀敏之	野田武夫
植村甲午郎	後藤田正晴	丹羽兵助
小幡久雄	斎藤　昇	原　健三郎
大神　一	西郷吉之助	長谷川峻
大竹太郎	笹山忠夫	浜田裕生
奥村綱雄	治良丸友恒	早川　崇
奥　康太郎	須田俊策	橋口　隆
正親見一	砂原　格	藤川貞夫
小川一平	関谷勝利	福田篤泰
加藤大弦	高橋多津	三浦英夫
柏村信雄	高見三郎	宮下明義
亀山孝一	田中角栄	宮本吉夫
門屋角吉	田中良男	村井三郎
片岡　謙	田沢吉郎	山田康晴
桑原英雄	友枝　参	湯川聖也
木村篤太郎	任田新治	渡辺英夫

大会参与

阿竹仙之助	五条堀利男	三富栄司
阿部　速	志鶴英鳳	三雲満三郎
伊東豊次	下川　潔	満居昭彦
池田　巌	新宅安二	山岸一一
岩瀬政次	杉浦鎮夫	楊　名時
小川泰平	杉山　薫	梁　三永
大門八郎	鈴木正雄	
瓦　力	住吉繁之助	（協会相談役）
川又継男	清野良雄	小川忠悳
金山泰祚	関根光雄	大林　清
河上　邃	中沢　培	藤井朝夫
儀間真謹	福井　哲	三島由起夫
工藤雷介	星本清治	水上　進
栗城清志	益谷　充	宮沢正幸

－8－

写真６ｂ

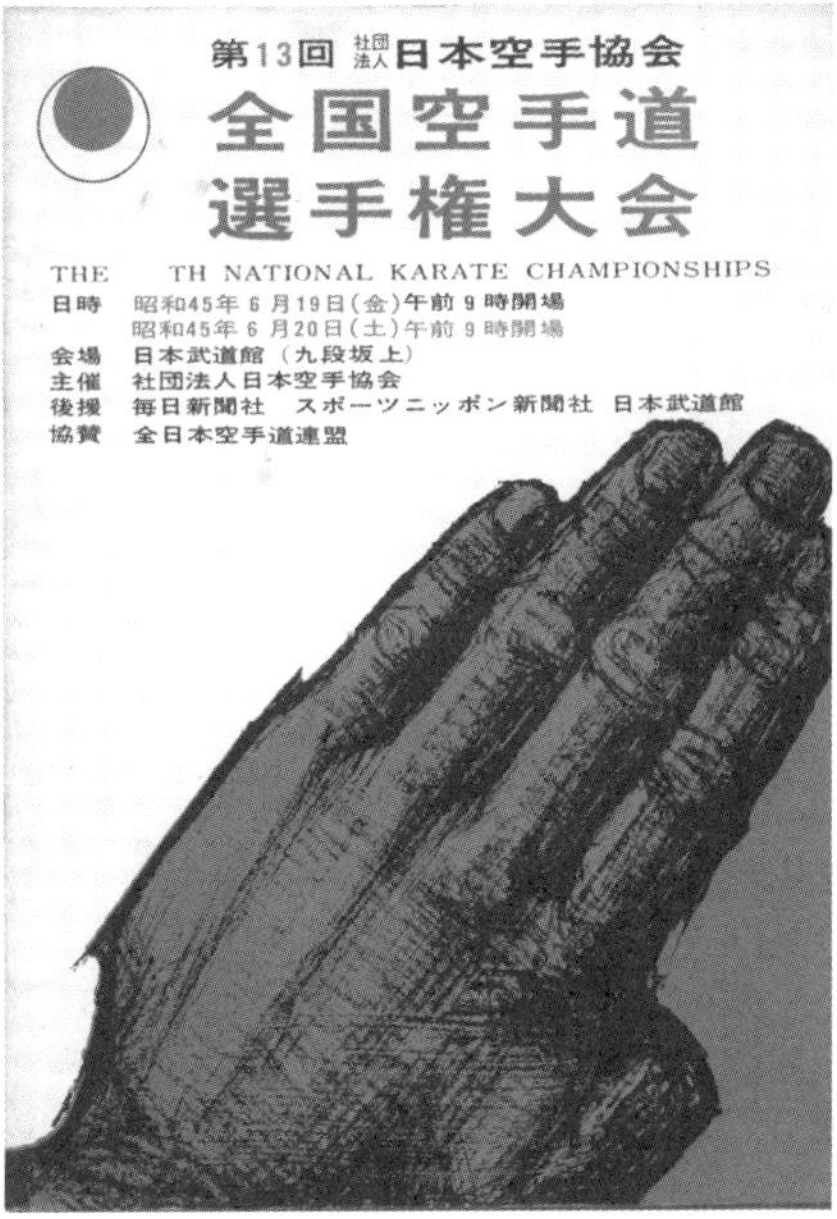

写真６ａ

と文を書き上げた。それが以下の文である。

「大会はますます隆盛になり、空手はますます世界を征覇してゆく。『正義は力』だが『力は正義』ではない。その間の消息をもっともよく示してゐるのが、空手だと思ふ。空手は正義の表現力であり、黙した力である。口舌の徒はついに正義さえ表現しえないのである。われわれ『楯の会』も、中山正敏先生の指導の下に、未熟ながら、ますますこの空手の本義を明らめて行きたいと思ふ」

この日、武道館の正面玄関で撮られた私服の三島由紀夫、森田必勝の写真が残されている。（写真8）三島は黒いシャツに白いズボン、白い靴をはいて、細いベルトをしている。この写真と同じ服装の三島の写真（写真9）が残されている。昭和37年9月、「午後の曳航」取材のため横浜を訪れた時のもので撮影は川島勝である。三島は黒いシャツに白いズボン、白い靴をはいて、細いベルトをしている。

2枚の写真には8年の歳月の流れがあり、この服装は三島のお気に入りのコーディネートであったと思われる。

大会後も毎週水曜日に空手の稽古は続けられた。三島事件の一週間前の昭和45年11月18日（水）も、いつもと変わりなく空手の稽古は行われた。楯の会会員と共に稽古に励む三島の写真が残されている。（写真10a、b）

三島と共に空手の稽古に励んだ「蹶起」を知らされていない楯の会会員にとって、この日が三島に逢った最後の日となった。

註1　中山正敏監修：空手道新教程形シリーズ1平安四段、鶴書房、1968
2　中山正敏監修：空手道新教程形シリーズ2平安三段・平安二段、鶴書房、1969
3　三島由紀夫：第十一回空手道大会に寄せる、決定版三島由紀夫全集第35巻、新潮社、2003
4　中山正敏：追悼のあいさつ、三島由紀夫追悼の夕べカセットテープ、タイセイ・グローバル社、1971
5　三島由紀夫：中山正敏宛書簡、決定版三島由紀夫全集第38巻、新潮社、2004

※この論評には三島由紀夫の署名が確認される画像が6葉あったが、署名偽物作成防止のため割愛した。

大会プログラム

第2日

6月20日（土）午前10時開始

前日に引続き各試合挙行

●開会式（午後2時）

1．役員選手入場

全日本鼓笛バンド連盟

　女子鼓笛隊員先導

2．国歌斉唱

3．大会宣言

大会副委員長

4．挨拶

大会委員長

毎日新聞社代表

日本武道館代表

全日本空手道連盟代表

5．優勝旗返還

6．選手代表宣誓

7．表彰式

8．役員選手退場

●試合と演武

1．演武　団体形（女子）

2．団体戦組手決勝戦

3．一般選抜個人戦三回戦

4．演武、少年部

5．一般組手準決勝戦

6．演武、四方割、形の解説

7．一般選抜形順位決定戦

8．一般選抜組手決勝戦

9．演武、模範組手

10．指定形一回戦

11．演武、徒手格斗

12．指定組手一、二回戦

13．演武、組手形、居合

14．指定選手組手三回戦

15．演武、基本組手（栖の会）

16．指定選手組手準決勝戦

17．演武、拳舞（女子部）

18．指定選手形順位決定戦

19．指定形試合順位決定

20．演武、椅子捕（国際部）

21．表彰　指定形試合入賞者

22．指定組手決勝

23．表彰

写真6 c

写真７ａ　右端は森田必勝

写真７ｂ　三島由紀夫と森田必勝

写真７ｃ　左から２人目三島由紀夫　５人目森田必勝

写真８　右から３人目が三島由紀夫　７人目が森田必勝（昭和45年）

写真９　三島由紀夫　横浜にて（川島勝撮影　昭和37年）

写真10a

写真10b　左端が三島由紀夫　右端が森田必勝（斉藤康一撮影　昭和45年11月18日）

第三章　三島由紀夫と銃剣道

体験入隊と銃剣道

「楯の会」の陸上自衛隊体験入隊の訓練の一つに銃剣道がある。銃剣道は、自衛隊にでも入隊しなければなかなか接することのない、一般的には馴染みの薄い武道である。楯の会会員は皆、武道の有段者と聞いたことがある。これは、体験入隊に参加し落伍せず勤め上げた会員には、終了時に銃剣道初段の証状が与えられるからという理由のようである。実際はどうであったかを検証してみたい。

一期生

第一回体験入隊は、昭和43年3月1日から3月30日まで行われた。「体験入隊日誌」が残されている。この記録から、1ヶ月間の入隊期間中に13日、銃剣道の稽古が行われたことを確認した。1日2回、午前と午後に稽古をしている日もあった。昇段審査は3月29日に行われた。体験入隊日誌には、

「3月29日（金）天候、晴

6：00　起床

8：00　沖縄戦史…富士学校、山口三佐

12：00　会食

14：00　銃剣道検定及び試合

16：00　体力測定

（略）

○講義中、先生、学生と誤られて質問を受け、絶句。〝若さ〟とは貴重なもの、しかしこれを喜ぶべきか悲しむべきか。

○銃剣道検定。中隊の若手と試合。（略）」と記されている。

写真1　制服完成記念写真　愛宕神社（昭和43年4月14日）

写真２ａ　一期生　銃剣道初段証書授与式（於・三島邸）

写真２ｂ　一期生　銃剣道初段証書授与式（於・三島邸）

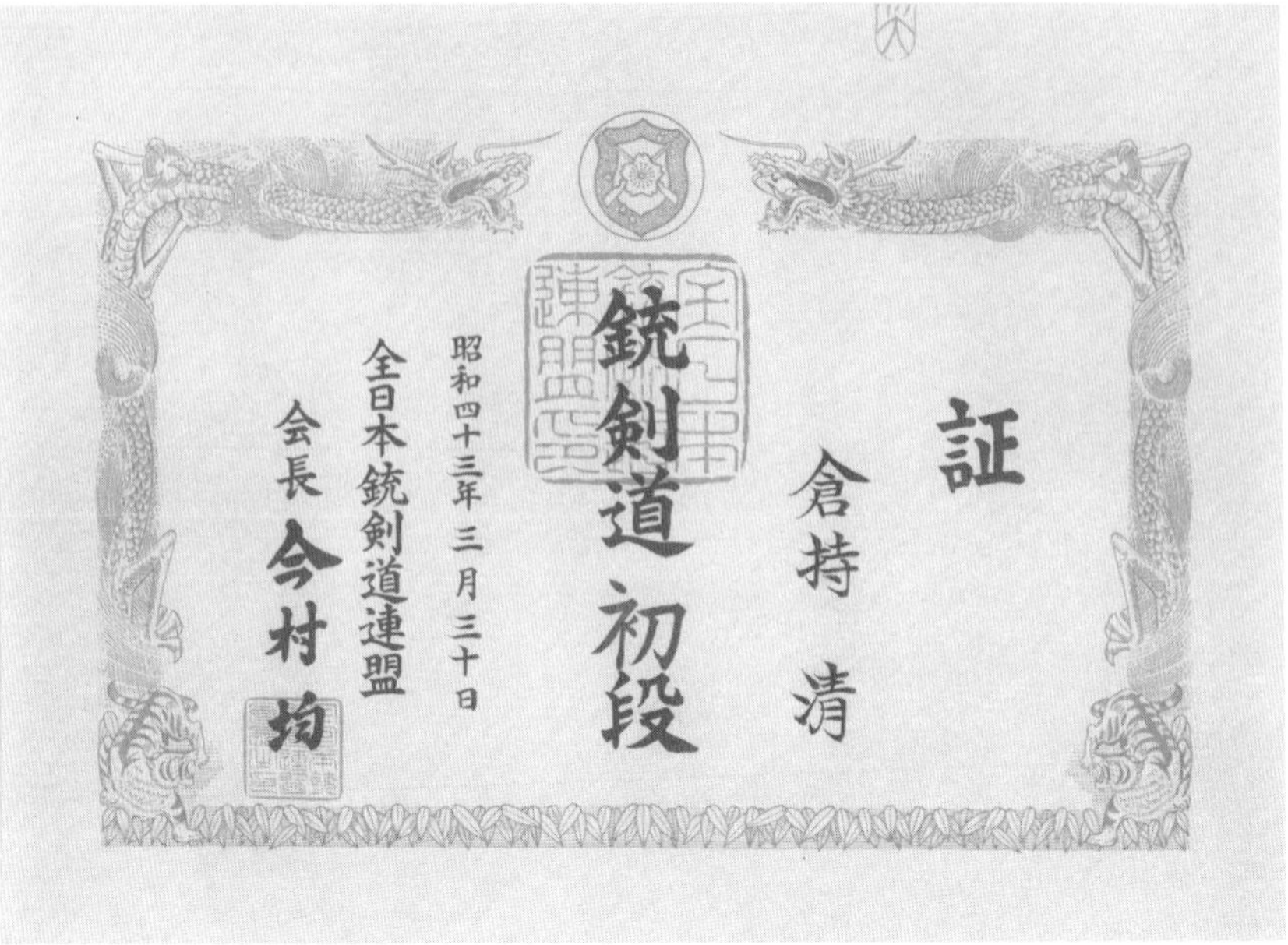

写真３　一期生　倉持清　銃剣道初段　証状

昭和43年4月14日は、新調された制服に初めて袖を通した日である。三島は、論争ジャーナル系の隊員11名を連れて青梅の愛宕神社の満開の桜の下で記念撮影（写真1）を行った。三島は出発前に自邸の中庭で証状の授与式（写真2a、b）を行っている。三島より手渡された筒には銃剣道初段の証状が入っていた。

一期生・倉持清の証状（写真3）が残されている。証状には

「証
倉持清
銃剣道初段
昭和四十三年三月三十日
全日本銃剣道連盟
会長　今村均」とあり、全日本銃剣道連盟の透かしが入っている。倉持は「気合初段というものであった」と説明された。

二期生

第二回体験入隊は、昭和43年7月25日から8月23日まで行われた。学生長・持丸博の日程帳から、第二回体験入隊においても銃剣道の稽古が行われたことが確認された。しかし、昇段審査は行われていない。

二期生の小賀正義は、指導学生として第三回体験入隊にも参加した。三期生とともに昇段審査を受け、初段を授与されている。証状（写真4）の日付は、第三回体験入隊が行われた「昭和四十四年三月二十九日」のものである。

三期生

第三回体験入隊は、昭和44年3月1日から3月29日まで行われた。三期生・金森俊之の体験入隊日誌から第三回体験入隊では3月26日に昇段審査が行われたことを確認した。金森は「今日は銃

証

小賀正義

銃剣道初段

昭和四十四年 三月二十九日

全日本銃剣道連盟

会長 鵜沢尚信

写真4 二期生 小賀正義 銃剣道初段証状

写真5 第三回楯の会体験入隊 銃剣道稽古記念写真（右から6人目が三島由紀夫）

写真６　三期生　勝又武校　銃剣道二段証状（昭和45年３月27日）

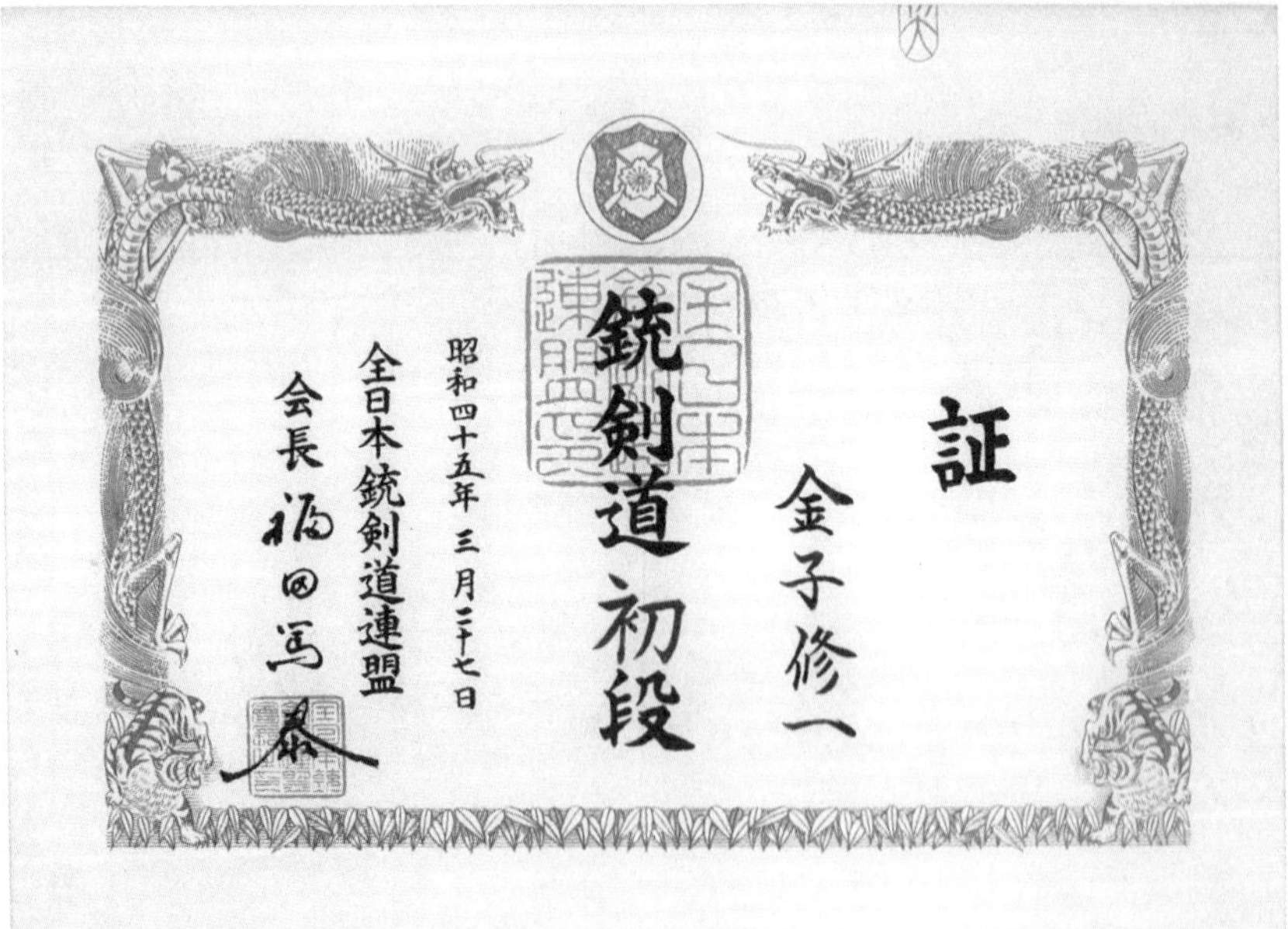

写真７　五期生　金子修一　銃剣道初段証状（昭和45年３月27日）

剣の初段昇段審査及び体力検定だった。銃剣は見事全員初段。気合が良かったとのこと」と記している。三期生の銃剣道稽古時の記念写真（写真5）が残されている。前列右から6人目に三島が写っている。三期生の勝又武校は、指導学生として第五回体験入隊にも参加した。五期生とともに再び昇段審査を受けた。勝又は三期において既に初段を授与されていたため二段を授与されている。証状（写真6）の日付は、第五回体験入隊が行われた「昭和四十五年三月二十七日」のものである。

四期生

第四回体験入隊は、昭和44年7月26日から8月23日まで行われた。第四回体験入隊でも銃剣道稽古は行われたが、二期生と同様に、昇段審査は行われていない。一期、三期、五期は春休みを利用して行われた体験入隊であり、二期と四期は夏休みを利用して行われた体験入隊である。夏の体験入隊では富士登山が行われている。

五期生

第五回体験入隊は、昭和45年3月1日から3月28日まで行われた。五期生・金子修一の証状（写真7）が残されている。証状の日付は「昭和四十五年三月二十七日」である。

銃剣道全日本選手権大会

昭和45年4月の月例会の案内ハガキ（写真8）に

「楯の会四月例会の案内
一、時　四月十九日　十七時三〇分集合
一、場所　市ガ谷会館
◎冬制服、半長靴着用（新会員は特に靴を磨きあげておくこと。）
◎新会員は銃剣道全日本選手権大会に出場するので四月十八日九時に、武道館入口に運動着・靴を持って集合すること。欠席者ならびに旧会員の出場希望者は森田班長（３７７）４５９２まで連絡のこと。
四月六日　　三島由紀夫」

（消印　荒川　昭和45年4月7日）とある。このハガキの「新会員」とは五期生のことである。4月18日に行われる銃剣道全日本選手権大会に出場するため運動着・靴を持ってくるように指示されている。この大会に「楯の会」がどのように参加したかについて、私が渉猟し得た範囲では明らかにならなかった。

第一回全日本銃剣道青少年大会

昭和45年7月26日、第一回全日本銃剣道青少年大会が開催された。この大会は「青少年大会」であり、年齢制限があった。出場資格は21才未満であり、氏名の下に年齢が記載されている。プロ

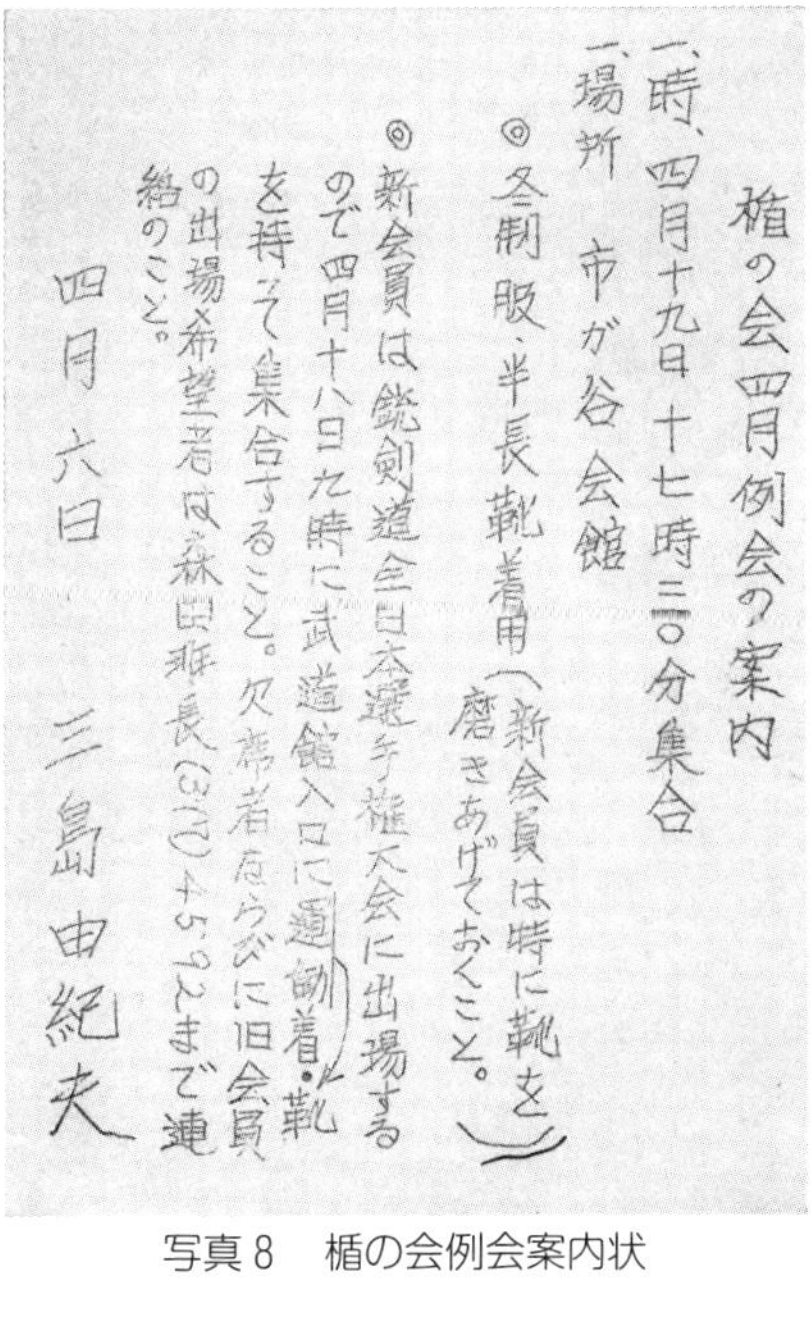
楯の会四月例会の案内
一、時、四月十九日十七時三〇分集合
一、場所　市が谷会館
◎冬制服、半長靴着用（新会員は特に靴を磨きあげておくこと。）
◎新会員は銃剣道全日本選手権大会に出場するので四月十八日九時に武道館入口に運動着・靴を持って集合すること。欠席者ならびに旧会員の出場希望者は森田班長（377）4592まで連絡のこと。
四月六日
三島由紀夫

写真8　楯の会例会案内状

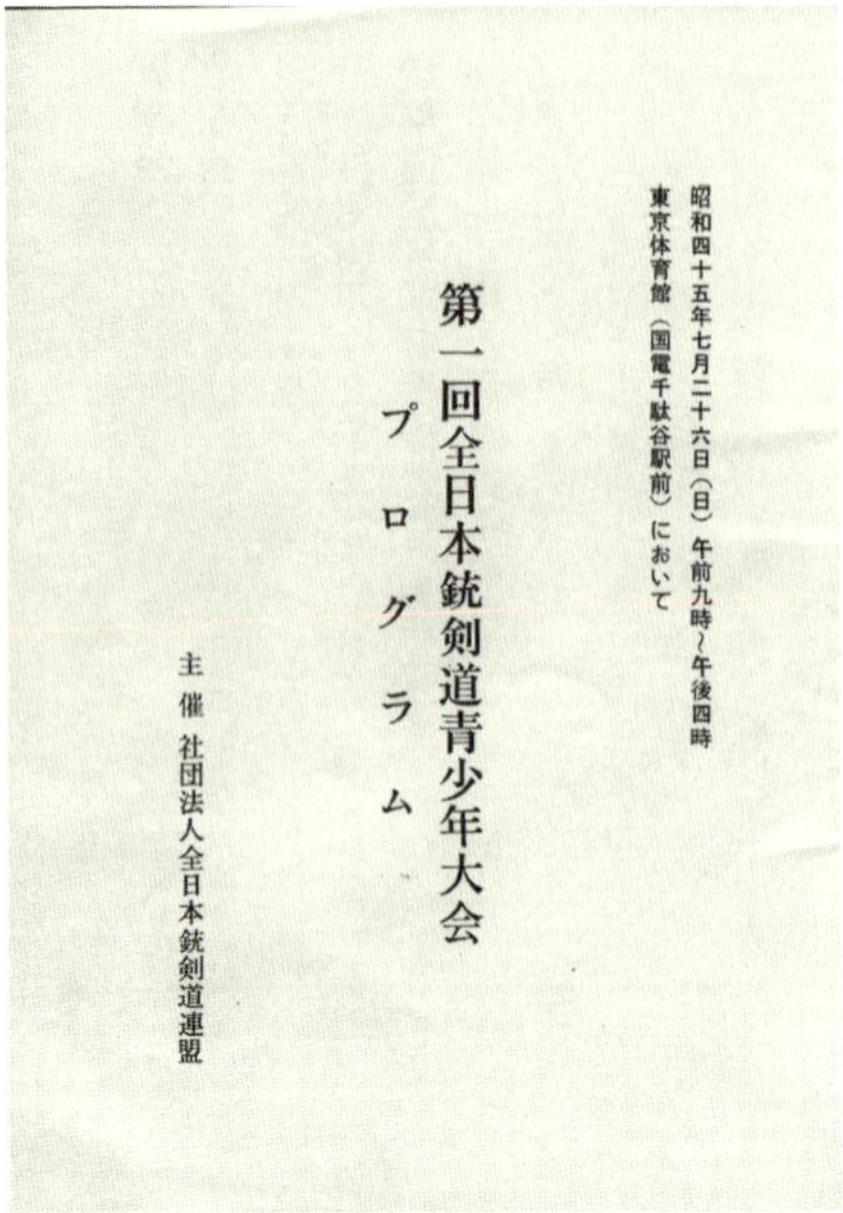

写真９ａ　表紙

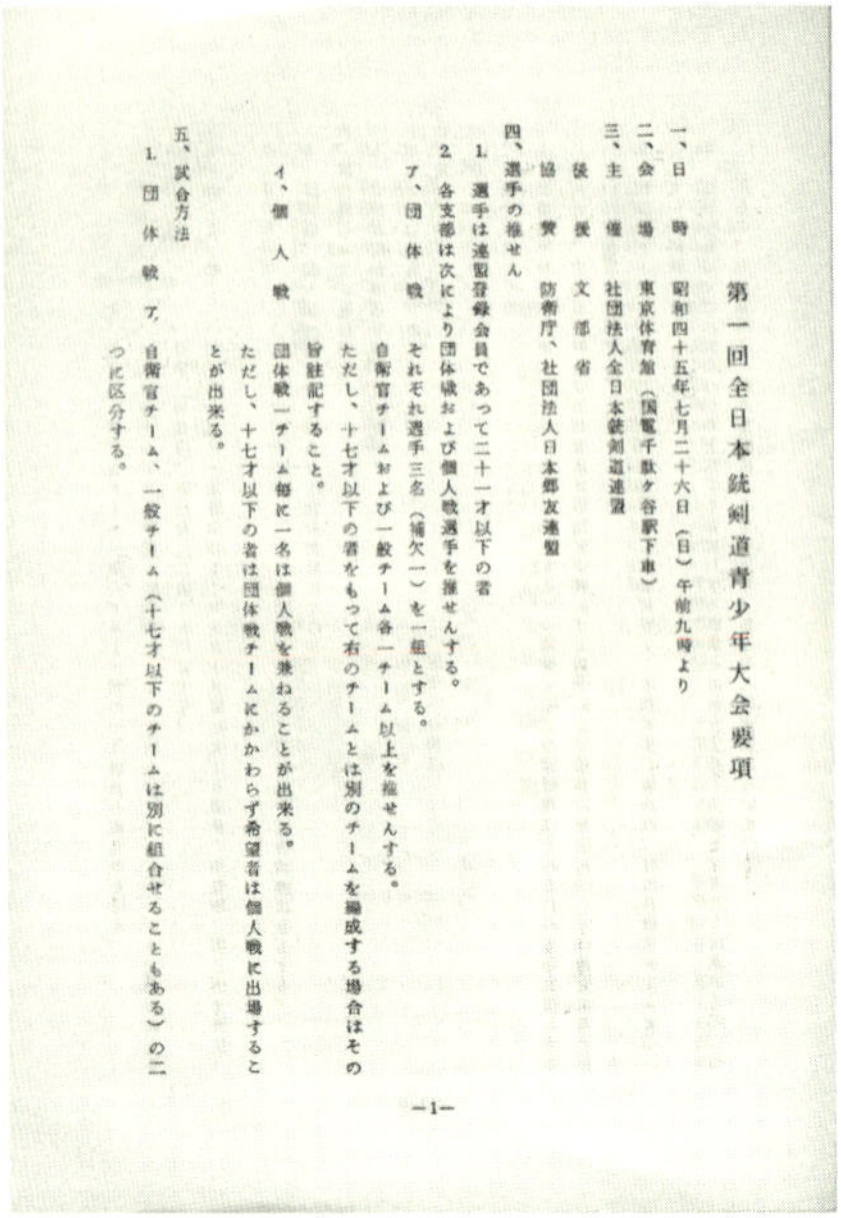

第一回全日本銃剣道青少年大会要項

一、日　時　昭和四十五年七月二十六日（日）午前九時より
二、会　場　東京体育館（国電千駄ヶ谷駅下車）
三、主　催　社団法人全日本銃剣道連盟
　　後　援　文部省
　　協　賛　防衛庁、社団法人日本郷友連盟
四、選手の推せん
　1. 選手は連盟登録会員であって二十一才以下の者
　2. 各支部は次により団体戦および個人戦選手を推せんする。
　　ア、団体戦　それぞれ選手三名（補欠一）を一組とする。
　　　　自衛官チームおよび一般チーム各一チーム以上を推せんする。
　　　　ただし、十七才以下の者をもって右のチームとは別のチームを編成する場合はその旨註記すること。
　　イ、個人戦　団体戦一チーム毎に一名は個人戦を兼ねることが出来る。
　　　　ただし、十七才以下の者は団体戦チームにかかわらず希望者は個人戦に出場することが出来る。
五、試合方法
　1. 団体戦　ア、自衛官チーム、一般チーム（十七才以下のチームは別に組合せることもある）の二つに区分する。

—1—

写真９ｂ　大会要項

グラム[1]（写真9ａ、ｂ、ｃ、ｄ、ｅ）が残されている。楯の会からは「東京都銃剣道連盟　一般（18才以上）の部」として「Ｃ、Ｄ、Ｅ、Ｆチーム」の４チームが編成された。

　プログラムには、

「東京都銃剣道連盟

一般（18才以上）の部Ｃチーム　同Ｅチーム

先	初	塩田　尚	20	先	初	市原芳一郎	19
中	初	加地邦雄	20	中	初	金子修一	20
大	初	小賀正義	21	大	初	西山敏光	19
補	初	船木正人	21	補	初	細井次郎	20
個	初	小賀正義	21	個	初	市原芳一郎	19
監		三島由紀夫		監		三島由紀夫	

同Ｄチーム　同Ｆチーム

先	初	小堀　裕	21	先	初	谷中俊男	19
中	初	塙　徹治	20	中	初	佐藤泰造	19
大	初	貞吉信孝	20	大	初	横山俊雄	20
補	初	村田春樹	19	補	初	篠原　学	19
個	初	貞吉信孝	20	個	初	横山俊雄	20
監		三島由紀夫		監		三島由紀夫」	

とある。

　ＣからＦチームの監督はいずれも三島由紀夫である。また、選手は小賀正義以外全て五期生で編成された。三島は、全員が敗北してしまってはみっともないという理由で、特別に運動神経抜群の二期生の小賀正義を加えたのであった。金子修一の記憶ではＥチームは一回戦で敗退した由である。

2. 個人戦

イ、先ずそれぞれ五チーム一組のグループ毎の一本勝負の総当戦を行う。
ウ、次いで各グループの勝者（勝本数による）を組合せて、トーナメント式試合により優勝、準優勝、第三位（二組）を決定する。
左記年令別に一本勝負のトーナメント式試合により優勝、準優勝、第三位を決定する。
二十一才～十八才　十七才以下　十五才以下は合同錬成会とする。

3. 団体戦、個人戦の抽せん、組合せは大会委員にて行う。

六、試合規則および審判規則
1. 全日本銃剣道選手権大会に準ず。
2. 木銃は長短いづれでもよい。

七、表彰
別に定める。

八、旅費、宿泊その他
1. 出場選手および監督（各支部一名を原則とする）の旅費その他の諸経費はそれぞれの支部負担とする。ただし、大会前日および当日東京に宿泊を必要とする選手および監督の宿泊については連盟本部において防衛庁に依頼する。
2. 団体戦チームのうち、関東地方で日帰りで参加可能チーム数が多い場合は、特に自衛官チームについて一部制限することがある。
3. 支部役員等でこの大会のため上京する者に対する旅費その他を支部の負担とすることは選手と同じであるが、その宿泊は一般の旅館によるものとし、あっせんは本部において行う。

—2—

九、注意
1. 各選手は中央垂一面に白布をつけ、これに　千葉自イ組　千葉一般イ組　千葉少年　等と墨書すること。
2. 道場内においては運動靴を使用するものとする。

第一回全日本銃剣道青少年大会次第

一、開会式　〇九〇〇
1. 選手・役員整列
2. 開会のことば
3. 国旗掲揚（敬礼）、君ケ代斉唱
4. 会長挨拶
5. 来賓祝辞・祝電披露
6. 審判長注意

二、演武　〇九四〇
1. 団体戦
2. 特別演武
3. 個人戦

三、閉会式　一五〇〇
1. 選手役員整列
2. 成績発表
3. 表彰
4. 委員長挨拶
5. 閉会のことば

—3—

写真９ｃ

プログラムの「大会顧問（五十音順）」（写真９ｅ）に４ヶ月後の三島事件の重要人物の名前が並んでいる。
「防衛庁長官　　　　中曽根康弘
東部方面総監　　　　益田兼利
全日本銃剣道連盟理事　三島由紀夫」
三島は大会で挨拶し、楯の会の参加について説明した。
（三島由紀夫研究家）

註１　第一回全日本銃剣道青少年大会プログラム：全日本銃剣道連盟、１９７０

先　初　星野康弘　21
中　2　長沼幸雄　21
大　3　野方正久　21
補　初　井関恒男　21
個　3　野方正久　21
監　5　二宮俊夫　48

11. 東京都銃剣道連盟
一般（18才以上）の部　Aチーム
先　2　細竹英雄　21
中　2　村田和夫　21
大　2　辻村鑑　21
補　宮下義輝　19
個　2　細竹英雄　21
監　細竹金審

同　Bチーム
先　初　山口猛光　21
中　小林昭久　20
大　初　菅野芳治　20
補　宮澤義和　21
個　小林昭久　20
監　大川重夫

同　Cチーム
先　初　塩田尚　20
中　初　加地邦雄　20
大　初　小貫正義　21
補　初　舟木正人　21
個　初　小貫正義　21
監　三島由紀夫

同　Dチーム
先　初　ト堀裕　21
中　初　惟藤治　20
大　初　眞吉信孝　20
補　初　利田春樹　19
個　初　眞吉信孝　20
監　三島由紀夫

同　Eチーム
先　初　市原一郎　19
中　初　金子修一　20
大　初　西山敬光　19
補　初　細井次郎　20
個　初　市原芳一郎　19
監　三島由紀夫

同　Fチーム
先　初　谷中俊男　19
中　初　佐藤泰造　19
大　初　横山俊雄　20
補　初　篠原学　19
個　初　横山俊雄　20
監　三島由紀夫

一般（17才以下）の部
個　三山升次　14
個　樋口勝彦　14
個　吉田秀夫　14
個　伊藤昌烈　14
個　高階武男　14
個　加藤修二　14

—19—

写真９ｄ　第一回全日本銃剣道青少年大会プログラム

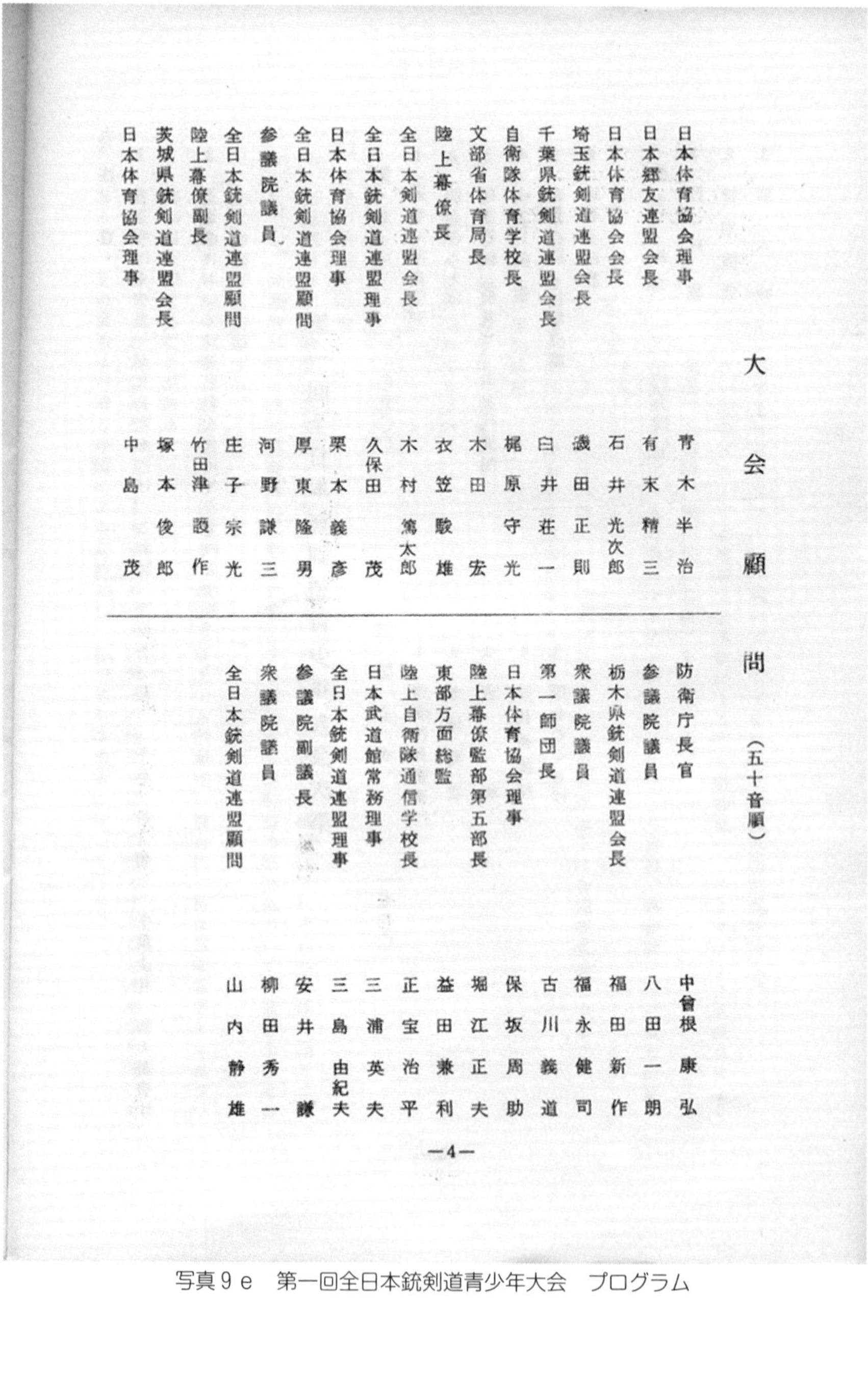

大会顧問

（五十音順）

日本体育協会理事　青木半治
日本郷友連盟会長　有末精三
日本体育協会会長　石井光次郎
埼玉県銃剣道連盟会長　淺田正則
千葉県銃剣道連盟会長　臼井荘一
自衛隊体育学校長　梶原守光
文部省体育局長　木田宏
陸上幕僚長　衣笠駿雄
全日本剣道連盟会長　木村篤太郎
全日本銃剣道連盟理事　久保田茂
日本体育協会理事　栗本義彦
全日本銃剣道連盟顧問　厚東隆男
参議院議員　河野謙三
全日本銃剣道連盟顧問　庄子宗光
陸上幕僚副長　竹田津殿作
茨城県銃剣道連盟会長　塚本俊郎
日本体育協会理事　中島茂

防衛庁長官　中曾根康弘
参議院議員　八田一朗
栃木県銃剣道連盟会長　福田新作
衆議院議員　福永健司
第一師団長　古川義道
日本体育協会理事　保坂周助
陸上幕僚監部第五部長　堀江正夫
東部方面総監　益田兼利
陸上自衛隊通信学校長　正宝治平
日本武道館常務理事　三浦英夫
全日本銃剣道連盟理事　三島由紀夫
参議院副議長　安井謙
衆議院議員　柳田秀一
全日本銃剣道連盟顧問　山内静雄

—4—

写真９ｅ　第一回全日本銃剣道青少年大会　プログラム

書評

松本徹著『三島由紀夫の時代』

佐藤秀明

これまで三島由紀夫を論じた単著七冊を持つ松本徹氏の最新著作で、思い切ったことを言えば、おそらく本書が一番の力作であろう。表紙カバーには、副題のように「芸術家11人との交錯」とある。十一人とは、川端康成、蓮田善明、武田泰淳、六世中村歌右衛門、大岡昇平、福田恆存、細江英公、澁澤龍彥、林房雄、橋川文三、江藤淳で、それぞれに一章ずつ割き、三島由紀夫との関係が論じられている。ほかにも、例えば伊東静雄、安部公房、石原慎太郎、谷崎潤一郎、中村光夫、舟橋聖一、大江健三郎などが考えられるが、十一人は著者の問題意識に沿って選ばれたのであろう（「あとがき」には村松剛を考えたとある）。

「はじめに」では、三島個人に集中したのでは多面的な問題群を解きほぐせず、「解きほぐせないどころか逆に狭く、封じ込めてしまう恐れがありそうである」と記してある。もっともな見方ではあるが、十一人もの芸術家を論じることは並大抵の力量ではできない。氏はそれに挑み、類を見ない成果をここに示したのだ。その知的興奮をもたらした要素は、重層的で錯綜している。そこで本書の特徴を大きく五つに整理して述べ、著者の問題意識に迫りたい。

一つ目は、三島由紀夫との影響関係の面白さである。三島の著作を通して読んでいると、作品化する内的エネルギーの大きさと関心の多様性にしばしば驚かされる。本書はそれをできる限り相対化して見せるのである。三島由紀夫の年譜を折に触れて眺めている者にとっても、例えば大岡昇平とはいつ、どのようにして知り、出会い、いつ頃からどんなふうにして疎遠になったのか、という見方はなかなかしないものである。光りの当て方を相手側に回すと、遠近法も変わるし当の三島の見え方も変わってくる。その意味で、作家の年譜とは一種の虚構に他ならないと気づかされる。福田恆存との間には強烈なライバル意識があり、三島の演劇活動が必ずしも内発的な創作力だけに促されていたのではなかったことが分かる。川端康成「抒情歌」の輪廻転生と『豊饒の海』、「綴織風小説」である武田泰淳『風媒花』と同様な方法を持つ『鏡子の家』、二・二六事件を先に取り上げた武田泰淳の『貴族の階段』と「憂国」「十日の菊」など、比較の妙が興味深い。今後さらに検討されるべき課題となろう。

二つ目は、両者の共通点である。大岡昇平の「折り目正しい」文章に惹かれた三島の大岡への接近、サド侯爵を介した澁澤龍彥との互いのリスペクト、自己改造のゾルレンを熱烈に信じる林房雄への関心、戦争中に運命的な生死の感情を持った橋川文三との共感などが丁寧に綴られており、読む者の認識を高くする。意外なと感じたのは歌右衛門との共通点で、三島は、女方特有の「いはば自分ではない者へのナルシシズム」、自己否定の上に自己肯定をする「不敗」のナルシシズムを歌右衛門に見る。ここを捉えて松本氏は、「歌右衛門の傍らに、三島自身が寄り添っている」と看破するが、この見方は正鵠を射ていると思う。『仮面の告白』は正にこのような作品である。歌右衛門と三島はこの点でこそ重なり、三島の歌右衛門讃は、芸術家としての生き方の模範を見出したことによると言えそうである。

三つ目は、著者の文体である。この本の魅力は、著者の人間に対する確かな眼、素養の積み重ねによる目配りへの信頼に基づいている。著者は奇を衒うこともなく、不可解な深奥を誇ることもなく、ましてや凡庸な定型に引きこもることもない。芸術家の確信的だが奇矯な発言をそのまま呑み込むのではなく、一拍置いてゆっくりと迫り、自己の足場を底上げすることなく、理解の触手を伸ばしている。この本は読者の信頼を早い段階で勝ち取ったと思う。引用箇所も適切で、引用がときに思いがけぬ新鮮な思考に導くこともあり、この点も刺激的だ。

しかし本書の文体の魅力はそこにとどまらない。いわば筆圧の強さとでも言うべき箇所に出会うことがあるのだ。死の年の三島は、近代日本の知識人たちを蓮田善明を軸にして見て、「その怯懦、その冷笑、その客観主義、その根なし草的な共通心情、その不誠実、その事大主義、その抵抗の身ぶり、その独善、その非行動性、その多弁、その食言」と醜さだけを強調した。生命を賭けた狭い価値観からすれば、このような激烈で排他的な言辞も出てくるだろうし、むしろ逆に批判者の切迫したラディカリズムが伝わってくる、と言えば、それこそ「客観主義」的な言い方になるかもしれない。ところが、どうも松本氏はこういう地点に身を置いているようなのである。著者は安全な場所にいて論じるという構えを見せていないのだ。三島を論じるには当然のことかもしれないが、没後半世紀近くを経れば、衝撃が和らぐのは免れない。だが、著者自身が危険な地帯に足を踏み入れて、その危険をひしひしと感じながら論じているのが伝わってくるのだ。これは、次の四つ目の特徴と関わってくる。

四つ目は、氏の批評眼である。氏の問題に深く分け入ろうとする文章を駆動しているのは、資料を多く集めて証明しようとする研究の方法でもないし、作品分析から得られる新解釈でもないし、時代状況に蟠る見えない文脈的意味を顕在化する社会学的方法でもない。人と文学を真っ当に見据えて見えて来る歴史や文化や文学に対する見解を、感性と経験を踏まえて捉え言語化している。そこに思考が働き問いが立ち上がる。この著作にあるのは、知識も経験も積んだ批評家の重く鋭い批評眼にほかならない。

例えば、細江英公の『薔薇刑』について。『薔薇刑』は三島由紀夫より八歳若い細江英公が、「あくまでも作家三島由紀夫を主題としたぼくの主観的なドキュメンタリー」を作ろうという意気込みで撮られ制作された写真集だった。細江英公を扱ったこの章では、〝抗争〟のなかった二人の間に割って入り、本来あったはずの〝抗争〟を見出しているのだ。互いに強烈な個性を持っていたがゆえに、『薔薇刑』が四冊もの違った編集で出版されることになったのである。とりわけ松本氏が注目するのは、二冊目の横尾忠則を装幀に迎えた海外向けの本である。細江は特に何かを語ってはいないが、松本氏は「細江にとって心外な」編集を三島が強引に進めたことを暴き出す。二冊目の『薔薇刑』は、松本氏によれば、三島の「死」のための写真集に作り替えられたというのである。ここでの批評眼は三島に対して働いており、四冊の『薔薇刑』の変遷を鋭く見抜いている。

川端康成に対する著者の同情もそうであ

る。松本氏は、川端と三島の関係を論じるのに、巷間ではしばしば想像されながら確証のない、ノーベル賞をめぐる両者のやり取りにはほとんど触れず、むしろ楯の会の一周年の記念パレードについて筆を費やす。川端が強硬に出席を拒み、三島がそれでも懇願し、両者の間に溝ができた出来事である。氏は「三島は川端を追い詰めた」と言う。おそらくそうであろう。毒々しいことばを吐いているのは三島である。そして、毒々しいことばを吐かせたのが川端であったとしても、それを証明するものは見つかっていない。恐らく氏は、行動にのめり込んだ三島に対応する川端の、三島没後の挙措をも含めて見て、三島を批判しているのである。

とはいえ、もの足りない点がないわけではない。三島が澁澤龍彦の文業を高く買い、傑作『サド公爵夫人』は澁澤龍彦の『サド侯爵の生涯』をもとに書かれたことはよく知られているが、澁澤も三島のよい理解者であった。しかし、この二人が「一体感を覚えるところからいささか逸れる気配」を感じ取ったところから澁澤の章は面白くなる。松本氏は「文学者としてテコでも動かない澁澤の在り方」を、どうやら共感をもって打ち出す。しかし、二人の間に溝が生じたわけではなかった。行動の側へ移っていく三島は澁澤に、「間近から見てくれるように望み、そう計らった」と氏は言い、「その役割を、澁澤はあくまで自分の立場を保ち続けながら、間違いなく果たしたのである」と見る。この両者の即かず離れずの関係を氏の眼は上手く捉えていると思う。ならば、さらに突っ込んで書いてほしかったのが、三島の死後、澁澤が「『政治』は三島氏のアリバイにすぎないのではないか」と書いた点だ。三島は政治など信じないニヒリストだったと述べたのである。松本氏は三島が政治を「アリバイ」に使うなど考えもしなかったはずだと言うが、それは澁澤も承知の上で、あえて「アリバイ」という目立つ表現をしたのだと思う。そういう確信が澁澤にはあったにちがいない。その確信を述べることが三島への追悼となると考えたから、「アリバイ」なることばを使ったのではないだろうか。ここは氏にもっとページを割いて論じてほしかったところだ。

次へ行こう。五つ目は、松本氏ははじめから本書を貫くモチーフを持ち、十一人の芸術家たちとの関係を論じてきたのではないかということである。そのモチーフとは何か。それを明らかにするために、澁澤龍彦の言う三島の「ニヒリズム」と橋川文三の言う三島の「ストイシズム」とを対立的に捉えて話を進めようと思う。

三島と同時代人として生きた橋川文三は、日本浪曼派に接近していた三島が、戦後は日本浪曼派から離れ「むしろストイシズムに近い文学的方法論をつくり出した」と言う。三島の強固な性格である「ストイシズム」を、橋川は性格以上のものとして見ていた。橋川の言う「ストイシズム」と澁澤龍彦が強調した三島の「ニヒリズム」とを対立する概念で捉えるのは、総ての存在と価値の本質を無と考える「ニヒリズム」と、本質が無であっても「ストイシズム」によりこの現実の価値を見出し価値の創出に邁進する生き方が三島の中で鬩ぎ合ってきたと考えるからである。橋川と澁澤の三島観が対立するのではない。橋川も三島にある「死の観念」（ニヒリズム）を重視し、澁澤も三島に「道徳的マゾヒズム」（ストイシズム）を見ていて、両者はともに対立する概念を三島の内に認めている。思い切って図式的に要約すれば、三島の生涯は、内なる「ニヒリズム」と「ストイシズム」の闘争であり、そこから作品が生み出されてきたと言ってもいいのである。

松本氏もその辺りの事情は認めているようだが、しかし、澁澤龍彦の「絶対を垣間見んとして……」の政治を「アリバイ」とする議論、橋川文三「三島由紀夫の生と死」における楯の会を「三島の死を成立させるための」集団と見る見方に対し、厳しい反論を浴びせているのである。澁澤も橋川も、三島の死を「ニヒリズム」の帰結としているのに対し、松本氏はここに三島の「ストイシズム」を見て、譲らない。三島は政治に深く関わり、楯の会に対しても責任を取ってその生を閉じたと見るのである。その当否をこの小文で述べることはできないが、本書の核心は、この意見の対立が問題の深いところを衝いていることにある。

それは「江藤淳　二つの自死」まで読み進めるとさらに明らかになる。「治者」を揚言し、『南洲残影』では「全的滅亡」を覚悟した西郷挙兵の目的を公的なものと見た江藤は、三島の死を冷たく揶揄していた地点から理解する方に寄ってきたと松本氏は見る。ところが、江藤はきわめて私的な死を選んだ。その死に対して松本氏は、感情を寄せつつも厳しい批判をするのである。そこから分かってくるのは、本書全体を貫く著者のモチーフである。それは、氏のことばを借りれば「三島の死は徹頭徹尾公的であった」ということであり、「自らの思想、心情および文学世界をさらに徹底する形で死んだ」とする見解で、それを十一人の芸術家がいかなる立場にあっていかに反応したかを検証することにあったと思う。おそらく、唯一の既発表の章である「江藤淳　二つの自死」を書いたとき、氏の批評基準は決まっていたのではないか。その批評基準をモチーフにして十一人の芸術家との関係を検証すると、三島の堅固な覚悟とともに思考の広がりと緻密さのほか性急さも現れ出し、反対に十一人の人の教養の体系や経歴や人間性が浮かび上がった。

芸術に携わる人たちの「人間」がこれほど顕わに出た書物は、ほかにそう多くはあるまいと思われるのである。

（二〇一六年一一月、水声社
二七九頁、定価二、八〇〇円＋税）

紹介

細江英公 二十一世紀版『薔薇刑』制作覚書

古場英登

物心ついて三島由紀夫先生に心酔していた文学少年時代当時から、私にとって『薔薇刑』の著者細江英公先生はカリスマ的な存在でした。漠然と将来自分が三島先生関連のお仕事に携われる機会が訪れたとき、例えば第四版の『薔薇刑』を出版する、あるいは「三島由紀夫展」を開催できる立場の人間になった際には先生にご挨拶の上、細江先生の作品を改めて世に発信させていただこうとかたく決心しておりました。

時は過ぎ映画『近代能楽集』「卒塔婆小町」「葵上」の企画・プロデューサーという立場で、製作完成披露の記者会見時配布用のパンフレットに『薔薇刑』のお写真の掲載許諾のご挨拶に四谷舟町の事務所にお伺いさせていただくことになりました。細江先生にお会いした初日は、『薔薇刑』をはじめ先生の『鎌鼬』、『抱擁』など作品に関するさまざまな撮影秘話をお聞きし、あっという間に時間が過ぎていった記憶がございます。細江先生が三島先生に本作の命名依頼をされ「受苦のエスキース」、「男と薔薇」、「悪夢　遁走曲」、「受難変奏曲」、「死と饒舌」、「薔薇刑」という六つの候補名がハガキで届き、細江先生が三島氏の肉体を通して表現したかった中心主題である「生と死」というテーマに相応しい『薔薇刑』というタイトルを迷わず選ばれたことなど、興味深いお話の連続でした。

細江先生は今世紀に入った頃より新たに二十一世紀版としての『薔薇刑』の出版をご希望されていたとのこと。『薔薇刑』はかつて三回装いを変え、浅葉克己先生に白羽の矢が立ち、ついに四度目の転生を果たすことになりました。二十一世紀版『薔薇刑』では、写真構成を初版で用いた作品を復活させ、且つ既存の版には含まれていなかった五つの写真を新たに加えることを、細江先生にお願いいたしました。浅葉先生の造本構成は横尾先生版、粟津先生版の視覚的要素を強く打ち出した造本構成に比べ、初版にも通じるタイポグラフィカルな印象を持ち、改めて〝写真〟を強調した造本構成に仕上げられております。さらに印刷会社サンエムカラーの相談役で摺師の松井勝美さんが、独自に写真などの再現性に優れるグラビア印刷と現在の印刷方式の主流となっているオフセット印刷のそれぞれの特長をいいとこどりしたグラセット・エフエムという画期的な印刷技術を、今回の『薔薇刑』の印刷の為だけに新規開発していただきました。細江英公先生が自ら「グラビア印刷とオフセット印刷の長所をいいとこどりしたのなら、グラセットだ！」とご命名されました。『薔薇刑』は白黒の写真集ですが、初版のグラビア印刷のコントラスト（階調、エッジの効き方など）の「美」を凌駕すべく色調の異なる墨インク5色にニス1色を加え、墨系のインクのみで合計6色を使用し、重厚でグラビア印刷の特長に肉薄し且つ凌駕した最先端の写真印刷の風合いに仕上がっております。

細江先生は、「『薔薇刑』が出版される度に新しい血を受け入れて新陳代謝を繰り返しながら、『薔薇刑』の生命が続く限り常に新しい時代、新しい読者に受け継がれていくことを願っている、それが三島由紀夫氏への心からの鎮魂なのだ」とおっしゃっております。私も『薔薇刑』は三島由紀夫先生への心からの鎮魂になる作品のひとつであると確信しております。

（平成二十七年十一月、発行・ＹＭＰ
発売・丸善雄松堂、Ｂ4変形、一〇二頁
本体六〇、〇〇〇円＋税）

紹介

岡山典弘著『三島由紀夫が愛した美女たち』

木谷真紀子

本書は、『三島由紀夫外伝』『三島由紀夫の源流』に続く、岡山典弘氏の「三島由紀夫研究の成果」である。第一章から四章までは、三島作品を演じた女優を、また第五章では、登場人物のモデルとされる女性の計「十人の美女と」三島の「人生の軌跡が交差するさまを描」いている。

「映画女優　若尾文子」では、三島が主演映画『からっ風野郎』の恋人役として、京マチ子、山本富士子、若尾文子の三人の大女優の中から、文子を選んだことを記す。増村保造監督に罵倒されながらも、三島が「とにかく一生懸命」取り組む姿勢に、文子は、「やっぱり大作家」「それは立派でした」と「畏敬の念をおぼえた」。著者は、二人の共演を「神話化された作家と女優」の「『昭和』という時代がもたらしたまさに〝奇跡の邂逅〟であった」とまとめる。

「天上界の麗人　美輪明宏」では、まず明宏がゲイバーでのアルバイト中に三島と出逢い、三島作で銀幕デビューするまでの歩みを辿る。三島から「芸術芸能の世界で独り立って生きてゆくことの厳しさ」を教えられた明宏が『黒蜥蜴』『近代能楽集』の上演を続けていることを、著者は「三島の冥福を祈る追善供養」とする。

「シャンソンの女王・越路吹雪」では、三島が「日本ミュージカル」『溶けた天女』やストレイトプレイ『女は占領されない』を越路に執筆した背景を明らかにし、ジャン・コクトーがエディット・ピアフに作品を「捧げたことと好一対」とした。結婚を噂されていた三島と越路がそこに至らなかった三つの理由も挙げている。

女優の項は「新劇女優　村松英子」で閉じられる。三島から「僕の戯曲を通して育てたい」と言われた英子は、実際に昭和四十年五月の『班女』から、三島の死の前月の『薔薇と海賊』まで、三島戯曲の主人公を演じ続け、告別式でも弔辞を読んだ。

第五章では、『仮面の告白』の三谷邦子、『沈める滝』の豊田貞子、『幸福号出帆』の東久世壽々子、『鏡子の家』の湯浅あつ子、『豊饒の海』の酒井美意子、北白川祥子という、三島作品のモデルとされる六名の女性が書かれている。作中の描写と実像の比較は、三島が登場人物を造型する過程に触れるような楽しさを感じられる。

本書に描かれた四名の女優と三島との交流は、既知のとおりである。しかし著者は、女優と三島との対談やインタビュー、報道、評伝など広範な資料によって、その出逢いから別れまでを、さらに没後の三島作品との関わりも網羅した。各章の末尾は、女性たちの三島に関する発言や活動で終わり、三島との出会いがそれぞれの人生にどのような変化をもたらしたかを示している。著者が、三島と「美女たちが共有した時間をヴィヴィットに再現することを心がけた」としたように、三島由紀夫を主人公とする恋愛小説を読んでいるような華やかさにあふれた一冊である。

（平成28年11月25日、啓文社書房　二三〇頁、本体一、八〇〇円＋税）

編集後記

この号のタイトルは、三島由紀夫と肉体とすべきか、ちょっと迷ったが、肉体とだけすると、いろいろ誤解が生じそうなので、このようにした。

それにしても作家研究で、肉体なりスポーツを掲げるのは、例がないだろう。それも形而上学的領域へと真直ぐに立ち至り、肉体とはなにか？　肉体の運動とは？　精神とのかかわりは？　と真正面から問いかけることにもなる。それでいて、具体的には優れてアメリカ的と言ってよいボディビル、ボクシングから、これまた優れて日本的な剣道に及ぶ。

そのためテーマとして採り上げるのが難しく、躊躇して来たが、玉利齋氏のお話を伺う機会を作ることが出来て、踏み切った。氏自身、当時は大学生で、ボディビルという言葉自体知られておらず、「バーベルクラブ」と称して、学内でクラブを結成、世にひろくスポーツとして知らせようとし始めたところであった。言い換えれば、わが国の創成期を推進した当の若者と三島は出会い、指導を受け、スポーツの領域へと踏み込んで行ったのである。

それだけに、氏のボディビルに至る道筋が、三島に少なからず影響を与えたと考えられそうである。氏自身、父の跡を追って剣道を志したが、占領下、剣道を厳しく禁じられていたため、やむを得ず他のスポーツを求め、バーベルを使って身体を鍛える競技として出会ったとのことである。物珍しいスポーツを世に先んじて、というのではなく、肉体鍛錬の普遍的広がりを持つ営為として捉え、その普及を図るようになったのであり、そこには、一種、武士道的精神と言ってよい姿勢が認められるようにも思われる。

その玉利氏に加え、すでに著書『三島由紀夫の肉体』のある山内由紀人氏に出席してもらい、紙上では、改めて論考を寄せてもらった。それを初め多くの方々に寄稿を頂いたが、この分野において問題とすべきところのおおよそに触れてもらったと思う。その点で、この研究領域へいい形で踏み出すことが出来たと考えている。

次号は、三島由紀夫と澁澤龍彦の関わりを採り上げたいと考えている。

（松本　徹）

三島由紀夫研究⑰
三島由紀夫とスポーツ

発　行――平成二九年（二〇一七）四月二五日
編　集――松本　徹・佐藤秀明・井上隆史・山中剛史
発行者――加曽利達孝
発行所――鼎　書　房　http://www.kanae-shobo.com
〒132-0031　東京都江戸川区松島二-一七-二
TEL・FAX　〇三-三六五四-一〇六四
印刷所――太平印刷社
製本所――エイワ

ISBN978-4-907282-34-9　C0095

日本近代文学年表

石﨑等・石割透・大屋幸世・木谷喜美枝・鳥羽耕史・中島国彦 編
A5判並製・158頁・定価1500円+税

明治元（1868）年から平成23（2011）年までの日本文学（小説・評論・詩歌・戯曲）、事項を網羅した。文学史の副読本としても最適の書。（歴代芥川賞・直木賞受賞一覧付）

978-4-907282-30-1

〈都市〉文学を読む

東郷克美・吉田司雄 編
A5判並製・238頁・定価2000円+税

〈都市〉をキーワードに、文学テキストから近代日本を読み解く。

収録作品　「夜行巡査」（泉鏡花）／「十三夜」（樋口一葉）／「少女病」（田山花袋）／「窮死」（国木田独歩）／「秘密」（谷崎潤一郎）／「小僧の神様」（志賀直哉）／「舞踏会」（芥川龍之介）／「檸檬」（梶井基次郎）・「街の底」（横光利一）／「交番前」（中野重治）／「水族館」（堀辰雄）／「目羅博士」（江戸川乱歩）／「木の都」（織田作之助）／「橋づくし」（三島由紀夫）／「人間の羊」（大江健三郎）

978-4-907282-28-8

〈異界〉文学を読む

東郷克美・高橋広満 編
A5判並製・238頁・定価2000円+税

さまざまな〈異界〉を描く文学テキストから近代日本を読み解く。

収録作品　「龍潭譚」（泉鏡花）／「狐」（永井荷風）／「西班牙犬の家」（佐藤春夫）／「奉教人の死」（芥川龍之介）／「母を恋ふる記」（谷崎潤一郎）／「Kの昇天」（梶井基次郎）／「瓶詰の地獄」（夢野久作）／「押絵と旅する男」（江戸川乱歩）／「魚服記」（太宰治）／「猫町」（萩原朔太郎）／「川」（岡本かの子）／「へんろう宿」（井伏鱒二）／「狐憑」（中島敦）／「水月」（川端康成）／「補陀落渡海記」（井上靖）

978-4-907282-29-5

鼎書房